교육학

핵심주제 〔심화 2 편〕
백개를
신과 함께

김 신 편저

https://hmstory.kr
gong.conects.com

드리는 말씀

이 책의 페이지는 100페이지에 불과하나

그 내용은

2,500년간의 교육학

1,000권의 교육학 도서

2,000문제의 공무원 5급, 7급, 9급, 유·초등 및 중등 임용시험의 내용 중

정수 중에 정수만을 담아내려 노력하였습니다.

앞으로도 수험생 여러분들의

고득점을 위해

단기합격을 위해

백가지 핵심주제만 선별하여 제공하겠습니다.

아리스토텔레스는 '훌륭한 사람이 훌륭한 행동을 하는 것이 아니다.

훌륭한 행동을 하는 사람이 훌륭한 사람이 된다.'고 하셨습니다.

지능이 뛰어난 사람이 합격하는 것이 아닙니다.

하루하루 단 1시간이라도 최선을 다하는 사람이 합격할 것입니다.

수험생 여러분의 그 1시간의 소중함을 알고 저 또한 최선을 다하겠습니다.

수험생 여러분의 합격을 기원합니다.

끝으로 이 책이 나오기까지 도움을 주신 출판사 대표님과 실장님 및 모든 분들께 감사의 마음을 전합니다.

김 신 올림

교재의 특징

1. 최근 15여년 7·9급 초중등 임용 기출문제 완벽 분석

모든 시험에서 고득점을 달성하기 위해서는 기출문제에 대한 철저한 분석이 필요하며, 좋은 문제를 풀어보는 훈련이 필요합니다. 기출문제는 현존하는 가장 좋은 문제입니다.

본 교재는 7·9급 초중등 임용 기출문제와 관련된 이론과 9급 국가직 및 지방직 공무원 교육학 개론 시험에 대한 기출경향을 철저하게 분석하였습니다.

2. 심화주제 100선

심화 백신 교재는 최근 15년간 기출문항의 주요 핵심내용과 심화내용을 엄선하여 고득점을 위한 필요한 내용만을 선정하였습니다. 교육학의 전체 내용은 방대하지만 주요 내용을 심층적으로 학습할 필요가 있습니다. 교육행정업무에 필요하고 기본적인 역량을 물어보는 시험입니다. 심화주제(하) 100선을 통해 교육학의 심화내용 및 구조를 학습한다면 단기간에 고득점을 받을 수 있다고 확신합니다.

3. 교재이용 방법

1단계 : 역대 기출 출제 경향을 통해 교육학 구조와 심층내용 파악
2단계 : 출제 경향을 통한 핵심 및 심화 내용 학습
3단계 : 기출문제 풀이
4단계 : 필수 키워드 암기

4. 교육학 백신 심화 목차 안내

1) 교육학 백신 심화 (상) 내용
  Ⅰ. 교육과정
  Ⅱ. 교육심리
  Ⅲ. 교수학습
  Ⅳ. 교육평가
  Ⅴ. 교육행정

2) 교육학 백신 심화 (하) 내용
  Ⅰ. 교육사회
  Ⅱ. 교육법
  Ⅲ. 교육철학
  Ⅳ. 교육사철학(서양사)
  Ⅴ. 한국교육사

* 학습순서안내 : 상편 학습 후 하편 학습을 추천드립니다.

5. 다음 교재 안내

1) 기출 1000제 및 교육학 단권화 : 11월 중
2) 총론 및 교육법 강의 및 교재 : 1월 중
3) 국가직 모의고사 및 포켓북 : 2월 중

목차

Ⅰ. 교육사회 _ 006

Ⅱ. 교육법 _ 036

Ⅲ. 교육철학 _ 048

Ⅳ. 교육사철학(서양사) _ 060

Ⅴ. 한국교육사 _ 084

빠른정답 _ 114

해설 _ 115

I 교육사회

		심화		22	21	20	19	18	17	16	15	14	13	12	11	10
1	교육사회		개념	○○*		○	○			○*	*	○	○	○		
2			뒤르껭		*			○								
3		기능	파슨스				*									
			드리븐												○	
4			기술기능주의													
			인간자본론													
5			개념	*		○	○			○		○	○			
6		거시	보울스 진티스			*			○							
7			부르디외		○		*	*	○			○		○		
8			알튀세													
9		갈등	프레이리			*			*							
10			일리치								○					
12			학력상승이론											○		
13			지위경쟁이론													
15			윌리스													
16		신교육	개념		○								*			
18		미시 교육과정	번스타인									*	○			
19			애플													
20		상징적 상호작용	미드													
24			조건	*			○									
27			콜맨									*				
		평등	결과					○*		○	○*	○				
28			롤스			*										
			사회자본				○			○						
29		문화	문화실조	*												
			다문화 뱅크스							○						

001 기능론 : 교육과 사회관계 긍정

1) 교육의 사회적 기능
① 문화유산 보존 및 전달기능
② 사회통합의 기능
③ 사회충원의 기능 : 인력의 선발과 분류, 배치의 기능
④ 사회적 지위 이동의 기능 : 수직(사회계층이동)적 · 수평(직종과 지역)적 기능
⑤ 사회개혁 기능

2) 학교교육의 기능
① 새로운 세대에게 기존 사회의 생활양식, 문화 및 가치와 규범을 전수한다.
② 체제 적응 기능을 수행해 전체 사회의 유지에 기여하며 사회통합적 기능을 한다.
③ 학교는 능력에 맞게 인재를 사회의 적재적소에 배치하는 데 기여한다.
④ 학교는 평등한 교육기회를 부여함으로써 계층이동의 사다리로 기능한다.
⑤ 학교지식은 사회구성원의 보편적 합의에 의한 것이다.
⑥ 학교는 개인의 재능과 노력에 따라 공정한 보상을 한다(능력주의 교육관).

3) 시험의 기능
① 지식의 공식화와 위계화
② 문화의 형성과 변화
③ 사회적 선발

Keyword

001 기능론적 관점에서 학교교육을 설명한 것으로 가장 적절한 것은?
(06 중등)

① 학교는 이데올로기적 국가기구이다.
② 학교 시험은 지배적 문화와 가치관을 주입시키는 도구이다.
③ 학교는 자본주의 사회의 생산관계를 재생산하는 데 기여한다.
④ 학교는 사회생활에 필요한 보편적 가치를 어린 세대에게 가르친다.

002 기능주의 교육관과 거리가 먼 것은? (04 중등)
① 학교는 교육기회의 균등을 통해 공정한 사회이동을 촉진한다.
② 학교는 사회 문제의 해결과 사회 발전을 도모하는 제도적 수단이다.
③ 학교는 지배집단 문화를 전수하는 기관으로 사회 안정화를 도모한다.
④ 학교의 교과내용은 보편적 가치와 사회 구성원의 합의에 의해 이루어진다.

002 기능이론 : 뒤르껭(E. Durkheim), 파슨스, 드리븐

1) 뒤르껭(E. Durkheim)의 교육 사회화론 : 교육사회학의 창시자

① 사회화로서 교육은 사회에서 요구하는 가치, 규범, 성격 등 성인생활에 필요한 것을 아동에게 전수하여 미래의 사회생활에 원만하게 적용할 수 있도록 도와준다.
② 아동에게 도덕적, 지적, 신체적 계발을 중요하게 보았다.
③ 사회화의 두 가지 면
  ㉠ 보편사회화: 사회 전체의 기반이 되는 지적·도덕적·신체적 특성 등을 아동에게 내면화시킨다. 교육은 한 사회의 동질성 확보를 위해 집합의식과 보편적 가치를 강조하여 사회적 결속력과 안정을 유지하게 한다.
  ㉡ 특수사회화: 산업화가 됨에 따라 사회적 분화가 가속화되면서 발생하는 각 직업에 필요한 지적, 도덕적, 신체적 특성을 마련해 주는 것이다. 교육은 각 직업에 필요한 적절한 사회화를 전수하여, 각 직업 간의 유연한 결속력과 운영의 효율을 도모한다.

2) 도덕교육 강조 : 도덕내용 변화, 체벌금지

① 뒤르껭은 학교교육에서 도덕교육이 중시되어야 한다고 주장하였다.
② 도덕교육을 통해서 사회구성원들 간에 협의가 형성되며 각 개인은 자신이 속한 집단에 충실하게 참여할 수 있기 때문이다.
③ 현대의 분화된 사회에서 한 개인은 여러 종류의 사회집단에 소속되지만 도덕의 점진적 보편화로 그들 간에 갈등은 나타나지 않는다고 보았다. (도덕내용 변화)
④ 개인이 속한 작은 사회 집단의 도덕은 그보다 더 높은 수준의 사회집단 예컨대 국가의 도덕에 내포된다.
⑤ 사회 내의 지배집단을 옹호한다는 비판을 받았다.
⑥ 그는 현실의 사회가 언제나 보편성을 따르는 것이 아님에도 불구하고 사회 또는 국가를 개인 및 하위 집단의 우위에 두었으며, 한 사회 내의 집단 간의 차이를 경시하였다.

keyword

003 (가), (나)에 들어갈 단어를 바르게 나열한 것은? (21 지)

__(가)__ 은/는 사회화를 보편적 사회화와 특수 사회화로 구분하면서 도덕교육을 강조하였다. 그리고 사회의 동질성을 유지하기 위해 한 사회의 공통적인 감성과 신념, 집단의식을 새로운 세대에 내면화시키는 __(나)__ 가 필요하다고 주장하였다.

	(가)	(나)
①	뒤르켐(Durkheim)	특수 사회화
②	뒤르켐(Durkheim)	보편적 사회화
③	파슨스(Parsons)	특수 사회화
④	파슨스(Parsons)	보편적 사회화

004 <보기>에서 뒤르껭(E. Durkheim)의 교육론에 부합하는 것끼리 묶은 것은? (06 중등)

<보기>
ㄱ. 교육은 사회화의 기능을 수행한다.
ㄴ. 교사의 권위를 세우기 위해서 체벌은 불가피하다.
ㄷ. 학교교육은 사회적 기능을 수행하기 때문에 국가가 관여해야 한다.
ㄹ. 시대가 바뀌더라도 도덕교육의 내용은 변하지 않는다.

① ㄱ, ㄷ   ② ㄱ, ㄹ   ③ ㄴ, ㄷ   ④ ㄴ, ㄹ

005 뒤르껭(E. Durkheim)의 교육사회학적 입장에 대한 설명으로 옳은 것은? (08 초등)

① 사회구조가 변화하더라도 교육해야 할 도덕이념은 동일하다.
② 세대가 바뀌어도 집합의식이 유지될 수 있도록 기성세대의 영향을 최소화해야 한다.
③ 산업사회에서 분업화가 진행될수록 보편사회화보다는 특수사회화가 더 중요해진다.
④ 이기적인 어린 세대에게 규율의 정신을 가르치는 것은 필요하나, 체벌을 허용해서는 안 된다.

003 기능이론 : 파슨스(T. Parsons), 드리븐(R. Dreeben)

1) 파슨스(T. Parsons)의 학급 사회화론
① 사회체계를 유기체 혹은 생존체계로 비유한다. 각각의 사회체계는 유기체와 같이 상호 관련되어 기능한다고 한다.
② 모든 사회체계는 자신의 독립적인 체계를 가지고 있지만, 생존을 위해서 다른 체계와 상호 안정적이고 균형적인 관계를 유지함.
③ 한 사회가 통합적이며 안정적으로 운영되기 위해서는 학생들에게 필요한 특정 역할의 자질과 책임을 발달시켜야 함.
④ 학교는 사회적 역할을 잘 수행할 수 있는 학생을 분류하기 위한 선발 과정을 거쳐 사회의 각 기관에 배치해야 함.

2) 드리븐(R. Dreeben) : 규범적 사회화
① 독립성 : 스스로 모든 일을 처리하고 책임을 수행하려는 태도이다. (과제, 시험부정)
② 보편성 : 다른 학생들과 모든 것을 공유하는 태도이다. 동일연령의 학생들이 같은 학습내용과 과제를 공유하게 함으로써 형성된다.(공동)
③ 특정성 : 자신의 흥미와 적성을 고려하는 태도 등을 말한다.(예외)
④ 성취성 : 최선을 다하여 자신에게 부여되는 과제를 수행하려는 태도이다.(성과)

Keyword

006 다음 내용과 다른 입장을 가진 교육 사회학자는? (15 지)

- 사회를 유기체에 비유한다.
- 사회의 각 부분은 상호의존적이다.
- 학교의 사회적 기능은 사회화, 선발 및 배치에 있다.
- 사회의 각 부분은 사회 전체의 유지와 조화에 기여한다.

① 파슨스(T. Parsons) ② 드리븐(R. Dreeben)
③ 뒤르켐(E. Durkheim) ④ 번스타인(B. Bernstein)

007 드리븐(R. Dreeben)의 학교사회화 내용 중 다음의 (　)에 해당하는 것은? (07 중등)

(　　　)은 학년이 높아짐에 따라 흥미와 적성에 맞는 분야의 교육에 집중함으로써 학생들이 학습하게 되는 것이다.

① 독립성 ② 특정성
③ 보편성 ④ 성취성

008 드리븐(Dreeben)의 학교사회화 내용 중 다음 <보기>에 해당하는 규범은? (01 초등)

<보기>
- 시험시간에 부정행위를 못하게 한다.
- 숙제를 다른 사람이 대신 하지 못하도록 하고, 평가는 개인별로 실시한다.
- 학교에서 학생들 스스로 과제를 처리하게 하고, 자신의 행동에 대한 책임을 지게 한다.

① 특정성(specificity) ② 성취성(achievement)
③ 독립성(independence) ④ 보편성(universalism)

004 기능이론 : 기술기능주의, 인간자본론

1) 기술기능주의 이론
① 복잡한 산업사회에서 점차 기술의 수준이 높아감에 따라 학교는 사회의 구성원이 제 역할을 다할 수 있도록 인지적 능력, 전문적 기술과 지식을 가르쳐야 한다고 주장한다.
② 사회의 기술의 정도에 따라 학교가 팽창하게 된다고 한다.
③ 학교교육은 기술교육을 통해 경제의 효율성을 증가시키며 이러한 기술적인 효율성의 증가는 숙련된 노동력을 길러낼 수 있도록 학교교육을 변화시킨다는 것이다.

2) 인간자본론(human capital theory) : 슐츠(T. Schultz)
① 교육을 '증가된 배당금'의 형태로 미래에 되돌려 받을 인간자본의 투자로 보면서 인간이 교육을 통해 지식과 기술을 갖추게 될 때 인간의 경제적 가치는 증가하게 된다고 본다.
② 학력에 따른 수입의 차이는 교육에 의한 지식과 기술의 차이, 즉 생산성의 차이 때문이라고 설명한다.
③ 전체적으로 국가의 경제성장에 교육이 기여한다는 것을 강조함은 물론 개인적인 소득 향상에도 기여한다고 하여 교육을 사회 발전의 동인으로 간주한다.

Keyword

009 슐츠(T. Schultz)의 인간자본론(human capital theory)에 대한 설명으로 가장 적절한 것은? (07 초등)
① 교육은 생산성 향상을 위한 투자이다.
② 아동의 가정 배경이 사회적 지위 획득에 영향을 미친다.
③ 부모와 친밀한 관계를 맺고 있는 아동은 학업성취가 높다.
④ 신뢰할 수 있는 인간관계의 망은 고용과 소득 증가에 유리하게 작용한다.

005 갈등론

1) 등장 배경 및 사회관
① 1960년대 전후로 하여 기능주의의 사회구조적 모순이 서서히 노출되기 시작하였다.
② 갈등주의 사회학은 1960년대의 사회 분위기에 편승하여 교육을 통해서 사회적 불평등을 완화할 수 있다는 믿음에 의문을 제기하였다.
③ 학교교육의 근본적 문제에 대해 신랄하게 비판하는 연구들이 나오게 되었다. 대표적으로 「콜맨 보고서(Coleman Report)」, 일리치(Ilich)의 「탈학교사회」, 프레이리(P. Freire)의 「의식화 교육」 등을 들 수 있다.
④ 이들은 학교의 비인간화 교육에 대한 비판을 하면서, 문제의 원인을 학교교육과 사회구조적 불평등과 관련시키고 있다.

2) 갈등론적 교육관: 지배계급의 이데올로기 주입+생산관계의 재생산→ 사회재생산
① 학교교육은 보편적이고 합일적인 가치를 추구한 것이 아니라 지배집단의 이익을 반영
② 학교에서 추구하는 능력주의는 지배집단에게 유리하게 편성되어 있으며, 피지배집단에게는 심한 좌절감과 열등감을 심어 준다.
③ 자본주의 사회에서 학교란 지배집단이 자신의 불평등한 위계관계를 정당화하고, 계급 간의 긴장과 갈등을 완화하는 이데올로기적 교화 기관이다.

3) 학교교육의 역기능
① 학교교육은 기존의 사회구조를 재생산한다.
② 학교교육은 계급구조와 불평등을 정당화한다.

4) 시험의 기능
① 규범과 가치관 통제
② 지식의 공식화와 위계화
③ 기존 사회질서의 정당화와 재생산

5) 종속이론 : 국가 간 불평등에 관심
① 교육과정이 국가간 지배-종속 관계를 재생산하는 주요 메커니즘으로 작용한다고 주장한다.
② 강대국의 약소국 지배는 군사력과 경제력뿐 아니라 문화를 통해서도 이루어진다는 점에 주목한다.
③ 카노이(Canoy, 1974)는 식민지의 교육이 어떻게 식민지 국민의 의식을 왜곡시켜 지배자들에게 자발적으로 복종하게 만들었는지를 논의하였다.
④ 신생독립국들은 근대화를 위하여 학교교육을 확대하지만 서구 모형에 의존한 학교교육은 서구에서 창출된 지식과 가치규범을 확산시켜 서구의 지속적인 지배를 정당화시킨다는 것

Keyword

010 밑줄 친 부분에서 설명하고 있는 시험의 기능으로 보기 어려운 것은? (20국)

> 시험은 학문적으로 무엇이 가치가 있으며 교육제도가 선택적으로 가르치고자 하는 것이 무엇인가를 가장 극명하게 표출하지만, 시험의 의미는 그것만이 아니다. 지식의 사회적 의미규정과 그 표현방식을 학교의 시험을 통하여 학생들에게 강요함으로써, 지배문화와 지배문화의 가치관을 주입하는 가장 효과적인 도구로 시험이 이용되고 있는 것이다.

① 교육과정과 교수방법 개선 ② 지식의 공식화와 위계화
③ 기존 사회질서의 정당화와 재생산 ④ 규범과 가치관 통제

011 다음 〈보기〉 중 갈등이론자들이 주장하는 학교교육의 사회적 기능에 대한 설명과 일치하는 것만으로 묶은 것은? (01 초등)

〈보기〉
가. 학교는 이념적 국가기구의 하나로써 지배 이데올로기를 정당화한다.
나. 학교는 차별적 사회화 과정을 통하여 기존의 불평등한 사회구조를 재생산한다.
다. 학교는 사회가 필요로 하는 인재를 선발하여 적재적소에 배치하는 역할을 수행한다.
라. 학교는 보편적인 사회규범을 내면화하고, 전문성을 신장시켜 사회발전에 이바지한다.
마. 학교는 자본주의 사회의 필요에 대응하여 자본주의 생산 양식에 적합한 태도와 가치관을 교육한다.

① 가, 나, 마 ② 나, 다, 라
③ 가, 다, 라 ④ 다, 라, 마

012 교육이론을 기능주의 이론과 갈등주의 이론으로 구분할 때, 기능주의 이론에 해당하는 것은? (21 7급)

① 인간자본론 ② 재생산이론
③ 종속이론 ④ 저항이론

006 경제적 재생산론 : 볼스와 긴티스(S. Bowles & H. Gintis)

1) 경제적 재생산론(economic reproduction theory)
① 자본주의 사회는 성격상 불평등한 관계로 구성되어 있어서 계급적 갈등이 불가피하므로 학교교육은 계급적 갈등을 완화하고 자본주의 사회의 불평등 체제를 유지하는 도구적 수단이라고 본다.
② 학교교육이란 자본주의 사회의 계급적 모순을 은폐하고, 불평등한 위계적 관계를 정당화하여 지배계급의 사회적 이점을 유지하며, 재생산 기능을 수행하는 제도적 장치라고 인식하고 있다.

2) 대응이론(상응이론)
① 1976년에 미국의 매사추세츠 공업 지역의 학교교육을 역사적으로 분석한 「미국 자본주의 사회와 학교교육」을 발표하면서, 경제적 재생산론이라는 새로운 관점을 제시하였다.
② 보울스와 긴티스의 경제적 재생산론의 핵심은 대응이론(혹은 상응이론)이다. 대응이론이란 자본주의 사회에서 학교교육은 불평등한 사회적 위계관계를 정당화·합법화함으로써 지배계급인 자본가 계급의 사회적 이익을 유지하는 기능을 한다는 것이다.
③ 학교에서 높은 학업성취로 인해 좋은 학력을 취득한 사람은 그렇지 않은 사람보다 우수하다는 인식이다. 자본가 계급은 노동자 계급보다 학력 수준이 높기 때문에 결국 노동자 계급은 자본가 계급에 순응해야 한다는 것이다.
④ 학교교육은 객관화된 검사인 지능, 성적, 적성 등에 과학적 믿음을 부여하여 사회적 정당성을 확보하고 있다. 검사 결과는 의심 없이 받아들여야 하는 타당한 과학적 근거가 된다.
⑤ 그러나 볼스와 긴티스는 객관화된 검사는 과학적 이데올로기에 의해 지지된 사회공학적 허구며, 객관화된 검사 자체가 완전한 과학적 근거를 갖추지 못하고 있다고 하였다.
⑥ 또한 학교교육의 객관화된 검사는 지배계급의 학생에게 유리하게 편성되어 있어, 피지배계급 학생은 처음부터 불리할 수밖에 없다. 피지배계급 학생은 어렸을 때부터 학교교육의 지속적인 실패로 인해, 자연스럽게 자본주의의 불평등 체제에 대해 복종과 순종 의식을 내면화하게 된다.
⑦ 결국 학교교육의 능력주의는 경제적 실패 요인을 개인의 능력 부족으로 여기게 하여, 불평등한 사회구조를 은폐하고 있다. 학교교육의 능력주의는 교육의 위계적 단계에 따른 계급적 분절 의식을 심어 주는 핵심적인 이데올로기적 기능을 수행한다. 교육적 위계 단계에 따른 계급적 분절 의식은 대응이론에서 극명하게 나타나고 있다.
교육적 위계 단계에 따른 계급적 분절 의식은 대응이론에서 극명하게 나타나고 있다.
⑧ 대응이론은 자본주의적 생산의 위계관계를 학교에서 그대로 반영하고 있다고 한다. 학교는 노동의 위계적 분화에 따라, 초등교육은 하위노동직에게 필요한 복종, 시간, 규칙 엄수 등을, 중등교육은 중간관리직에게 필요한 일반 사무와 관리 능력 등을, 고등교육은 최고관리직에게 필요한 리더십, 창의력, 독립심 등을 강조한다.

keyword

013 다음 주장을 한 학자는? (20 지)

> • 학교는 자본주의적 사회관계의 유지에 필수적인 통합기능을 수행하는 기관이라고 보았다.
> • 경제적 재생산이라는 개념을 사용하여 학교교육이 자본주의 경제체제를 재생산하는 데 어떻게 기여하는지 그 메커니즘을 설명하고자 하였다.
> • 학교 교육체제에서 학생이 미래에 차지할 경제적 위치를 반영하여 차별적 사회화가 이루어진다고 주장하였다.

① 해비거스트(Havighurst) ② 보울스와 진티스(Bowles & Gintis)
③ 콜만(Coleman) ④ 번스타인과 영(Bernstein & Young)

014 보울스(S. Bowles)와 긴티스(H. Gintis)의 대응이론(correspondence theory)에서 바라본 교육과 노동의 사회적 관계에 대한 설명으로 옳지 않은 것은? (08 중등)

① 학생과 노동자는 각각 학습과 노동으로부터 소외되어 있다.
② 학교에서의 성적 등급은 작업장에서의 보상 체제와 일치한다.
③ 작업장에서의 사회적 관계는 학교에서의 사회적 관계에 그대로 반영되어 있다.
④ 지식의 단편화와 분업을 통해서 학생과 노동자의 임무가 효율적으로 확장된다.

015 보울스와 긴티스(S. Bowles & H. Gintis)의 경제적 재생산론에 나타난 학교교육관을 바르게 설명한 것은? (04 중등)

① 학교교육은 하위 계급의 학생에게 비판적 의식을 심어주고 있다.
② 학교교육은 능력주의(meritocracy) 이념을 통해 계급적 모순을 은폐하고 있다.
③ 학교교육은 사회 불평등을 해소하고 있다.
④ 학교교육은 학생을 능동적이며, 인격적 존재로 대우하고 있다.

007 문화적 재생산론(cultural reproduction theory) : 부르디외(Bourdieu, P.)

1) 개요
① 문화적 재생산론은 자본주의 사회가 불평등한 구조적 모순에도 불구하고 자연스럽게 유지되는 이유를 문화 영역과 계급구조에 초점을 두어 밝히고 있다.
② 학교교육은 은연중에 자본주의 사회의 지배계급인 상류층의 문화를 강조하고 있으며, 이러한 문화적 기준에 따라 학생의 선발과 배치 기능을 한다.
③ 학교교육은 상류층의 문화가 보편적 가치 기준이 되어 지배계급 학생에게 유리하게 작용하고 있으며, 궁극적으로 자본주의 사회의 계급적 불평등을 은밀히 재생산하고 있다.

2) 부르디외의 4가지 자본 : 문화적 자본
① 경제적 자본(economic capital): 금전, 토지, 임금 등의 화폐 요소를 의미.
② 사회적 자본(social capital): 특정 집단에 소속되어 사회 관계망을 형성하여 영향력을 미치는 자본. 학맥과 정치사회적 연줄 등을 의미.
③ 문화적 자본(cultural capital): 특정 문화에 계급적 가치가 부여되어 자본적 역할을 수행하는 것을 의미.
④ 상징적 자본(symbolic capital): 경제적 자본 + 사회적 자본 + 문화적 자본의 결합에서 파생되어 얻어진 신뢰, 위신, 명예, 존경, 명성 등을 의미.

3) 문화적자본의 3가지 핵심 자본 : 아비투스적 자본
① 몸과 마음속에 오랫동안 지속적인 상태로 남아 있는 성향들의 형태인 아비투스적 자본(habitus capital).
② 책, 그림, 사전, 도구, 기계와 같은 형태의 객관화된 자본(objective capital).
③ 학위, 학력, 자격증 같은 제도화된 자본(institutional capital).

4) 상류계급의 문화가 우월하고, 보편적 가치를 띤 것처럼 착각하는 것은 상징적 폭력(symbolic violence)의 작용 때문이다.
① 상징적 폭력은 사회적 허구성에 의해 부여된 상류계급의 문화가 보편적 기준으로 작용하여, 다른 문화를 규정하고 계급적 차이를 만드는 권력적 작용을 의미한다.
② 부르디외는 상징적 폭력의 대표적 기관을 학교라고 보았다.

016 다음의 가상적 사례를 가장 잘 설명해 주는 이론은? (06 중등)

> 가난한 집안에서 태어난 철수는 대중음악을 즐겨 들으며 성장하였고, 부유한 집안에서 태어난 영훈이는 고전 음악을 즐겨 들으며 성장하였다. 그런데 학교 음악시간에는 대중음악보다 고전음악을 주로 가르친다. 고전 음악에 익숙한 영훈이는 음악시간이 즐겁고 성적도 좋지만, 그렇지 못한 철수는 음악시간이 지루하고 성적도 좋지 못하다.

① 파슨스(T. Parsons)의 학교사회화론
② 부르디외(P. Bourdieu)의 문화자본론
③ 하그리브스(D. Hargreaves)의 상호작용론
④ 보울즈와 긴티스(S. Bowles & H. Gintis)의 대응이론

017 부르디외(P. Bourdieu)의 문화적 재생산론(Cultural Reproduction Theory)의 관점에 해당하는 것은? (03 중등)

① 문화는 사회계급 구조와 관련이 없다.
② 현대사회는 대중문화에 의해 지배받고 있다.
③ 상징적 폭력을 통해 학교교육이 사회적으로 정당화된다.
④ 학교는 보편적이고 중립적인 문화적 가치를 전수하는 기관이다.

018 <보기>에서 부르디외(P. Bourdieu)의 문화재생산론에 부합하는 것끼리 묶은 것은? (06 초등)

<보기>
가. 교사가 행하는 폭언을 상징적 폭력이라 한다.
나. 문화 자본은 가정에서 지출하는 사교육비를 말한다.
다. 학업 성취는 가정에서 습득한 문화의 영향을 받는다.
라. 졸업장·학위·자격증 등은 제도화된 문화 자본에 속한다.

① 가, 나   ② 나, 다   ③ 다, 라   ④ 가, 라

008 알튀세(Althusser)의 사회구성체이론

1) 개요
① 알튀세는 프랑스를 대표하는 사회철학자 중의 한 명으로, 학교교육은 자본주의 사회에서 생산 관계의 유지에 필요한 지식, 기술, 태도, 가치 등을 아동에게 전수하고 나아가 사회에 복종하는 순치된 노동력을 재생산하는 핵심장치이다.
② 알튀세는 학교교육과 생산관계의 경제적, 정치적, 이데올로기적 실천 단계를 설명하기 위해 사회구성체(social formations)의 형성 요건에 대해 논의하였다.
③ 사회구성체는 토대(base)와 상부구조(superstructure)로 구성되어 있다.
④ 토대와 상부구조의 관계를 보면 상부구조는 토대에 대해 상대적 자율성(relative autonomy)이 있으며, 토대와 상부구조는 상호 호혜적인 기능을 한다.
⑤ 토대의 변화가 상부구조에 영향을 주며 상부구조의 변화도 토대에 영향을 준다.

2) 국가 통치기구로서 두 가지 장치
① 상부구조는 정치적·법적 기구를 대표하는 하는 것으로 억압적 국가기구와 이데올로기적 국가기구가 있다.
② 억압적 국가기구(repressive state apparatus: RSA)는 강제적 힘을 행사하는 경찰, 군, 행정부, 교도관 등으로 구성되어 있다.
③ 이데올로기적 국가기구(ideological state apparatus: ISA)는 교육, 종교, 가족, 법, 정치, 무역, 미디어·문화적 ISA로 구분되며, 자발적 동의를 창출하는 기능을 수행하고 있다.

Keyword

019 다음의 (가)와 (나)에 들어갈 가장 적합한 용어는? (07 중등)

> 알튀세(L. Althusser)는 학교가 이데올로기적 국가기구로서 사회적 기능을 수행한다고 보았다. 이데올로기적 국가기구로서 학교가 억압적 국가기구와는 달리 가족이나 언론 매체와 유사한 기능을 수행하는 것은, (가)보다는 (나)을(를) 통해 그 구성원들에게 영향력을 행사한다는 것을 의미한다.

	(가)	(나)
①	교화	학습
②	공권력	관리
③	강제력	동의
④	이념	설득

020 다음은 학교의 사회적 역할과 기능에 대한 학자들의 주장이다. (가)와 (나)가 나타내는 개념은? (12 중등)

> (가) 학교에서 교장과 교사, 교사와 학생, 학생과 학생, 학생과 학업 사이의 관계는 위계적 노동 분업을 그대로 본뜨고 있다. 자본주의 기업체의 노동 분업처럼 학교제도도 정교하게 구분된 위계적 권위와 통제 체제를 가지고 있으며, 경쟁과 외적인 보상체계가 참여자들의 관계를 지배한다.
>
> (나) 자본의 사회는 생산 관계의 재생산을 통해 유지된다. 이는 가족, 교회, 학교, 언론, 문학, 미디어 등에 의해 자본주의적 생산 관계의 유지에 필요한 지식, 기술, 태도, 가치 등이 전달되기 때문에 가능하다. 특히 학교는 자본주의 사회에 복종하는 순치된 노동력을 재생산하는 핵심 장치이다.

	(가)	(나)
①	대응원리	이데올로기적 국가기구
②	대응원리	억압적 국가기구
③	헤게모니	관료주의적 국가기구
④	아비투스(habitus)	억압적 국가기구
⑤	아비투스(habitus)	관료주의적 국가기구

009 무정부적 이상론 Ⅰ : 프레이리, 일리치, 라이머, 실버만

1) 개요

① 교육을 통해 사회 평등화를 도모하고자 하는 보수·자유주의적 교육관점은 1960년대에 오면서 사회적으로 비판을 받기 시작하였다. 구체적으로 홀트(T. Holt)는 학교교육의 경직성을 비판하면서 학교가 학생을 소위 정답 제조기로 만들어 버린다고 하였다.

② 1966년 굿맨(P. Goodman)은 미국의 공립학교는 쓸모없는 지식만을 전하고, 아동의 자연적 호기심을 죽이고 있다고 하였다. 코졸(J. Kozol)은 공립학교를 '지적이고 보호적인 감옥'이라고 비유하면서, 공립학교가 하는 일은 천한 노동을 제품화하는 과정이라고 하였다.

③ 교육은 사회의 구조적 모순을 해결하는 엘도라도가 아니라는 회의적 인식은 1970년대 전후로 더욱 가속화된다. 특히 남미의 교육적 모순을 체계적으로 분석한 프레이리(Freire)와 일리치(Illich), 그리고 라이머(Remier)의 입장은 1970년대에 세계적으로 주목을 받음과 동시에 엄청난 영향을 주었다.

2) 문제제기식교육(problem-posing education) : 프레이리(P. Freire), 인간해방

① 브라질의 교육적 모순을 목격한 프레이리는 현행 교육제도는 지배자의 이념을 강요하고, 힘없고 가난한 자에게 복종과 순응을 강요하는 지배계급의 통치 기구에 불과하며, 불평등한 현실을 그대로 수용하는 강제된 순화 기구라고 하였다.

② 따라서 학교는 만인을 위한 교육이 아니라 지배계급을 위한 교육을 실시하는 기관에 불과하여서, 교육은 결코 중립적이 될 수 없게 된다.

③ 이러한 지배계급의 도구적 수단으로 전락한 교육 형태는 은행저축식교육이다.

④ 은행저축식교육은 기계적으로 암기하고 반복시킴으로써 사회의 불평등한 실체를 이해하지 못하게 하고, 수동적이며 타율적인 인간으로 길들인다.

⑤ 이를 극복하기 위해 프레이리는 억압받는 민중들이 그들 자신의 삶을 반성하고 사회 현실을 올바르게 인식할 수 있는 '의식화 교육'을 강조하였다. 구체적으로 그는 교사와 학생의 수평적 관계 속에서 사회 현실에 대한 올바른 이해와 성찰적 사고를 통해 비판적사고를 형성하게 하는 문제제기식교육(problem-posing education)을 제안하였다.

Keyword

021 다음 내용과 관련이 있는 학자는? (17 지방)

> 문해교육에서는 성인 각자의 삶이 반영된 일상용어를 활용해야 효과적이다. 진정한 교육은 학습자가 탐구(inquiry)와 의식적 실천(praxis) 활동을 하는 것이다.
> 교육은 주어진 지식을 전달하는 은행저금식이 아니라 문제제기식으로 이루어져야 한다.

① 일리치(I. Ilich) ② 프레이리(P. Freire)
③ 노울즈(M. Knowles) ④ 메지로우(J. Mezirow)

022 다음에 해당하는 학자는? (21 7급)

> • 기존의 교육을 은행예금식 교육으로 비유하면서, 기존의 교육이 피억압자들을 수동적으로 만들고 비인간화한다고 비판한다.
> • 대화의 교육방식을 통해 불평등한 사회구조를 타파하고 인간해방을 지향하는 문제제기식 교육을 할 것을 주장한다.

① 지루(Giroux) ② 프레이리(Freire)
③ 애플(Apple) ④ 잭슨(Jackson)

023 프레이리(P. Freire)의 문제제기식 교육에 대한 설명으로 옳지 않은 것은? (11 중등)

① 학생은 비판적으로 사고하는 사람으로 육성되어야 한다고 하였다.
② 학생의 탐구를 막는 것은 마치 폭력을 행사하는 것과 같다고 본다.
③ 학생에게 지식을 수동적으로 축적하게 하는 교육 방식을 비판하였다.
④ 학교에서는 경쟁을 통해 사회 적응력을 키우는 교육을 해야 한다고 본다.
⑤ 학생이 역사적 맥락에서 자신의 삶을 파악할 수 있게 교육하는 것이 중요하다고 본다.

010 무정부적 이상론 II : 프레이리, 일리치, 라이머, 실버만

1) 탈학교 사회(학습망) : 일리치(Illich)

① 가톨릭 신부인 일리치는 남미 사회의 제도화된 교육의 모순을 목격하고, 1970년에 「탈학교 사회」를 발표하였다. 그에 의하면 남미의 교육은 인간의 자주성과 창의성을 마비시키고 인간을 정형화된 규격체로 양성하고 있다고 한다. 제도화된 기관들은 인간의 욕구와 잠재 능력을 억압하고 있으며 사회실체를 왜곡하고 있다고 비판하였다.

② 학교교육은 인간의 자아실현과 인간성 회복을 저해하고 있으며, 지배계급의 이념을 주입시킴으로써 사회의 모순적 불평등을 심화시킨다. 학교교육은 지배계급의 이익을 영속화하고, 학업성취가 낮은 피지배계급을 사회적 실패자나 낙오자로 낙인 찍어 심한 좌절감과 패배감을 형성시킨다.

③ 그는 교육의 이러한 모순적 기능을 극복하기 위해서 제도화되고, 정형화된 틀을 강요하는 교육에서 벗어나는 '탈학교'를 주장하였다.

④ 탈학교는 제도화된 틀에서 해방된 인간의 본질적 자유를 추구할 수 있는 새로운 교육적 대안이다.

⑤ 그는 탈학교의 구체적 실현을 위해 모든 사람이 언제, 어디서든 원하면 교육을 받을 수 있는 '학습망(learning web)'을 제안하였다.

⑥ 학습망은 교육의 피라미드 구조를 해체·분산시켜, 학습을 원하는 사람은 누구든지 쉽게 접근할 수 있는 제도며, 학습자의 사회적 신분과 경력, 그리고 학벌과 관계없이 이용할 수 있는 교육체제

> **학습망**
> ① 학습망이란 대중들이 쉽게 이용할 수 있으며, 교수와 학습이 평등하게 이루어질 수 있도록 교육기회를 확산할 수 있는 네트워크를 말함. 학습망을 통한 교육은 배우기 원하는 모든 사람들이 언제든지 교육적 자원에 접근할 수 있는 기회를 제공받고, 자신이 알고 있는 것을 공유하기를 원하는 사람이 자신으로부터 배우고자 하는 사람을 언제든지 찾을 수 있음. 이 같은 일리치의 학습망은 학교라는 시간적, 공간적으로 제한된 곳에 갇혀 교육전문들에 의해 제공되는 표준화된 교육과정을 당연한 것으로 숙달해야만 하는 것을 교육이라고 생각하는 그릇된 이해로부터 사람들을 해방시키는 것이었다(손준종, 2001).
> ② 따라서 탈학교론은 교육의 폐지가 아니라 사회의 불평등을 심화시키는 제도화된 학교교육을 폐지하자는 것이며, 인간성 회복을 위한 새로운 교육적 대안인 학습망의 구축을 강조한다. 굳이 비교하면 학습망은 오늘날의 사이버교육체제와 매우 유사하다. 학습망은 사람을 구분짓는 계급적 경계선이 존재하지 않으며, 순수하게 원하는 교육을 받을 수 있는 교육체제다. 학습망은 인간의 본래 모습을 회복시키고, 제도화된 불평등 위계체제의 모순을 극복하는 새로운 교육의 대안이 된다.

Keyword

024 일리치(Illich)의 탈학교론에 대한 설명으로 옳은 것은? (21 7급)

① 1990년대 초 학교교육에 대한 비판과 함께 처음 등장하였다.
② 학습망(learning webs)을 통한 의무교육의 실현을 제안하였다.
③ 학교제도 자체의 폐지를 주장하지는 않았다.
④ 학습이 학교에 의해서만 이루어지는 것은 아니며, 학교가 반드시 학습의 증진을 가져다 주는 것도 아니라고 강조한다.

025 다음 내용을 공통으로 포함하는 개념과 그 개념을 제안한 학자로 옳은 것은? (13 중등)

- 학습자가 학습에 필요한 자료에 쉽게 접근할 수 있도록 한다.
- 함께 학습하기를 원하는 학습동료를 쉽게 찾을 수 있도록 지원한다.
- 학습자가 원하는 전문가, 준전문가, 프리랜서 등 교육자들의 인명록을 갖추어 놓는다.
- 기능을 가지고 있는 사람들의 인명록을 비치하여 기능교환이 이루어질 수 있도록 한다.

	개념	학자
①	학습망(learning webs)	일리치(I. Illich)
②	학습망(learning webs)	프레이리(P. Freire)
③	학습망(learning webs)	허친스(R. Hutchins)
④	학습공동체(learning community)	프레이리(P. Freire)
⑤	학습공동체(learning community)	허친스(R. Hutchins)

011 무정부적 이상론 III : 프레이리, 일리치, 라이머, 실버만

1) 학교사망론 : 라이머(Reimer)

① 미국의 교육학자인 라이머(Reimer, 1971)는 오랫동안 일리치(I. Illich)와의 토론과 대화 끝에 1971년 그의 저서 『학교사망론(School is dead)』을 통해 현대사회의 교육제도, 특히 학교교육제도를 대단히 예리하게 비판하였다.

② 교육문제만을 따로 떼어서 보는 게 아니라 전체 사회에 관련지어 보고 있으며, 특히 곤궁한 사람들, 그늘에 사는 사람들에 대해 따뜻한 애정을 갖고 교육문제를 다루고 있는 혁명적인 교육론이다.

③ 오늘날 학교는 국가에 의해 운영되고 있다. 따라서 국가의 이념을 가르치고 높은 수준에 이를수록 통치하고 지배하는 방법을 가르침으로써 국가에 봉사하는 자질을 길들인다는 것이다. 마치 중세의 국가종교와도 같은 존재가 된 학교는 모든 가치와 규범을 규정하는 사회의 재판소가 되어 막강한 힘을 갖고 있다는 것이다.

> 학교는 이제 하느님과 사람 사이에 끼어들어 하느님의 뜻과는 달리 말을 잘 듣고 잘 보인 자에게는 좋은 선물, 즉 튼튼한 동아줄을 내려 주고 그렇지 않은 자에게는 나쁜 선물, 즉 썩은 동아줄을 내려 주는 교화와 같은 존재가 되었다고 한다.

2) 학급 위기론 : 실버만(C. E. Silberman)

① 기자이면서 학자인 실버만의 저서 『학급의 위기 (Crisis in the Classroom)』에서 미국 교육의 위기적 상황을 경고하고 인간교육으로의 방향 전환을 제안한 일종의 실험적 보고서이다.

② 이 보고서는 '인간교육'이라는 핵심적인 관점에 따라 현 학교교육 및 사회교육을 비판하고 개혁의 방향을 제시하고 있다.

③ 오늘날 및 미래 교육의 핵심적 과제는 인간교육이 되어야 함을 역설하고 있다.

④ 실버만이 인간교육을 현재 및 미래 교육의 핵심적 과제로 파악한 것은 교육의 방향에 대한 분명한 제시다.

⑤ 새로운 학교는 인간교육을 저해하는 요인을 제거한 학교이어야 한다고 그는 설명하고 있다.

Keyword

026 교사들의 대화내용과 공교육의 개혁방향에 대한 관점을 가장 적절하게 연결한 것은? (10 초등)

> 김 교사 : 학교에 대한 국가의 획일적 통제와 학교의 비효율성이 문제입니다. 수요자의 선택권과 학교 간 경쟁을 강화하고, 민간 주도의 교육서비스를 확대해야 합니다.
>
> 정 교사 : 그런 방식은 계급 간 교육 불평등을 더욱 심화시킬 뿐입니다. 교육 불평등을 줄일 수 있는 대책을 세워야 해요. 지배집단의 관점에 치우친 교육과정도 수정해야 하구요.
>
> 최 교사 : 저는 학교교육이 학습자의 자율성을 억압하는 것이 문제라고 생각해요. 누구나 자율적으로 학습할 수 있도록 학교를 '학습 조직망'으로 대체하는 것이 문제해결의 열쇠가 될 수 있을 것 같아요.

	김 교사	정 교사	최 교사
①	신자유주의	신마르크스주의	탈학교론
②	신자유주의	포스트모던주의	생태주의
③	포스트모던주의	신자유주의	탈학교론
④	포스트모던주의	탈학교론	생태주의
⑤	탈학교론	신마르크스주의	생태주의

027 다음의 학자들이 아래 저서를 통해 공통적으로 주장하고 있는 것은? (04 초등)

> • 일리치(I. Illich)의 『탈학교사회』
> • 라이머(E. Reimer)의 『학교는 죽었다』
> • 프레이리(P. Freire)의 『피압박자의 교육』
> • 실버맨(C. Silberman)의 『교실의 위기』

① 학교교육의 효율성 제고
② 학교교육의 한계와 비판
③ 학교교육의 순기능 강조
④ 학교의 사회통제 기능 강화

012 학력상승 이론 Ⅰ : 학습욕구이론, 기술기능이론

1) 학습욕구이론
① 아리스토텔레스 : "모든 인간은 천성적으로 알고자 하는 욕구를 지니고 있다"
② 동서양을 가릴 것 없이 인간의 학습욕구는 당연한 것으로 인식
③ 사람마다 가지고 있는 학습욕구를 충족하기 위하여 교육이 필요해지는데, 그러한 교육을 제공하는 곳이 학교이니 학교에 다닌다는 것이다.
④ 즉, 학교교육을 통하여 지적 욕구와, 인격도야의 욕구를 충족시킬 수 있기 때문에 기회만 주어지면 누구나 교육을 받는다는 것이다.
⑤ 그러나 학교팽창에 관한 학습욕구이론의 약점은 오늘날의 학교가 학습욕구를 제대로 충족시켜 주는 기관이라는 사실을 입증하기가 어렵다는데 있다.

2) 기술기능이론 : 클락(B. Clark)
① 산업사회에 있어서는 누구나 어떤 종류의 직업을 갖게 마련인데, 과학기술의 부단한 발달 때문에 직업기술의 수준이 계속 향상됨에 따라 사람들의 학력이 높아질 수밖에 없다는 것이다.
② 기술기능주의적(technical functionalistic) 설명은 슐츠(T. Schultz, 1977), 벡커(G. Becker, 1964) 등의 인간자본론(human cupital theory)이 교육과 경제성장의 관계에 관한 이론과도 일맥상통한다.
③ 세계화 시대에 국제경쟁에서 이기기 위하여 각국이 교육정책에 더욱 비중을 두는 것도 따지고 보면 이 이론에 대한 믿음이다(Brown et al, 1997).
④ 이러한 주장을 가장 분명하게 내세운 사람은 클락(B. Clark)이다.
⑤ 그는 전문가 사회의 교육(Educating the Expert Society, 1962)에서 "우리 시대는 유능한 기술자와 전문가를 계속하여 요구하고 있는바, 이러한 인재를 양성하는 과업에 교육제도는 더욱 충실하여야 한다"고 주장하면서 이렇게 덧붙였다.

생산과 분배에 관한 기술의 진보로 인하여 직업 세계는 날이 갈수록 복잡해지고 전문화되고 있으며, 그에 따라 요구되는 교육수준 또한 계속 상승하고 있다. 노동 인력이 처음에는 단순한 읽기, 쓰기, 셈하기를 할 수 있는 정도로 충분하였으나 이제는 더 장기간의 교육을 받지 않으면 안 되게 되었다.(Clark, 1962: 14).

Keyword

028 학력상승의 원인에 대한 대화이다. 기술기능이론에 바탕을 둔 B의 대답으로 옳은 것은? (7급 국가직 16년)

> A : 학력이 지속적으로 상승하는 원인이 무엇이라고 생각하시나요?
> B : (   )

① 누구나 뭔가 새로운 것을 배우고자 하는 욕구가 있잖아요.
② 현대 사회에서 학력은 지위획득을 위한 합법적 사다리잖아요.
③ 사회에서 요구되는 직업전문성 수준이 계속 향상되기 때문이지요.
④ 교육을 통해 국민들 사이에 일체감을 형성할 필요가 있잖아요.

029 대학의 팽창에 대한 다음과 같은 설명에 가장 근접한 이론은? (09 초등)

> 한국사회가 지식기반사회로 진입함에 따라 고급인력에 대한 수요가 증가하였다. 국가는 이러한 고급인력의 수요에 부응하기 위하여 대학교의 설립과 대학정원의 확대를 허용하였으며, 그 결과 대학이 팽창하였다.

① 지위경쟁이론   ② 기술기능이론
③ 국민통합론   ④ 계급통제론
⑤ 학습욕구론

013 학력상승 이론 Ⅱ : 지위경쟁이론

1) 개요
① 학력이 사회적 지위획득의 수단이기 때문에 사람들이 경쟁적으로 높은 학력을 취득하는 탓으로 학력이 계속하여 높아진다고 설명한다.
② 남보다 한 단계라도 높은 학력을 가지고 있는 것이 사회적 지위의 경쟁에서 결정적으로 유리하기 때문에 모든 사람이 높은 학력, 즉 상급학교 졸업장을 받기 위하여 온갖 노력을 기울인다는 것이다.
③ 결과적으로 학교가 확대되지만 그래도 경쟁은 끝나지 않으므로 학교의 확대는 상급으로 파급된다.

2) 졸업장병 (diploma disease) : 도어(Dore)
① 도어(Dore, 1975; 1992)는 지위획득 수단으로 학력이 작용하며 진학률의 상승을 유발하여 졸업생이 증가하고 그렇게 되면 학력의 가치가 떨어지므로 새로운 학력상승의 요인이 된다는 사실을 분명하게 보여주고 있다.
② 그러므로 보다 높은 학력을 취득하기 위한 경쟁은 한없이 계속된다.
③ 도어는 이러한 현상을 '졸업장병(diploma disease)'이라고 명명하였다.

3) 기술기능이론과 지위경쟁이론을 비교 : 콜린스(R. Collins)
① 콜린스(R. Collins)는 학교교육 확대현상을 설명하는 데 있어서 기능이론과 갈등이론 가운데 어느 쪽이 더 우수한가를 밝히려 하였다.(1971; 1989),
② 콜린스는 베버의 영향을 많이 받았기 때문에 그가 다룬 갈등이론은 마르크스주의가 아니라 베버적 갈등이론이다.
③ 그러므로 앞 절에서 우리가 분류한 방식에 따르면 기술기능이론과 지위경쟁이론을 비교한 것이라고 말할 수 있다.
④ 콜린스는 두 이론의 명제를 분석한 뒤에 그가 수립한 경험적 자료에 비추어 각각의 명제를 검토하였다. 그리고 이렇게 결론을 내렸다.
⑤ 이제까지 논의한 바에 따르면, 미국에 있어서 취업시에 요구되는 학력수준의 상승에 관한 핵심적인 설명은 갈등이론이 제공해 주고 있다.
⑥ 즉, 학교교육이 확대된 주원인은 지위경쟁이라는 것이다.
⑦ 그리고 기술의 진보는 영향이 없는 것은 아니나 미약하다는 것이다.

Keyword

---

030 다음 <보기>의 내용을 포함하는 학력(學歷)상승 이론은? (01 초등)

<보기>
- 학력 간 임금격차는 치열한 대학입시 경쟁을 더욱 심화시킨다.
- 학력의 양적 팽창은 학력의 평가 절하 현상을 초래하기도 한다.
- 학력이 취업 및 결혼을 결정하는 중요한 요소이므로 모든 사람이 상급학교 졸업장을 받기 위하여 온갖 노력을 경주한다.

① 인적자본론   ② 기술기능이론
③ 지위경쟁이론 ④ 학습욕구이론

031 교육팽창과 관련된 설명으로 옳은 것을 <보기>에서 모두 고르면?
(11 초등)

<보기>
ㄱ. 학벌주의란 학력(學歷)보다 지적·기술적 능력이 지위 결정에 중요한 요소로 작용하는 사회적 풍토를 말한다.
ㄴ. 학력 인플레이션이란 학력의 공급이 수요에 비하여 지나치게 많아 그 가치가 노동시장에서 평가절하되는 것을 말한다.
ㄷ. '졸업장 병(diploma disease)'이란 학력이 지위 획득의 수단으로 작용하여 더욱 높은 학력을 쌓기 위한 경쟁이 계속되는 것을 말한다.

① ㄴ   ② ㄱ, ㄴ
③ ㄱ, ㄷ   ④ ㄴ, ㄷ
⑤ ㄱ, ㄴ, ㄷ

032 지위경쟁론 관점에서 일제강점기 초등교육 팽창의 사회적 동인(動因)으로 가장 적절한 것은? (12 초등)

① 경제발전을 위한 기술 인력의 수요 증가
② 강제 징집 또는 징용을 회피하려는 취학의 증가
③ 신분제 폐지로 인한 학력(學歷)에 대한 수요 증가
④ 조선총독부의 '내선일체(內鮮一體)'와 우민화 정책 실시
⑤ 단순기술과 순응적 태도를 갖춘 노동자들에 대한 군수산업 자본가들의 수요 증가

014 학력상승 이론 Ⅲ : 마르크스이론, 국민통합이론

1) 마르크스이론
① 학교교육의 확대를 설명하는 또 하나의 이론은 마르크스주의자들의 상응이론이다.
② 상응이론에 의하면 자본주의 경제구조와 학교 교육은 상응관계에 있기 때문에 자본주의 경제의 확대에 따라 학교교육도 확대된다는 것이다.
③ 상응이론에 근거한 학교교육의 팽창에 관한 설명은 보울즈와 진티스가 미국교육을 대상으로 하여 구체적으로 발전시켰다.
④ 이들은 미국 학교제도의 발달은 교육 그 자체를 위한 것이 아니고, 국민 전체를 위한 것도 아니라고 주장한다.
⑤ 즉, 교육제도는 자본주의 사회인 미국의 자본가 계급의 이익을 위하여 자본가 계급에 의하여 발전하였다는 것이다.

2) 국민통합이론
① 기능이론과 마르크스이론이 경제적 요인에 초점을 두어 교육 팽창을 설명하고,
② 지위경쟁이론이 사회적 요인에 초점을 두고 설명한 데 비해
③ 교육팽창을 정치적 요인에 의해 설명하는 이론이 있다.
④ 이 이론은 국가의 형성과 이에 따른 국민 통합의 필요성 때문에 교육이 팽창되었다고 설명한다(Dronkers and Ploeg, 1995: 133-434).
⑤ 이 이론에 따르면 교육은 국민으로서의 정체성(identity)을 형성시키는 기제이다.
⑥ 이러한 견해는 일찌기 벤딕스(Rendix, 1964)에 의해 제시되었다.
⑦ 그는 역사적으로 볼 때, 교육의 팽창과 교육에 대한 정치적 통제는 근대 국가의 성장과 밀접하게 관련되어 있다고 하였다.
⑧ 교육은 다양하고 이질적인 문화적, 지역적 집단과 계급으로 구성된 국민들에게 일체성을 형성하는 제도이다.
⑨ 따라서 오늘날 교육은 모든 나라에서 점점 더 팽창할 뿐만 아니라 교육내용과 조직, 교사 양성 등 교육의 전 과정이 국가의 통제 하에 놓이게 된 것이다.

Keyword

033 현대사회의 학력 상승 원인과 관련된 이론에 대한 설명으로 옳지 않은 것은? (7급 국가직 19년)

① 기술기능이론에서는 과학기술의 발달로 인한 직업기술 수준의 향상을 학력 상승의 원인으로 강조한다.
② 학습욕구이론의 강점은 오늘날의 학교가 지적, 인격적 성장을 위한 학습 욕구를 제대로 충족시켜 주는 기관이라는 사실을 입증해 준다는 데 있다.
③ 지위경쟁이론에서는 학력이 사회적 지위획득의 수단이기 때문에 사람들이 경쟁적으로 높은 학력을 취득하는 탓에 학력이 계속 높아진다고 설명한다.
④ 국민통합이론은 정치단위인 국가의 이데올로기 통합 과정에서 교육제도가 수행하고 있는 정치적 기능을 새롭게 지적하였다는 데 의의가 있다.

034 다음은 학력(學歷) 상승의 원인에 대한 두 교사의 대화이다. 각 교사의 설명에 부합하는 학력상승 이론을 바르게 짝지은 것은? (12 중등)

> 강 교사 : 학교는 산업사회를 지탱하는 핵심 장치입니다. 사람들의 학력이 높아지는 원인은 직종이 다양해지고 각 직업에서 요구하는 지식의 수준이 높아지는 데 있어요. 우리 시대가 유능한 인재를 요구하고 있으니, 학교는 인재 양성에 매진해야 합니다.
> 정 교사 : 저는 그렇게 생각하지 않습니다. 직업구조의 변화가 학력 상승을 유발하기는 하지만 그것만으로는 충분한 설명이 되지 못합니다. 남보다 한 단계라도 높은 학력을 가지고 있는 것이 좋은 직업 획득에 도움이 되는 상황을 생각해 보세요. 학력 상승은 그 결과로 발생하는 현상입니다.

	강 교사	정 교사
①	마르크스이론	지위경쟁이론
②	기술기능이론	마르크스이론
③	기술기능이론	지위경쟁이론
④	지위경쟁이론	기술기능이론
⑤	지위경쟁이론	학습욕구이론

015 저항이론 : 윌리스(P. Willis)

1) 개요
① 재생산론의 인간관은 경제와 문화라는 구조에 인간을 한정시킴으로써 지배계급에 종속되는 구조적 존재로 보고 있다.
② 인간은 사회구조에 의해서만 영향을 받는 수동적 존재로 이해하기 때문에, 불평등 사회구조의 변화에 대한 설명력이 미흡할 수밖에 없다.
③ 그런데 저항이론은 재생산론과 같이 인간을 구조적이며 수동적 존재로 파악하는 관점을 비판하면서
④ 인간을 새로운 사회개혁을 주도하는 능동적이고 자율적인 존재로 인식한다.

2) 인간관
① 저항이론은 기존의 구조적 이론과는 다른 인간관에서 출발한다.
② 저항이론에서 인간은 사회구조가 규정하는 것을 수동적으로 받아들이는 꼭두각시 같은 존재가 아니라, 주체적 의지를 가진 존재로서 불평등한 사회구조를 비판하고, 거부하며 저항하는 능동적인 존재가 된다.
③ 저항이론은 윌리스의 「노동과 학습」에서 이론적으로 중요한 시사를 받는다.
④ 이 책은 공장 주변에 위치한 영국의 남녀공학 중등학교(우리의 전문계 학교와 비슷함)를 분석 대상으로 삼았다. 이 학교의 문제아들은 가부장적 육체문화가 지배하는 부모의 공장문화를 선호한다.
⑤ 공장문화의 영향으로 그들은 '사나이'라고 지칭된다.
⑥ 사나이들은 모범 학생들을 수동적 존재라는 의미에서 '귓구멍'이라고 부른다. 우리의 경우 '범생이'와 비슷한 의미를 가진 은어다.
⑦ 학교의 문제아인 사나이들은 공장의 가부장적 육체문화의 영향으로 인해 학교에서 담배 피우기, 이상한 옷맵시, 비속어 등을 사용하며, 구조적 순응을 거부하는 반문화(counter culture) 행위를 한다.
⑧ 중요한 점은 사나이들은 자신들이 열등한 사회구조적 위치에 있는 것을 간파(penetration)하고 있으나, 불평등한 사회구조로 인해 교육을 통해서 상승 이동할 수 없다는 체념 같은 한계(limitation)를 인식을 하고 있다는 것이다.

> "그들(교사들)은 우리를 벌 줄 수 있죠. 그들은 우리보다 덩치가 크고, 우리보다 더 거대한 제도편에 서 있어요. 우리는 그저 보잘 것 없고, 그들은 거대한 모든 것을 등에 업고 있어요. 하지만 어떻게 해서든 우리는 그들에게 복수하려 들지요. 우리는 권위를 띠껍게 여긴다 이겁니다" (윌리스, 1989).

Keyword

035 교사가 회고하는 다음 학생의 삶을 가장 잘 설명하는 이론은? (11 중등)

> 그 학생은 학창 시절 말썽을 많이 피웠지. 비슷한 또래들과 몰려다니면서 싸움도 자주 하고, 각종 교칙을 밥 먹듯이 위반했어. 수업을 시시하다고 하면서 방해하기도 하고, 공부 잘 하는 애들을 계집애 같다고 놀려 대기도 했어. 반면에 자기 부류의 애들은 사내답다며 우쭐댔지. 자기는 육체노동직에 종사하는 아버지처럼 사나이답게 살고 싶다고 했지. 나중에 보니 그 학생은 스스로 진학을 포기하고 자기 아버지와 같이 육체노동직을 선택하더라고.

① 저항이론
② 헤게모니이론
③ 문화재생산론
④ 경제재생산론
⑤ 상징적 상호작용론

036 윌리스 (P. Willis)의 저항이론에서 노동자계급의 자녀가 다시 노동자계급이 되는 이유는? (05 중등)

① 공부를 잘하면 계층이동할 수 있다고 착각하기 때문에
② 모범생들로부터 주도권을 완전히 장악하지 못하기 때문에
③ 학교의 권위에 대항할 만한 반학교문화를 만들지 못하기 때문에
④ 남성우월주의적인 육체노동문화를 자신의 이상적 가치관으로 받아들이기 때문에

037 윌리스(P. Willis)가 『노동학습(Learning to labor)』에서 제시한 노동계급 학생들의 특성과 일치하지 않는 것은? (07 초등)

① 모범생들을 수동적인 존재로 간주하고 배척한다.
② 반(反) 학교 문화를 형성하는 자율적 능동적 존재이다.
③ 육체 노동을 남성적 우월성에, 정신 노동을 여성적 열등성에 결부시킨다.
④ 노동 계급의 처지를 벗어나기 위하여 스스로 포부 수준을 높게 설정한다.

016 신교육사회학 교육 : 해석적 패러다임 (interpretive paradigm)

1) 개념
신교육사회학은 학교의 내부 과정에서 이루어지는 미시적 수준을 분석하고, 인간의 상호작용 행위에 대해 객관적이고 일정한 틀보다는 상황에 따른 해석적 과정을 요구한다.

구 교육사회학과 신 교육사회학 비교

	구교육사회학(전통적)	신교육사회학(해석적)
관점	거시적, 결정론적	미시적, 이해론적
연구관심	사회구조	일상적 생활세계, 구성원의 행위, 구성원이 행위에 부여하는 의미, 구성원들 사이의 상호작용
인간의 본질	수동성, 사회화의 산물, 자유의지와 주체성 결여	주체성, 능동성, 상징성, 자유의지 강조
사회과학의 목적	인간의 행위와 사회현상을 설명할 수 있는 과학적 법칙 탐구	사회적 행위의 해석적 이해를 통해서 행위자가 행위에 부여하는 의미 규명
연구방법	실증주의적 연구방법, 과학적 조사연구	해석적 이해, 관찰과 행위자와의 대화를 통한 질적 연구

2) 이론적 특징
① 거시적 수준에서 벗어나 미시적 수준의 학교 내부에 숨어 있는 사회적 역학관계를 밝히기 위한 것이다.
② 교과내용의 지식 구성과 교사와 학생의 상호작용 관계에 주목하고 있다.
③ 미시적 수준의 사회적 관계를 이해하기 위해, 연구 방법론을 주로 해석적 패러다임에 의존하였다.
④ 해석적 패러다임은 인간의 상호작용 속에 일어나는 해석과 의미 부여에 관심을 두고 있으며, 연역적 설명보다 귀납적 설명, 즉 일상생활의 세계를 구체적으로 이해할 수 있는 해석적 과정에 초점을 두고 있다.

3) 주요 이론적 관점
① 교육과정과 학교지식에 관한 것이다.
② 숨은 교육과정을 들 수 있다.
③ 교사와 학생의 상호작용을 들 수 있다.

keyword

038 교육사회학의 패러다임에 대한 설명으로 옳지 않은 것은?
(7급 국가직 13년)

① 해석학적 관점은 사회구성원과 행위자의 행위 및 상호작용, 학교의 내적 상황 등에 초점을 두는 미시적 접근이다.
② 갈등주의 관점은 자본주의 사회에서 학교가 지배계급에게 유리하게 작용함으로써 물신화와 소외, 비인간화 등을 가져오는 것에 대한 비판적 접근이다.
③ 기능주의 관점에서 교육은 사회체계를 이루는 한 부분인 동시에 독립적으로 하나의 소사회인 교육체계를 형성한다.
④ 신교육사회학적 관점에서는 교과과정의 효율성과 학교교육의 외적 과정에 관심을 갖는다.

039 교육사회학 연구에서 해석학적 접근이 지니는 특징으로만 묶인 것은?
(7급 국가직 11년)

> ㄱ. 미시적 관점에서 교육과정에 관심을 갖는다.
> ㄴ. 사회현상에 대한 가치중립적이며 객관적 이해를 추구한다.
> ㄷ. 학교에서 일어나는 다양한 상호작용의 장면을 중요시 한다.
> ㄹ. 방법론의 측면에서 질적 방법을 많이 활용한다.

① ㄱ, ㄴ, ㄷ   ② ㄱ, ㄴ, ㄹ
③ ㄱ, ㄷ, ㄹ   ④ ㄴ, ㄷ, ㄹ

040 신교육사회학(New Sociology of Education)의 지식관에 해당하지 않는 것은? (03 중등)

① 지식은 사회적으로 구성된다.
② 지식의 가치는 사회적으로 위계화되어 있다.
③ 지식의 본질은 사회적 역사적으로 변화되지 않는다.
④ 학교지식은 특정 집단의 이해관계를 반영하고 있다.

017 교육과정 사회학 Ⅰ

1) 개요

① 신교육사회학의 발전에 가장 중요한 역할을 했던 학자인 영(Young)은 기존의 연구가 교육내용을 주어진 것으로 보고 사회학적 탐구대상에서 제외시켰다고 지적하고, 지식도 사회학적 탐구의 대상으로 삼아야 한다고 주장하였다.
② 그는 기능주의 이론에서는 사람을 선별·처리하는 학교의 기능은 강조하지만, 지식을 선별·처리하는 학교의 기능은 전혀 문제 삼지 않았다고 주장하였다.
③ 그렇게 학교 교육내용으로 지식을 선별처리하면서 지식이 위계화되었고 지식의 위계화는 곧 학교 지식이 다른 지식보다 더 우월하거나 중요하다고 순위를 매겼다는 것이다.

2) 교육과정 사회학은 구체적으로 다음과 같은 질문을 제기한다.

첫째, 교육과정에 포함된 지식의 본질은 무엇이며, 어떻게 만들어지는가?
둘째, 교육과정, 곧 학교 지식은 어떻게 조직되고 위계화되는가?
셋째, 여러 부류의 사람이 교과서에 어떻게 묘사되어 있는가?
넷째, 학생을 어떻게 편성하며 그들에게 어떤 지식을 가르치는가, 즉 서로 다른 형태의 학교 지식이 학생이나 계열에 따라 어떻게 다르게 제공되는가?
다섯째, 전달되는 지식의 종류와 유형 및 양에서 차이는 없는가?
여섯째, 학교에서 이러한 지식을 어떻게 가르치고 있으며, 기존의 가치나 규범을 재생산하기 위해 학생과 교사는 어떻게 상호작용하고 어떤 사회적 관계를 형성하는가? 이러한 지식은 어떻게 정당화되며 누구에게 이익이 되는가? 이러한 지식의 선정, 조직, 전수 등의 과정에서 생기는 지배집단과 종속집단 간의 모순과 갈등은 어떻게 조정되는가?
일곱째, 선정된 학교 지식을 정당화하기 위해 어떤 평가방법을 채택하는가?
여덟째, 학교에서 가르치는 지식으로 이익을 보는 사람들은 누구인가?

3) 교육과정 사회학의 시사점

① 이와 같은 문제 제기를 통해 학교에서 가르쳐지는 교육내용은 보편타당하고 절대적인 지식이 아니며 누군가에게 이익이 되도록 의도를 담고 있다는 것을 알아내고자 하는 것이 교육과정 사회학자들이 연구를 통해 얻고자 하는 결론이다.
② 신교육사회학자들은 기존의 교육사회학이 의존해 온 기능주의로는 문제를 해결하는 것에 근본적인 한계가 있음을 인식하고 새로이 제기된 문제를 탐구할 수 있는 새로운 사회이론을 찾게 되었는데, 그 이론이 바로 해석학과 지식사회학이다.

Keyword

041 〈보기〉 중 교육과정사회학의 관점에 해당되는 것은? (03 초등)

〈보기〉
가. 교육과정에 들어 있는 지식은 사회적, 정치적으로 형성된 것이다.
나. 교육과정은 보편타당한 객관적인 내용으로 구성되어 있다.
다. 무엇이 학교지식으로 중요시되는가에 관심이 많다.
라. 교사는 주어진 교육과정을 학생들에게 충실히 전달하면 된다.
마. 교육과정에는 주로 지배집단의 이데올로기가 반영되어 있다.

① 가, 나, 다
② 가, 다, 마
③ 나, 라, 마
④ 다, 라, 마

042 교육은 인류의 문화유산인 지식을 가르치는 것이어야 한다는 주장에 대하여 교육과정사회학자들이 제기할 만한 반박을 가장 잘 표현한 것은? (02 초등)

① 학교에서는 박제된 지식보다 구성적인 지식을 중시하여야 한다.
② 산업사회에서 후기산업사회로의 변화를 고려하지 못하고 있다.
③ 모든 지식을 가르칠 수는 없고 사회적 효용을 고려하여 선정해야 한다.
④ 위 주장에서 말하는 지식이 교육적으로 보편적인 가치를 지니지 않는다.

018 교육과정 사회학 Ⅱ : 번스타인(B. Bernstein)

1) 번스타인의 언어 유형 : 정교화된 코드와 제한된 코드
① 정교화된 코드(elaborted code) : 주로 상위계급이 선호하는 언어 코드로서, 문법과 문장 규칙이 정확하고 의미 수준이 높은 상징체계를 많이 사용한다. 문장 구성은 복잡하며 논리적이고 체계적이다.
② 제한된 코드(restricted code) : 하위계급이 소유한 언어 코드로서, 문법과 문장 규칙이 부정확하며 사용하는 상징체계의 수준도 낮다. 문장 구성은 단순하며 비논리적이고 비체계적이다.
③ 시사점 : 학교교육은 체계화된 언어 유형인 정교화된 코드를 선호하기 때문에, 상위계급 아동은 하위계급 아동보다 학업성취에서 우월하여, 미래에 차지할 직업적 지위에 대해서도 유리한 위치에 놓이게 된다.

2) 코드 : 집합형 코드(collection code), 통합형 코드(intergrated code)
① 집합형 코드로 구성된 교육과정은 교과목 간의 전문성이 강조되며 교과내용의 경계선이 뚜렷이 구분된다. 수평적 관계보다 수직적 관계를 추구하여 사회의 위계적 계급구조를 반영한다.
② 통합형 코드로 구성된 교육과정은 교과목 간의 내용 경계선이 구분되지 않으며, 교과목의 통합으로 인한 수평적 관계와 이데올로기적 합의가 내재해 있다.

3) 분류화(classfication)와 구조화(framing)
① 분류화는 내용 사이의 경계 유지 정도를 의미한다. 즉, 과목 간, 전공분야 간, 학과 간의 구분을 말한다.
② 구조는 과목 또는 학과 내의 조직의 문제로 가르칠 내용과 가르치지 않을 내용의 구분이 뚜렷한 정도, 계열성의 엄격성, 시간배정의 엄격성 등을 포함하는 개념이다. 즉, 교육내용의 선정, 조직, 진도에 대하여 교사와 학생이 소유하고 있는 통제력의 정도를 의미한다.
③ 분류가 강할 경우 상급과정으로 갈수록 지식이 세분화되고 전문화되는 반면, 분류가 약할 경우 상급과정으로 갈수록 지식이 추상화되고 통합적으로 되는 경향을 보인다.
④ 구조화가 철저하면 교사나 학생의 욕구를 반영하기 어렵고, 구조화가 느슨하면 욕구를 반영하기가 용이하다(김신일).

keyword

043 다음의 내용과 관련 깊은 학자는? (04 중등)

> 진석은 대화할 때, 논리적이며 추상적이고 문법과 문장 규칙이 정확한 정교화된 언어를 구사하고 있다. 이와 달리 철수는 문법과 문장이 부정확하고 의미가 분명하지 않은 제한된 언어를 사용하고 있다. 이러한 언어 능력 차이로 인해 학교에서 진석은 철수보다 학업 성적이 우수한 것으로 나타났다.

① 영(M. F. D. Young)　　② 애플(M. Apple)
③ 번스틴(B. Bernstein)　　④ 콜린스(R. Collins)

044 번스타인(Beamstein)의 문화전수이론에 대한 설명으로 옳지 않은 것은?
(7급 국가직 16년)

① 지식은 사회서 진공상태에서 저수되는 것이 아니며, 권력과 통제가 교육과정의 모든 국면에 스며든다.
② 분류 (classification)는 과목 간, 학과 간 구분으로서 각 교육내용들 간 경계의 선명도를 말한다.
③ 구조(frame)는 교육내용의 선택, 조직, 진도에 대한 교사와 학생의 통제력 정도를 말한다.
④ 구조화(framing)가 강하면 학생의 관심과 요구를 반영하여 교육과정을 편성하기가 용이하다.

교육과정 사회학 III : 애플(M. Apple)

1) 숨은 교육과정

① 애플은 학교의 일상생활에서 나타나는 사회적 불평등을 분석하면서 교육과정의 보이지 않는 이데올로기적 통제 형태에 주목한다.
② 교수-학습과정의 일상생활 규칙 속에서 자본주의 이데올로기가 자연스럽게 강조되고 있으며, 이런 과정을 통해 사회적 불평등을 은폐한다고 본다.
③ 그는 학교의 일상생활을 통해 기존의 불평등한 모순 구조를 학생들이 자연스럽게 내면화하는 과정을 설명하기 위해 숨은 교육과정(hidden curriculum)을 제시하였으며, 이를 설명하기 위해 그람시(A. Gramsci)의 헤게모니(hegemony) 개념을 차용하였다.

2) 문화적 헤게모니

① 헤게모니는 자본가 계급이 그들의 지배적 가치관, 규범, 문화체계 등의 우월성을 일상생활을 통해 은연중에 사회 구성원들에게 내면화시켜, 자신들의 지배적 위치를 정당화·합법화하는 과정을 말한다.
② 애플에 의하면 학교는 지배계급의 헤게모니를 창출하는 기관이라고 한다.
③ 학교현장에 스며 있는 계급적 영향력, 즉 헤게모니의 작용으로 인해 사회적 불평등을 오히려 자연스러운 사회적 결과로 받아들이게 되는 것이다.
④ 학교의 일상생활에 속에 침투된 숨은 교육과정은 계급 간의 모순을 은폐하는 헤게모니가 작용하고 있으며, 학생들은 은연중에 기존의 불평등한 체제를 정당한 것으로 받아들이게 된다.
⑤ 외견상 학교의 일상생활은 학생의 자본주의 이데올로기와 무관하게 보이지만, 교묘한 방법으로 교수-학습과정에 지배적 헤게모니가 침투하여 학생들은 자신들도 모르는 사이에 자본주의 이데올로기에 동화된다.

헤게모니
일상생활과 사회의식 속에 깊이 스며있는 지배집단의 의미체계와 가치체계. 즉, 한 집단의 지배와 통제를 다른 집단이 '자발적'으로 수용하게 하는 힘을 의미함. M. Apple의 문화적 헤게모니 이론에 영향을 줌. 지배계급이 피지배계급에게 능력주의나 학교교육을 통한 계층 이동의 가능성을 강조함으로써 지배체제를 유지하고자 하는 것이 대표적인 예가 됨.

---

045 다음 내용과 공통적으로 관련된 개념은? (10 중등)

- 애플(M. Apple)이 교육사회학 이론에 활용한 그람시(A. Gramsci)의 개념이다.
- 학교는 지배 이데올로기를 정당화하는 역할을 한다.
- '학교교육이 교육의 기회를 공정하게 제공하고 능력에 따라 사회계층을 결정하게 한다.'고 믿게 하는 지배력 행사 방식이다.

① 프락시스(praxis) ② 아비투스(habitus)
③ 문화적응(accommodation) ④ 모순간파(penetration)
⑤ 헤게모니(hegemony)

046 다음 내용과 가장 밀접한 관련이 있는 학자는? (04 초등)

- 비판적 교육과정 이론가
- 상징적 체계를 통한 학교의 사회통제
- 문화적 헤게모니(hegemony)의 매개자로서의 학교

① 뒤르껭(E. Durkheim) ② 보울즈(S. Bowles)
③ 애플(M. Apple) ④ 콜맨(J. Coleman)

047 번스타인(B. Bernstein)의 교육과정사회학 이론에 근거하여, ○○고등학교 교육과정 운영의 특성을 설명한 것으로 옳은 것은? (13 중등)

○○고등학교에서는 A, B, C 과목의 경계가 뚜렷하게 구분되지 않아서 이 교과를 담당하는 세 명의 교사는 담당 교과에 얽매이지 않고 자유롭게 상호 교류한다. 또한 세 명의 교사는 차시마다 가르칠 내용을 정하지 않고 학생들의 흥미나 수업상황에 따라 융통성 있게 조정한다. 수업에서 다루는 주제에 대한 시간 배정도 엄격하지 않다.

① 강한 분류(classification)와 강한 구조(frame)의 집합형 교육과정을 운영하고 있다.
② 강한 분류(classification)와 약한 구조(frame)의 집합형 교육과정을 운영하고 있다.
③ 약한 분류(classification)와 강한 구조(frame)의 통합형 교육과정을 운영하고 있다.
④ 약한 분류(classification)와 약한 구조(frame)의 집합형 교육과정을 운영하고 있다.
⑤ 약한 분류(classification)와 약한 구조(frame)의 통합형 교육과정을 운영하고 있다.

020 상징적 상호작용론 Ⅰ : 미드(G. H. Mead, 1863~1931)

1) 개념
① 한 개인의 행동이 다른 개인의 행동과 어떤 의미에서 유대를 가질 때, 이들 두 행동은 상호 의존적 관계를 가진다.
② 인간이 태어나서 자라나는 과정에서 다른 사람과의 상호작용을 통하여 일상생활을 조직하게 되는 과정이 바로 상징적 상호작용을 학습하는 과정이다.

2) 상징적 상호작용의 특징
① 개인의 자아의식 형성은 사회에서의 상호작용의 결과이며, 각 개인은 일상생활의 다양한 상황에서 접하는 타인의 눈을 통해서 자신을 알게 된다.
② 우리는 타인과의 상호작용을 통하여 의미를 이해하고, 사회적으로 주어진 의미를 중심으로 우리의 생활을 조직하게 된다.
③ 사회관계는 상호작용 관계에 있는 쌍방이 각각 자신의 행동에 대하여 상대방이 어떻게 대응할 것인가를 예견하고, 상호 용납할 수 있는 방법으로 상황을 정의하며, 쌍방이 수용할 수 있는 행동의 한계를 설정해 준다.
④ 사회를 사람들 간의 상호작용 관계로 봄으로써 사회를 정태적인, 불변하는 구조적 측면을 중시하는 기능주의 이론과는 달리, 사회의 과정적 측면을 강조한다.
⑤ 상징적 상호작용에서 보는 사회질서란 상호작용하는 개인들 사이에서 주고받는 말과 행동의 의미를 개인들이 어떻게 해석하며, 해석에 따라 다음 행동을 어떻게 하는가에 달린 것이다.
⑥ 인간은 연극배우와 같이 주어진 각본에 따라 그대로 행동하는 것이 아니라, 각 개인은 대상과 상황을 주관적으로 규정하고 의미를 부여함으로써 자기의 세계에 능동적으로 대처하여 행동하는 존재
⑦ 더불어 인간은 의미 있는 상징의 공유를 기반으로 사회적 상호작용 속에 새로운 의미를 만들고 새로운 세계를 창출한다.

3) 상징적 상호작용의 시사점
① 교사들이나 다른 학교 구성원이 학생들로부터 받는 각각의 의미에 따라 그들의 행동이 달라진다는 것을 뜻한다.
② 학생들도 학교의 여러 구성원으로부터 받는 의미나 기대에 따라 행동한다고 볼 수 있다.
③ 여기서 학교교육의 불평등 원인을 교사에게서 찾으려는 교사의 기대효과와 교사와 학생의 상호작용의 결과로 형성되는 학교학습풍토와 학구적 규범 등은 학교사회의 사회심리학적 관점인 상징적 상호작용이론에서 많은 시사점을 찾을 수 있다.

---

048 다음 학생의 진술을 설명하는 가장 적합한 이론은? (05 중등)

> 우리 담임선생님은 '화끈한 선생님'이다. 놀 때 놀게 하고 공부할 때 공부하게 한다. 인기가 정말 좋다. 담당과목이 어려운 수학이지만 모두들 열심히 공부한다. 하지만 옆 반 선생님은 정말 종잡을 수 없다. 애들은 '이상한 선생님'이라고 부른다. 언제 야단칠지 도무지 알 수 없고, 언제 조용히 해야 하는지 알 수 없기 때문에 모두들 선생님의 눈치를 살피게 된다.

① 종속이론　　　　　② 인간자본론
③ 문화적 재생산론　　④ 상징적 상호작용론

049 다음과 같은 학급상황을 설명하는 데 가장 적합한 이론은? (10 초등)

> 우리 학급 친구들은 대체로 쾌활하고 말이 많은 편이다. 영어 교과전담 선생님은 학급 분위기가 들떠 있어서 수업을 제대로 진행할 수가 없다고 하면서, 우리를 '문제 학생'이라고 부르며 자주 꾸짖으신다. 영어시간만 되면 힘들고 수업 분위기도 가라앉는다. 그런데, 담임선생님은 우리를 '명랑 학생'이라고 부르며 자주 칭찬해 주신다. 담임선생님의 수업 시간에는 적극적으로 의사 표현을 하게 되고 수업 분위기도 활발하다.

① 저항이론　　　　　② 구조기능론
③ 경제 재생산론　　　④ 문화 재생산론
⑤ 상징적 상호작용론

050 교사와 학생의 상호작용을 연구하는 신교육사회학의 해석적 접근 방식과 거리가 먼 것은? (07 초등)

① 내부자 관점을 강조한다.
② 인과 법칙의 발견을 주 목적으로 한다.
③ 거시적 분석보다 미시적 분석을 강조한다.
④ 수집한 자료는 맥락 속에서 이해되어야 한다.

021 상징적 상호작용론 Ⅱ : 맥닐(McNeil)

1) 방어적 수업
① 한 명의 교사가 수십 명의 학생들을 가르치는 학급상황에서 교사는 학생들로부터 자신을 지켜야 한다는 구조적 방어의식을 가지게 된다.
② 교사의 그러한 방어의식은 교과지도에서는 방어적 수업으로 나타나며, 생활지도에서는 학생다움을 요구하는 각종 규제로 구체화된다.
③ 맥닐(McNeil, 1991)의 연구에 따르면, 교사들은 일방적인 강의식 수업을 선호한다.
④ 교사들은 교과에 대한 정보를 제공해야 한다는 목표와 수업의 효율성을 방해할지도 모르는 개념 및 정보를 제한해야 한다는 서로 상충되는 목표를 달성하는 데 강의식 수업이 효과적이라고 생각한다.

2) 방어적 수업 개념
① fragmentation 「단편화」를 들 수 있다. 이는 어떠한 주제든지 단편들 혹은 서로 연결되지 않는 목록들로 환원시키는 것이다.
② Mystification 「신비화」 교사들은 종종 논의의 여지가 있거나 복잡한 주제는 그것에 관한 토론을 막기 위해서 신비한 것처럼 다룬다. 즉 교사들은 그 주제는 매우 중요하지만 알기 힘든 것처럼 보이게 한다. 그는 이를 「신비화」라고 명명하고 있다.
③ Omission 「생략」을 제시하고 있는데, 학생들이 몰라도 된다고 생각하는 부분이나 한 단원 전체를 생략하고 넘어가는 것
④ Defensive Simplification 방어적 단순화
사회과 교사가 학생들의 능력이나 수업에 대한 관심이 부족하다고 생각할 때 즐겨 사용하는 수업전략이다. 이것의 주요 특징은 교사가 수업시간에 정치적으로 덜 민감하거나 논쟁의 여지가 적은 주제를 선택한다는 점이다. 이 수업전략을 사용할 때, 교사는 학생들에게 '빈칸채우기' 형태의 연습문제를 풀게 하거나 주제의 개요만을 말해주는 방식을 취한다. 이러한 과정을 통해 교사가 중요한 주제를 수업시간에 다루었다고 학생들이 느끼게 한다.

Keyword

051 다음은 맥닐(L. McNeil)의 연구결과에서 설명하고 있는 수업전략 중 하나이다. 이 수업전략에 해당하는 것은? (13 중등)

> 사회과 교사가 학생들의 능력이나 수업에 대한 관심이 부족하다고 생각할 때 즐겨 사용하는 수업전략이다. 이것의 주요 특징은 교사가 수업 시간에 정치적으로 덜 민감하거나 논쟁의 여지가 적은 주제를 선택한다는 점이다. 이 수업전략을 사용할 때, 교사는 학생들에게 '빈칸 채우기' 형태의 연습문제를 풀게 하거나 주제의 개요만을 말해 주는 방식을 취한다. 이러한 과정을 통해 교사가 중요한 주제를 수업 시간에 다루었다고 학생들이 느끼게 한다.

① 사회화(socialization)
② 식민화(colonization)
③ 신비화(mystification)
④ 도구적 순응(instrumental conformity)
⑤ 방어적 단순화(defensive simplification)

052 맥닐(J. McNeil)의 방어적 수업과 가장 관계가 먼 것은? (06 초등)
① 논쟁의 여지가 있는 주제는 생략한다.
② 어려운 주제는 간단히 언급만 하고 넘어간다.
③ 복잡한 논의를 막기 위해 수업내용을 신비화한다.
④ 토론식 수업을 통해 학생과 활발하게 상호작용한다.

022 상징적 상호작용론 III : 하그리브스(D. Hargreaves), 머튼(Merton)

1) 하그리브스(D. Hargreaves)는 교사의 역할과 관련하여 교사의 유형

① 사자길들이기형 : 대표적인 권위주의형으로, 학생들의 훈육을 중시하고 교사가 전달해 주는 지식을 그대로 학생들이 신속하게 받아들이기를 원한다.
② 연예가형 : 학생들이 원래 학습하기를 원하는 것은 아니지만 학습자료를 재미있게 하고 학습방법을 잘 적용하면 학생들은 흥미있게 학습할 수 있다고 믿는 교사들이다. 따라서 이들은 발견학습과 같이 학생들이 스스로 학습할 수 있는 방법을 교사들이 강구할 것을 강조한다.
③ 낭만주의형 : 학생들은 천성적으로 학습의욕을 가지고 있지만 교사들의 잘못된 학습방법과 자료 때문에 학습의욕을 잃게 되는 것이라고 주장한다. 따라서 교사들은 학생들의 학습의욕을 존중하고 조장해야 하며, 학생들이 원하는 것을 학습할 수 있도록 해야 한다고 주장하는데 이는 아동중심주의의 견해와 같다.

2) 자기충족예언(self-fulfiling prophecy) : 머튼(Merton)

① 교사의 학생에 대한 기대가 학생의 학습태도나 학습결과에 영향을 미침을 중시한다.
② 한 예언이 형성되면 그 예언이 인간행동에 어떤 구속력을 가하여 바로 예언 자체의 실현을 위한 강력한 수단이 된다는 것이다. 그는 그 예로 의학계의 위약 효과 등을 들고 있다.
③ 로젠탈(R, Rosenthal)과 제이콥슨(I. Jacobson)은 교실에서 '공부를 잘하는 사람'이라고 표지를 달아 놓은 학생의 지능이 그 교실 내의 다른 학생들보다도 향상된 것을 발견하였다. 그들은 학생의 학업성취에 향상을 보이리라는 교사의 기대가 실제로 향상을 가져오는데, 이 기대효과는 저학년과 하류계층 학생들에게서 더 뚜렷하다고 보고하고 있다.

---

053 〈보기〉의 내용을 설명하는 데 가장 적합한 개념은? (07 초등)

〈보기〉
- 교사는 아동의 가정 배경과 차림새에 따라 능력에 대한 기대를 달리하였다.
- 교사는 자신이 기대하는 바에 따라 아동 집단을 구분하여 각각 다르게 대하였다.
- 높은 능력 기대 집단에 속한 아동은 교사와의 상호작용이 활발해지고 성적도 좋아졌으나, 낮은 능력 기대 집단에 속한 아동은 학급 활동 참여가 줄고 성적도 낮아졌다.

① 문화 실조(cultural deprivation)
② 상응 원리(correspondence principle)
③ 자성 예언(self-fulfilling prophecy)
④ 사회적 자본(social capital)

023 상징적 상호작용론 IV : 낙인이론, 피그말리온 효과

1) 낙인이론 : 상징적 상호작용 이론에 기초한 이론
① 「일탈」개념이 한 사회의 문화적 구성물이며 따라서 「일탈행동」을 규정하는 사회적 과정 자체를 문제시하는 데서 일탈연구가 출발해야 한다고 주장한다.
② 낙인은 추측 – 정교화 – 고정화 순서로 이루어진다.
  ㉠ 추측단계 : 특정인이 비행자로 낙인찍히는 과정
  ㉡ 정교화 단계 : 낙인찍힌 사람이 스스로 비행자로 자기 규정하는 과정
  ㉢ 고정화 단계 : 경력 비행자가 되는 과정
③ 낙인의 주요 요인에는 성, 인종, 외모, 경제적 배경 등이 있다.
④ 낙인에 따른 교사의 차별적인 기대는 학생의 자기지각에 영향을 준다.
⑤ 낙인이론은 학교에서 교사와 학생 간의 상호작용을 연구하는 데 활용된다.
⑥ 일탈을 촉진하는 교사의 특징: 특정 학생을 편애하는 경향, 공부를 못하거나 규율을 어기는 학생을 문제아라고 보는 고정관념 소유, 문제아를 가르치는 자신의 처지가 불쌍하다고 인식하는 경향, 가르치는 일이 지겨운 일이라고 생각.

2) 피그말리온 효과[Pygmalion effect]
① 타인으로부터 긍정적인 기대를 받을 경우, 그러한 기대에 부응해 긍정적 행태를 보이게 되는 경향성을 말한다.
② 교육심리학에서는 교사의 기대가 학생에게 긍정적인 영향을 미치는 심리적 요인이 된다는 것을 말한다. 그리스 신화에 나오는 조각가 피그말리온의 이름에서 유래한 심리학 용어다.
③ 조각가였던 피그말리온이 아름다운 여인상(갈라테이아, Galateia)을 조각하고, 그 여인상을 진심으로 사랑하게 되자, 여신 아프로디테(비너스)는 그의 사랑에 감동해 여인상에게 생명을 주었다.
④ 이처럼 타인의 기대나 관심으로 인해 능률이 오르거나 결과가 좋아지는 현상을 피그말리온 효과라고 한다. 이 신화는 '무언가를 간절히 바라면 결국 그 소망이 이루어진다'는 상징을 담고 있다. 로젠탈 효과(Rosenthal effects), 자성적 예언(self-fulfilling prophecy) 또는 자기충족적 예언이라고도 한다.

> keyword

054 다음 사례를 가장 잘 설명하는 이론은? (04 초등)

> 김○○가 장난삼아 던진 돌에 지나가던 아이가 중상을 입게 되었다. 이로 인해 김○○는 경찰서에 신고 되고 비행 청소년으로 취급되었다. 그 이후로 김○○가 가졌던 자아정체감은 부정적으로 바뀌게 되었고, 결국은 일탈자가 되었다.

① 차별교제이론　　② 낙인이론
③ 상호작용론　　　④ 아노미이론

055 낙인이론(labeling theory)에 관한 설명 중 옳지 않은 것은? (08 중등)
① 낙인은 추측 → 고정화 → 정교화의 순서로 이루어진다.
② 낙인의 주요 요인에는 성, 인종, 외모, 경제적 배경 등이 있다.
③ 낙인에 따른 교사의 차별적인 기대는 학생의 자기지각에 영향을 준다.
④ 낙인이론은 학교에서 교사와 학생 간의 상호작용을 연구하는 데 활용된다.

교육평등 I

1) 교육기회의 허용적 평등
① 모든 사람에게 동등한 기회가 주어져야 한다.
② 신분, 성, 인종, 지역, 종교 등을 이유로 교육기회를 제한하는 일을 금지함으로써 개인이 원하고 능력이 미치는 데까지 교육을 받을 수 있도록 법이나 제도상으로 허용해야 한다.

2) 교육기회의 보장적 평등 : 무상교육
① 제도적 차별의 철폐로는 완전한 교육평등의 실현이 불가능.
② 교육평등을 실현하기 위해서는 취학을 가로막는 경제적, 지리적, 사회적 제반 장애를 제거해주어야 한다.
③ 유럽은 보장적 평등정책을 추구하여 중등교육을 보편화하는 한편 무상교육을 실시하고 소외계층의 자녀들에게는 의복, 점심, 학용품 등을 지급.

Keyword

056 교육평등관에 대한 설명으로 옳지 않은 것은? (7급 국가직 20년)
① '교육결과의 평등'을 위한 보상정책은 능력주의 지지자들의 비판을 받는다.
② 산골에 사는 어린이 대상 통학 교통편 무상지원 정책은 '교육기회의 허용적 평등'의 사례이다.
③ 미국의 헤드스타트사업(Project Head Start), 한국의 교육복지우선지원사업은 '교육결과의 평등'의 사례이다.
④ 학교의 시설, 교사의 자격, 교육과정 등에 있어서 학교 간의 차이를 줄이는 정책은 '교육조건의 평등'의 사례이다.

057 교육평등에 대한 설명으로 옳지 않은 것은? (7급 국가직 15년)
① 허용적 평등관은 개인의 역량 차이에 상관없이 모든 사람이 같은 수준의 교육을 받아야 한다는 것이다.
② 교육조건의 평등은 취학기회의 평등만이 아니라 우수한 학교에 평등하게 취학하는 것을 의미한다.
③ 결실의 평등은 학교를 졸업하고 사회에 진출하여 획득하는 교육의 결실(직업, 수입, 지위 등)이 일치하는 수준을 의미한다.
④ 교육평등의 개념은 기회의 균등에서 결과의 평등으로 점차 바뀌고 있다.

058 다음과 관련된 평등관은? (07 경북)

- 사람이 타고나는 능력은 모두 다르다.
- 헌법 제31조 제1항과 교육기본법 제4조에 나타나 있다.
- 누구나 원하면 자신의 능력에 따라 교육받을 수 있도록 해야 한다.

① 허용적 평등관　　② 과정적 평등관
③ 결과적 평등관　　④ 보장적 평등관

3) 교육과정(조건)의 평등

① 보장적 평등이 이루어졌다 해도 학교의 시설, 교사의 자질, 교육과정 등에 있어서 학교 간의 차이가 없어야 한다고 주장한다.
② 콜맨: 교육기회의 평등은 단지 취학의 평등만이 아니라 평등하게 효과적인 학교에서의 취학을 의미한다. 사회자본(social capital) : 가정환경이 지역사회 및 학교와의 사회적 관계를 통하여 학업성취에 영향을 미친다.
③ 한국의 고교평준화 정책이 개념적 수준에서는 과정의 평등에 해당한다. 하지만 엄밀히 말하자면 학교 시설, 교사의 질, 교육과정의 차이를 없애고 교육조건, 여건의 평등화를 꾀하는 것이 아니라 학생의 학교 간 균등배정을 통한 평등화에 주력하기 때문에 온전한 과정적 평등화를 위한 정책으로 보기는 어렵다.

Keyword

059 우리나라의 고교평준화 정책에 관한 설명으로서 가장 적합한 것은? (03 초등)

① 교육의 결과적 평등관에 입각한 정책이다.
② 중등교육의 보편화, 평등화라는 이념에 부합된다.
③ 중등교육의 종합학교(comprehensive school)화라는 추세에 부합된다.
④ 결과적으로 학생과 교사의 균등배정보다는 학교의 물리적 교육여건의 평준화를 초래하였다.

060 교육평등관과 그 예시가 잘못 연결된 것은? (04 초등)

① 교육기회의 허용적 평등 – 소규모 학교의 통폐합
② 교육기회의 보장적 평등 – 중등교육의 무상 의무화
③ 교육여건의 평등 – 고교평준화정책
④ 교육결과의 평등 – 저소득층 자녀를 위한 보상교육

026 교육평등 III

4) 교육결과의 평등
① 교육결과 즉 학업성취의 평등을 위한 적극적 조치를 취해야 한다는 입장이다.
② 배워야 하는 것을 배우는 데 목적이 있으므로 교육결과가 같지 않으면 결코 평등이 이루어진 것이 아니라고 본다.
③ 저소득층 아동들의 기초학습 능력을 길러주기 위해 보상교육을 제공한다.
④ "보상적 평등주의": 미국의 Head Start Project, 영국의 교육우선지역(Educational Priority Area)사업, 한국의 농어촌학생특별전형제, 한국의 교육복지우선지원 사업 등.

유형	정책	비고
보장적 평등 (기회의 평등)	무상교육, 장학금	
보상적 평등 (결과의 평등)	학습부진아 방과 후 보충지도 학습클리닉	학생 간 격차 해소
	교육복지우선지원 사업	계층 간 격차 해소
	농어촌학생특별전형제	지역 간 격차 해소

Keyword

061 미국의 'Head Start Program'이나 영국의 '교육우선지역(EPA: Educational Priority Area)' 사업이 추구하는 평등의 유형은? (7급 국가직 13년)
① 허용적 평등
② 보장적 평등
③ 과정의 평등
④ 결과의 평등

062 다음은 미국 존슨 대통령이 하워드 대학에서 한 연설의 일부이다. 이 연설의 취지에 부합하는 교육정책은? (08 중등)

> 오랫동안 쇠사슬에 묶였던 사람들을 갑자기 풀어준 뒤, '맘대로 뛰어보라'며 달리기 출발선에 세운다면 그것은 공정한 교육정책이 아니다.

① 대학의 기여입학제 허용
② 협약학교(charter school) 도입
③ 농어촌 자녀 특별전형제도 확대
④ 지방교육자치제도 실시 범위 확대

063 교육에서 보상적(補償的) 평등관에 관한 설명으로 가장 적절한 것은? (06 중등)

① 개인의 능력주의에 기초한 평등관이다.
② 교육을 시장 원리로 접근하려는 평등관이다.
③ 누구에게나 취학기회를 개방해야 한다는 평등관이다.
④ 사회경제적 지위가 낮은 집단의 교육적 결손을 해소하려는 평등관이다.

064 학습부진 학생을 위해 별도의 교재를 만들어 방과 후 보충 지도를 하는 것은 어떤 교육평등관을 실현하기 위한 것인가? (02 중등)
① 보상적 평등관
② 허용적 평등관
③ 보수주의 평등관
④ 자유주의 평등관

027 콜맨 보고서(Equality of Education Opportunity, 1966) : 사회적 자본

1) 개요
① 동등하게 학교에 다닌다고 해서 평등한 교육이 이루어지지는 않는다.
② 콜맨(Coleman)은 "교육기회의 평등은 단지 취학의 평등만이 아니라 평등하게 효과적인 학교에의 취학을 의미하는 것이다"라고 하였다.
③ 학교시설, 교육자료, 교육방법, 교육과정, 교사의 수준 등에 있어 차이가 없어야 한다는 것이다. 학교 간의 차이가 학업성취의 차이를 가져오고 학업성취 격차는 상위 학교 진급에도 영향을 미친다고 생각했다.

2) 콜맨 보고서(Equality of Education Opportunity, 1966)
① 콜맨(Coleman)이 교육평등의 학교 격차에 초점을 두고 분석한 콜맨 보고서는 미국의회와 행정부의 의지로 인종과 민족 집단들 간의 교육기회 불평등 정도와 원인을 규명하고 빈곤의 문제를 함께 해결해 보려는 노력에서 수행된 연구이다.
② 콜맨 보고서는 학업성취를 결정하는 제반 교육조건이 학교에 따라 어떻게 다르며, 이러한 조건의 차이가 실제로 학생들의 성적에 어떻게 반영되었는가를 알아보기 위해 인종 간, 민족 집단들 간의 계층의 차이를 대규모로 분석하였다.
③ 콜맨 연구의 목적은 학업성취도가 낮은 근본적인 원인이 학교의 시설, 교수방법, 교사의 질 등 학교 교육조건이 열악하기 때문이라는 점에 착안하여 교육의 조건과 학업성취의 관계를 밝히고자 하는 것이다.
④ 또한 학교가 학생들에게 균등한 교육기회를 제공하는지의 여부를 확인하고자 하였다.

3) 시사점 : 사회적 자본
① 전국에 걸쳐 대규모로 시행된 자료를 분석한 연구결과는 학교의 교육조건들, 즉 학급 크기, 학교 시설, 다양한 교육과정 등의 차이는 학생들의 학업성취에 별다른 영향을 주지 못하며, 오히려 학생들의 가정배경과 또래집단의 영향이 더 크다는 것이었다.
② 즉, 가정배경으로 인해 발생한 학업성취 격차를 해결하는 데 학교는 이렇다 할 영향력을 미치지 못하며 나아가 가난이 대물림될 수 있다는 문제점을 야기시켰다.

4) 교육결과의 평등
① 교육조건과 학업성취 사이에 관련이 크지 않다는 연구결과와 함께 교육조건을 같게 하여도 교육결과의 평등이 보장되지 않는 것으로 나타나자 교육결과의 평등에 대해서 관심을 갖기 시작했다. 즉 학업성취의 결과가 같아야 한다는 것이다.
② 조건의 평등이 아니라 결과의 평등을 위해 교육조건이 달라져야 한다는 것이다.

> 교육기본법 제4조 2항 국가와 지방자치단체는 학습자가 평등하게 교육을 받을 수 있도록 지역 간의 교원 수급 등 교육 여건 격차를 최소화하는 시책을 마련하여 시행하여야 한다.

Keyword

065 콜맨(J. S. Coleman)에 대한 설명으로 옳지 않은 것은? (7급 국가직 18년)
① 학교별 교육조건의 차이가 학생들의 성적에 어떻게 반영되는가를 분석하였다.
② 교육평등에 영향을 주는 가정배경 및 학교변인을 분석한 콜맨보고서(Coleman Report)를 발표하였다.
③ 효과적인 학교에 평등하게 취학 기회가 부여되어야 한다는 의미로 교육결과의 평등을 주장하였다.
④ 학업성취에 대한 가정의 영향을 규명하는 데 '사회자본(social capital)'의 유용성에 주목하였다.

066 콜맨(J. Coleman)의 교육평등 연구에 대한 설명으로 옳지 않은 것은? (7급 국가직 13년)
① 1960년대 인권과 불평등에 대한 사회적 관심이 고조되는 가운데 수행되었다.
② 불우한 계층의 학업실패 원인이 학교에 있기보다는 학생의 가정 배경에 있다고 결론 내렸다.
③ 교육평등의 관점을 결과의 평등에서 기회의 평등으로 한 차원 높였다.
④ 불우한 계층의 교육기회를 실질적으로 보장하기 위한 정책들이 나오게 되었다.

067 콜맨(J. S. Coleman)의 사회자본(social capital)과 인적자본(human capital)의 개념에 기초하여, 철수네 가정의 인적자본과 사회자본의 강약 정도를 바르게 제시한 것은? (08 중등)

> 철수는 서울 중심지의 작은 셋집에서 다섯 식구와 함께 살고 있는 중학교 2학년생이다 부모님의 학력은 중졸이고 수입은 넉넉하지 않지만 화목한 가족관계는 이웃의 모범이 될 정도이다. 철수는 반에서 1등을 놓친 적이 없으며, 작년에는 전국 수학경시대회에서 금상의 영예를 안았다.

① 인적자본과 사회자본이 모두 강하다.
② 인적자본과 사회자본이 모두 약하다.
③ 인적자본은 약하지만 사회자본은 강하다.
④ 인적자본은 강하지만 사회자본은 약하다.

028 롤스의 정의론(a theory of justice), 다문화 교육 : 뱅크스(J. Banks)

1) 롤스의 정의론(a theory of justice) 정의 원칙

(1) 제1원칙인 '평등의 원칙'
① 인간의 기본적 권리로서 어떤 정치사회적조건에 의해 차등되지 않고 모든 사람에게 동등한 대우를 해야 한다는 것이다.
② 개인의 자유는 사회 전체의 목적과 이익을 위해 침해할 수 없는 불가침의 권리이기 때문이다

(2) 제2원칙인 '차등의 원칙'
① 모든 사람의 이익을 증대시키기 위해 불가피하게 나타나는 불평등을 정당한 것으로 간주하고 있다. 그러나 롤스는 특정 개인의 이익을 극대화하기 위한 능력주의는 부정의하고 불평등한 것으로 보고, '최소 수혜자에게 최대 이익'인 사회적 선을 실현하는 것이 정의로운 사회라고 역설한다.
② 롤스는 정의를 구현하기 위한 과정으로 '공정한 기회균등의 원리'를 강조한다. 능력주의는 외관상 공정하게 보이지만, 사실 사회의 출발선상에서 보이지 않는 계급적 혜택에 의해 좌우된다. 그는 이런 문제를 보완하기 위해 '사회적 우연성', 즉 계급적 배경의 혜택을 배제하고, 누구나 동일한 교육적 출발선상에 놓이게 한 것을 주장한다.
③ 그의 교육관은 '차등의 원칙'을 고려하여, 모든 사람의 최대 이익을 구현하는 사회적·집단적 공동선을 실현하는 자유를 통해서 모두가 행복할 수 있는 사회적 평등의 최대화에 있다. 롤스는 개인의 자유 가치를 존중하면서 사회의 평등 원리를 지향하고 있지만, 궁극적으로 평등 원리에 비중을 더 두고 있다.

2) 뱅크스(J. Banks)의 다문화교육(multicultural education)

(1) 정의 : 다문화교육은 교육철학이자 교육개혁 운동으로 교육기관의 구조를 바꾸어 학생들에게 평등한 교육 기회를 제공하는 것이 중요한 목표다.

(2) 다문화교육의 목적 : 개인들로 하여금 다른 문화의 관점을 통해 자신의 문화를 바라보게 함으로써 자기 이해를 증진시키는 것이다. 다문화 교육은 이해와 지식을 통해 존경이 나올 수 있다고 가정한다.

(3) 다문화교육(multicultural education)의 다섯 가지 차원
① 내용 통합
② 지식 구성 과정
③ 편견 감소
④ 평등한 교수법
⑤ 기회를 제공하는 학교 문화와 사회 구조

Keyword

068 다음 설명에 해당하는 롤스(Rawls)의 교육평등 원리는? (20 지)

- 모든 이익이 평등하게 분배되도록 요구하지는 않지만 평등한 분배로부터의 일탈은 결과적으로 모든 사람에게 이득이 될 경우에만 인정되어야 함을 요구한다.
- 사회적으로 가장 불리한 입장에 있는 사람의 필요에 특히 신경 쓸 것을 요구한다.
- 모든 사람이 평등하게 살아야 한다는 것이 아니라 어떤 사람이 다른 사람의 희생으로 잘 살게 되는 것을 금지하는 것이다.

① 공정한 경쟁의 원리   ② 최대이익의 원리
③ 차등의 원리   ④ 인간존중의 원리

069 뱅크스(J. A. Banks)가 제시한 다문화교육의 목적이 아닌 것은? (14국)
① 특정 인종이나 민족 또는 소외받은 자만을 대상으로 교육하는 것이다.
② 학생들에게 다른 문화의 관점을 통해 자신의 문화를 바라보게 함으로써 자기 이해를 증진시키는 것이다.
③ 학생들에게 문화적, 민족적, 언어적 대안과 선택을 가르치는 것이다.
④ 학생들이 전 지구적이며 테크놀로지화된 세계에서 살아가는 데 필요한 읽기, 쓰기, 수리적 능력을 습득하도록 돕는 것이다.

029 학업 격차 I : 결핍 모형

1) 결핍 모형 개요
① 결핍 모형을 취하는 이론으로 지능이론(知能理論: intelligence theory)과 문화실조론(文化失調論: cultural deprivation theory)을 들 수 있다.
② 문화실조론은, 지능이론을 극복하기 위한 이론으로 알려져 있지만, 학업성취의 실패 이유를 학생이 갖고 있는 속성에서 찾는다는 점에서 지능이론과 기본 논리를 같이한다(오욱환, 1987a)
③ 다만, 문화실조론은 생득적 능력을 강조하는 지능이론과 달리 학생들이 경험하는 가정의 문화적 환경을 중시한다.
④ 지능이론은 유전적 요소를 강조하고 학업의 실패가 지적 소양의 부족에 있다고 주장하며, 문화실조론은 학생의 문화적 경험 부족을 학습 실패의 중요한 원인으로 지목한다.

2) 문화적 환경의 격차
① 학업성취 격차는 오랫동안 지능의 우열로 설명되었다.
② 지능우열론은 각 학생들이 타고난 지적 능력의 우열에 따라 학업성적에 격차가 발생한다고 주장한다.
③ 그러나 학업성적은 유전에 의해서만 결정되지 않는다.
④ 탁월한 지능을 타고난 아동이라 할지라도 그 능력을 발휘할 수 있는 여건이 마련되지 않으면 빛을 보기 어렵다.
⑤ 가정환경이 교육적 자극을 얼마나 제공하느냐에 따라 아동의 지적 성취에 큰 차이가 발생한다.
⑥ 문화실조론은 가정의 교육적 환경이 자녀들의 지적 성취에 커다란 영향을 미친다는 사실을 밝힘으로써 생후 조건의 중요성을 부각하고 교육을 통한 능력 향상의 가능성을 확대하였다.

3) 문화실조
① 문화실조론자들은 영양실조가 분명히 일어나고 있는 현상이듯이 문화실조 역시 명백히 존재한다고 주장한다.
② 육체가 건강하기 위해서 충분한 영양이 필요한 것처럼 지적 능력이 원활하게 발휘되려면 문화적 영양이 충분히 공급되어야 한다.
③ 문화실조론은 미국에서 상당한 지지를 받았으며 미국은 이러한 지지에 근거하여 이 이론을 정책화한 보상교육을 구상하였다.
④ 그래서 '헤드 스타트(Head Start)'라는 이름의 프로젝트가 광범위하게 실시되었으며 엄청난 규모의 재정이 투입되었다.

Keyword

070 학업성취의 격차를 지능 또는 문화소양의 차이로 설명하는 모형은? (11 7급)
① 교육과정모형
② 갈등모형
③ 기회모형
④ 결핍모형

071 학생의 학업성취에 영향을 미치는 학교 내 요인으로 가장 거리가 먼 것은? (13 7급)
① 학생 문화
② 학생의 지능
③ 학급 규모
④ 능력별 반편성

072 문화실조론의 주장으로 옳지 않은 것은? (21 지)
① 학생의 학습실패 중요 요인으로 학생의 문화적 경험 부족을 지목한다.
② 문화적 상대주의 관점이며, 학생 간의 교육격차가 문화적 결핍 보다는 문화적 차이 때문이라고 본다.
③ 빈곤가정의 결핍된 문화적 환경을 보상하기 위한 프로그램 중 하나가 헤드 스타트 프로그램이다.
④ 학교에서 학생들의 성공과 실패는 유전적으로 결정된 것이 아니라고 본다.

II 교육법

	심화				22	21	20	19	18	17	16	15	14	13	12	11	10
30	교육법	교육법	존재형식	상위법			○	○									
			중립성		*												
31			헌법	31조				*									
33		지방자치	교육감		*	*		*		○		○		○	○		
		교원	전직 전보	전직 전보			○					○					
			연수	연수				○									
35			교육기본법					○		○				○			○
37		학교폭력						*					○				
38		의무교육	기간제교원					*		○							
39		공교육정상화	선행교육								○						

1) 교육의 법원

① 헌법 : 헌법은 교육에 관한 최상위규범으로서 국회의 의결을 거쳐 국민투표에 의해서 제·개정된다. 교육에 대하여 직접 규정한 헌법 조항은 제31조이다.
② 법률 : 법률은 입법부인 국회에서 정하는 법이다. 법률의 명칭은 '~법'이거나 '~에 관한 법률'이다. 「교육기본법」과 「초·중등교육법」, 「고등교육법」, 「평생교육법」, 「교육공무원법」, 「사립학교법」, 「지방교육자치에 관한 법률」 등
③ 명령 : 명령은 행정부에서 만든 법이다. 즉, 행정부 수반인 대통령이 만든 법은 대통령령, 총리가 만든 법은 총리령, 장관이 만든 법은 부령이라 한다. 예컨대, 교육부장관이 만든 법은 교육부령이라 한다. 대통령령의 명칭은 '~시행령', '~규정' 등이며, 부령의 명칭은 '~시행규칙' 등이다.
④ 자치법규 (지방의회 : 학생인권조례, 교육감 : 교육규칙) : 자치법규란 지방자치단체가 만드는 법을 말한다.
⑤ 지방자치단체는 의결기구와 집행기구로 나뉜다.
⑥ 의결기구란 광역자치단체인 시·도(특별시, 광역시, 특별자치시, 도, 특별자치도) 의회와 기초자치단체인 시·군·구 의회를 말한다.
⑦ 집행기구란 자치단체장을 말하는데 광역자치단체장인 시장·도지사와 기초자치단체장인 시장·군수·구청장을 말한다. 아울러 교육특별자치제장이라 할 수 있는 시·도교육감도 집행기구이다.
⑧ 지방의회가 만드는 법을 조례라 하며, 자치단체장이 만드는 법을 규칙이라 한다.
⑨ 교육감이 만드는 법을 교육규칙이라 한다. 교육감은 집행기구이지만 두 가지의 입법권을 갖고 있는데, 하나는 조례안작성권이고 다른 하나가 바로 이 교육규칙제정권이다.
⑩ 법의 규율·적용범위에 따라 국내법과 국제법으로 나눌 수 있다. 국내법은 외국에서는 적용되지 않는 법이고 국제법은 국가 간 인정된 법으로서 해당 국가들에서 적용된다. 국제법의 예로는 유네스코 헌장(조약)과 세계무역기구(WTO) 협정 등이 있다.

2) 법 적용의 우선 원칙

① 성문법 우선의 원칙이다. 제정법으로서 성문법이 존재한다면 우선적으로 성문법을 따라야 한다. 예컨대 행정선례보다는 성문법으로서의 법령이 우선한다.
② 상위법 우선의 원칙이다. (대통령령 : 학교장 학생지도권>학생인권조례:체벌금지)
③ 신법 우선의 원칙이다.
④ 특별법 우선의 원칙이다. (노동조합법<교원노조법)

Keyword

073 교육법의 존재형식과 그 구체적인 예의 연결이 옳지 않은 것은? (20국)
① 법률 – 초·중등교육법
② 조약 – 유네스코 헌장
③ 법규명령 – 고등교육법시행령
④ 규칙 – 학생인권조례

074 법적용의 우선원칙에 대한 설명으로 옳은 것은? (19국)
① 지방자치법과 지방교육자치에 관한 법률이 충돌할 경우 전자를 우선적으로 적용한다.
② 초·중등교육법과 초·중등교육법 시행령이 충돌할 경우 후자를 우선적으로 적용한다.
③ 노동조합 및 노동관계조정법과 교원의 노동조합 설립 및 운영 등에 관한 법률이 충돌할 경우 후자를 우선적으로 적용한다.
④ 신법과 구법이 충돌할 때에는 먼저 제정된 법을 우선적으로 적용한다.

031 대한민국「헌법」제31조

1) 「헌법」제31조
① 모든 국민은 능력에 따라 균등하게 교육을 받을 권리를 가진다.
② 모든 국민은 그 보호하는 자녀에게 적어도 초등교육과 법률이 정하는 교육을 받게 할 의무를 진다.
③ 의무교육은 무상으로 한다.
④ 교육의 자주성·전문성·정치적 중립성 및 대학의 자율성은 법률이 정하는 바에 의하여 보장된다.
⑤ 국가는 평생교육을 진흥하여야 한다.
⑥ 학교교육 및 평생교육을 포함한 교육제도와 그 운영, 교육재정 및 교원의 지위에 관한 기본적인 사항은 법률로 정한다.

(7급 16 국)

---

075 헌법 제31조에서 규정하고 있는 교육에 관한 내용으로 옳지 않은 것은?
(19 지)

① 균등하게 교육 받을 권리
② 고등학교까지의 의무교육 무상화
③ 교육의 정치적 중립성
④ 교육제도의 법정주의

076 헌법 제31조의 일부이다. ㉠~㉢에 들어갈 용어를 바르게 묶은 것은?
(7급 16 국)

> ① 모든 국민은 능력에 따라 (㉠)하게 교육을 받을 권리를 가진다.
> ② 모든 국민은 그 보호하는 자녀에게 적어도 (㉡) 교육과 (㉢)이 정하는 교육을 받게 할 의무를 진다.
> ③ 의무교육은 무상으로 한다.
> ④ 교육의 자주성·전문성·정치적 중립성 및 대학의 자율성은 (㉢)이 정하는 바에 의하여 보장된다.

	㉠	㉡	㉢
①	평등	초등	교육법
②	평등	중등	법률
③	균등	중등	교육법
④	균등	초등	법률

032 행정원리

1) **민주성의 원리** : 교육행정이 민주성의 원리에 따라야 한다는 것은 국민의 의사를 행정에 반영하고 국민을 위한 행정을 해야 한다는 것을 의미한다. 예 다양한 구성원들의 의사를 반영하기 위해 위원회, 협의회 등을 둔다.

2) **효율성의 원리** : 행정활동에서 최소한의 인적·물적 자원과 시간을 들여서 최대의 성과를 거두는 것을 의미한다.

3) **합법성의 원리(법률주의의 원리)** : 합법성의 원리는 교육행정의 모든 활동이 합법적으로 개정된 법령 규칙 조례등에 따라야 하는 법률 적합성을 가져야 한다는 것을 의미한다.

4) **기회균등의 원리**
이 원리는 민주주의의 기본 원리로서, 특히 교육행정에 있어서 가장 강력하게 요청되는 원리다. 「헌법」제31조 제1항은 '모든 국민은 능력에 따라 균등하게 교육받을 권리를 가진다.'고 규정하여 교육권을 기본권의 하나로 규정하고, 「교육기본법」 제3조에서는 '모든 국민은 평생에 걸쳐 학습하고, 능력과 적성에 따라 교육받을 권리를 가진다.', 제4조에서는 '모든 국민은 성별, 종교, 신념, 사회적 신분, 경제적 지위 또는 신체적 조건 등을 이유로 교육에 있어서 차별을 받지 아니 한다.' 는 점을 규정하고 있다.

5) **지방분권의 원리** : 교육은 외부의 부당한 지배를 받지 않고, 주민의 적극적인 참여와 그 지역주민의 공정한 통제에 의해 실시되어야 한다. 이러한 당위성을 제도화한 것이 바로 교육자치제다.

6) **자주성의 원리** : 자주성의 원리는 교육이 그 본질을 추구하기 위하여 일반행정에서 분리 독립되고 정치와 종교로부터 중립성을 유지해야 한다는 것이다.

7) **안정성의 원리** : 안정성의 원리는 일단 국민적 합의과정을 거처 수립·시행되는 교육정책이나 프로그램은 장기적인 안목에서 계속성과 일관성을 유지해야 한다는 것이다.

8) **전문성 보장의 원리** : 교육행정은 교육을 위한 행정이므로 교육활동의 본질을 이해하고, 교육의 특수성을 체험적으로 인식하고, 교육행정에 관한 이론과 기술을 습득한, 충분한 훈련을 쌓은 전문가가 담당하여야 한다는 것이다.

077 다음 교육기본법 제6조의 내용과 관계가 깊은 교육행정의 원리는? (16국)

> 교육은 교육 본래의 목적에 따라 그 기능을 다하도록 운영되어야 하며, 정치적·파당적 또는 개인적 편견을 전파하기 위한 방편으로 이용되어서는 아니 된다.

① 자주성의 원리 ② 합법성의 원리
③ 기회균등의 원리 ④ 지방분권의 원리

078 교육행정의 원리로서 '민주성의 원리'를 가장 잘 표현한 것은? (13국)
① 교육행정은 일반행정으로부터 분·독립되고 정치와 종교로부터 중립성을 유지해야 한다.
② 다양한 구성원들의 의사를 반영하기 위해 위원회, 협의회 등을 둔다.
③ 가계가 곤란한 학생이 능력이 있을 경우 장학금을 지급하여 교육기회를 제공한다.
④ 교육행정 활동에서는 최소한의 인적·물적 자원과 시간을 들여서 최대의 성과를 거두도록 해야 한다.

033 지방자치제도와 교육감

1) 지방자치제도
① 지방 교육행정조직이란 지방의 교육행정을 위한 전반적인 조직과 구조를 의미한다.
② 우리나라의 지방 교육행정조직은 교육 자치를 기본으로 하고 있다.
③ 교육자치제도란 교육기관이 행하는 자치적 행정제도를 말한다.
④ 교육의 전문성과 중립성을 보장하고 자율적인 교육활동을 전개할 수 있도록 일반 행정으로부터 분리·독립하여 자치적으로 교육행정을 실시하는 제도를 말한다.
⑤ 현행 교육자치제는 시·도 단위의 광역 지방교육자치제이다.
⑥ 교육의 자주성 및 전문성과 지방교육의 특수성을 살리기 위하여 지방자치단체의 교육·과학·기술·체육·기타 학예에 관한 사무를 관장하는 기관으로서 각 특별시·광역시·도에 집행기관인 교육감을 두고 있다.
⑦ 의결기관으로는 시·도 의회가 있다.

2) 교육감
① 교육지원청에 교육장을 두되 장학관으로 보한다.
② 교육감은 시·도의 교육·학예에 관한 사무의 집행기관이다.
③ 교육감의 임기는 4년으로 하며, 교육감의 계속 재임은 3기에 한한다.
④ 부교육감은 당해 시·도의 교육감이 추천한 자를 교육부장관의 제청으로 국무총리를 거쳐 대통령이 임명한다.
⑤ 교육규칙의 제정에 관한 사항은 교육감의 관장사무에 해당한다.
⑥ 주민은 교육감을 소환할 권리를 가진다.
⑦ 교육감후보가 되려는 사람은 당해 시·도지사의 피선거권이 있는 사람으로서 후보자등록신청개시일부터 과거 1년 동안 정당의 당원이 아닌 사람이어야 한다.
⑧ 정당은 교육감 선거에 후보자를 추천할 수 없다.
⑨ 부교육감은 고위공무원단에 속하는 일반직공무원 또는 장학관으로 보한다.

Keyword

079 현재 우리나라에서 시행되고 있는 지방교육자치제도에 대한 설명으로 옳은 것은? (13국)
① 교육위원회는 집행기관이고, 교육감은 의결기관이다.
② 교육위원회는 지방의회와 독립되어 있다.
③ 교육감의 임기는 4년으로 하며, 교육감의 계속 재임은 3기에 한한다.
④ 교육감은 학교운영위원에 의한 간선제로 선출된다.

080 지방교육자치에 관한 법령상 교육감에 대한 설명으로 옳은 것만을 모두 고른 것은? (17국)

> ㄱ. 교육규칙의 제정에 관한 사항은 교육감의 관장사무에 해당한다.
> ㄴ. 주민은 교육감을 소환할 권리를 가진다.
> ㄷ. 시·도의회에 제출할 교육·학예에 관한 조례안과 관련하여 심의·의결할 권한을 가진다.
> ㄹ. 교육감의 임기는 4년으로 하며, 교육감의 계속 재임은 3기에 한한다.

① ㄱ, ㄴ
② ㄷ, ㄹ
③ ㄱ, ㄴ, ㄹ
④ ㄱ, ㄴ, ㄷ, ㄹ

081 우리나라의 지방교육자치제에 대한 설명으로 옳지 않은 것은? (15국)
① 교육지원청에 교육장을 두되 장학관으로 보한다.
② 교육감은 시·도의 교육·학예에 관한 사무의 집행기관이다.
③ 교육감의 임기는 4년으로 하며, 교육감의 계속 재임은 2기에 한한다.
④ 부교육감은 당해 시·도의 교육감이 추천한 자를 교육부장관의 제청으로 국무총리를 거쳐 대통령이 임명한다.

034 교원 연수 와 전보 및 전직

1) 연수
① 기관중심연수는 연수 내용을 중심으로 자격연수와 직무연수, 특별연수로 구분된다.
② 자격연수는 교원들이 상위자격, 특수자격을 취득하기 위한 연수다. 자격연수는 다른 연수에 비해 많은 시간과 경비, 노력이 필요하고, 주로 상위자격 취득을 위한 연수이기에 교원현직교육의 중심이 된다. 특히 교장·교감 자격연수는 교육행정가로서의 지도력 함양을 중시하고 있다.
③ 직무연수는 각 교과와 직무 및 전문지식 기술을 배양하기 위해 실시되는 연수다. 교과 및 생활지도, 정보화 등 교직과 관련된 과정이 대부분이다.
④ 특별연수는 전문지식 습득을 위한 국내외 특별연수 프로그램으로, 국가나 시·도 교육청의 정책적 필요에 의하여 실시하는 연수다. 보통 국내외 교육(연수)기관에서 학위취득 및 연구과제를 수행하는 방식으로 진행된다.

교원 연수	기관중심(법정)	자격연수	자격취득연수 : 1급 정교사, 교감·교장 자격
		직무연수	수시연수 : 직무수행에 필요한 능력배양
		특별연수	부정공 연수 : 학위취득, 해외 유학 및 연수
	단위학교(비법정)		연구수업, 동학년 협의회
	개인중심(비법정)		학위취득, 개인별 연구, 학회

2) 전보
① 전보는 동일한 직렬의 계급 또는 직급으로 수평적(근무지) 이동
② 전보는 교육공무원의 동일직위 및 자격 내에서의 근무기관이나 부서를 달리하는 임용으로 구분하고 있다.
③ 예를 들면, 교원이 근무학교를 변경하거나 장학사 장학관과 연구사·연구관이 다른 근무 기관이나 부서로 이동하는 것이 전보에 해당된다. 임용권자는 교원의 생활근거지 근무 또는 희망 근무지 배치를 최대한으로 보장하여 사기진작 및 생활안정을 도모하고 전보임용의 공정성을 확보하기 위하여 최대한 노력하여야 한다.

3) 전직
① 전직은 다른 직렬의 계급 또는 직급으로 수평적 이동을 하고,
② 교육공무원의 직렬은 직무의 성질과 책임에 따라 초등교육직, 중등교육직, 장학직, 교육연구직, 교육행정직으로 구분할 수 있다.
③ 교원이 교육전문직 공무원인 장학사(관), 연구사(관)으로 이동하거나, 장학사(관), 연구사(관)이 교원으로 이동하는 경우, 장학사 장학관과 연구사 연구관의 상호 이동인 교원 교육진문직공무원 간의 전직, 학교급 간(초등학교와 중학교) 교원 이동이 전직에 해당한다.

* 교육공무원법 상 임용권자가 교육공무원 본인의 의사와 관계없이 휴직을 명하여야 하는 경우 : 신체상·정신상의 장애로 장기요양이 필요할 때

Keyword

082 2급 정교사인 사람이 1급 정교사가 되고자 할 때 받아야 하는 연수는? (19국)
① 직무연수　　② 자격연수
③ 특별연수　　④ 지정연수

083 전직에 해당하지 않는 것은? (20국)
① 초등학교 교감이 장학사가 되었다.
② 초등학교 교사가 중학교 교사가 되었다.
③ 중학교 교장이 교육장이 되었다.
④ 중학교 교사가 특성화 고등학교 교사가 되었다.

084 교육공무원법 상 교원의 전보에 해당하는 것은? (15국)
① 교사가 장학사로 임용된 경우
② 도교육청 장학관이 교장으로 임용된 경우
③ 중학교 교사가 초등학교 교사로 임용된 경우
④ 교육지원청 장학사가 도교육청 장학사로 임용된 경우

035 교육기본법

1) 제14조(교원)
① 학교교육에서 교원(敎員)의 전문성은 존중되며, 교원의 경제적·사회적 지위는 우대되고 그 신분은 보장된다.
② 교원은 교육자로서 갖추어야 할 품성과 자질을 향상시키기 위하여 노력하여야 한다.
③ 교원은 교육자로서의 윤리의식을 확립하고, 이를 바탕으로 학생에게 학습윤리를 지도하고 지식을 습득하게 하며, 학생 개개인의 적성을 계발할 수 있도록 노력하여야 한다.
④ 교원은 특정한 정당이나 정파를 지지하거나 반대하기 위하여 학생을 지도하거나 선동하여서는 아니 된다.
⑤ 교원은 법률로 정하는 바에 따라 다른 공직에 취임할 수 있다.
⑥ 교원의 임용·복무·보수 및 연금 등에 관하여 필요한 사항은 따로 법률로 정한다.

2) 제15조(교원단체)
① 교원은 상호 협동하여 교육의 진흥과 문화의 창달에 노력하며, 교원의 경제적·사회적 지위를 향상시키기 위하여 각 지방자치단체와 중앙에 교원단체를 조직할 수 있다.
② 제1항에 따른 교원단체의 조직에 필요한 사항은 대통령령으로 정한다.

3) 교원의 지위 향상 및 교육활동 보호를 위한 특별법
제4조(교원의 불체포특권)
교원은 현행범인인 경우 외에는 소속 학교의 장의 동의 없이 학원 안에서 체포되지 아니한다.

> Keyword

085 현행 교육 관련법에서 교원에 대하여 규정하고 있는 내용으로 옳지 않은 것은? (13국)
① 교원은 교육자로서 갖추어야 할 품성과 자질을 향상시키기 위하여 노력하여야 한다.
② 교권은 존중되어야 하며, 교원은 그 전문적 지위나 신분에 영향을 미치는 부당한 간섭을 받지 아니한다.
③ 교원은 특정한 정당이나 정파를 지지하거나 반대하기 위하여 학생을 지도하거나 선동하여서는 아니된다.
④ 교원은 어떠한 경우에도 소속 학교의 장의 동의 없이 학원 안에서 체포되지 아니한다.

086 교육기본법에 명시된 교원에 관한 규정이 아닌 것은? (17국)
① 교원은 법률로 정하는 바에 따라 다른 공직에 취임할 수 있다.
② 교원은 특정한 정당이나 정파를 지지하거나 반대하기 위하여 학생을 지도하거나 선동하여서는 아니 된다.
③ 교사는 전문성을 바탕으로 학생을 교육한다.
④ 교원은 교원의 경제적·사회적 지위를 향상시키기 위하여 각 지방자치단체와 중앙에 교원단체를 조직할 수 있다.

교육직원 분류

1) 교육직원 분류표

교육직원	국공립 계통 교육직원	교육공무원 특정직	교원	교장, 교감, 교사, 수석교사
			조교	
			교육전문직원	장학관, 장학사, 교육연구관
		일반직 공무원	사무계	일반행정, 교육행정, 사서
			기술, 보건, 정보통신계	
		기타(별정직)	비서관	비서, 고용직
	사립계통 교육직원		교원	교장, 교감, 교사
			조교	
			교육행정직원	

Keyword

087 초·중등학교에 근무하는 교원과 직원의 신분에 대한 설명으로 옳은 것은? (19국)

① 수석교사는 교육전문직원이다.
② 공립학교 행정실장은 교육공무원이다.
③ 교장은 별정직 공무원이다.
④ 공무원인 교원은 특정직 공무원이다.

037 학교폭력예방 및 대책에 관한 법률 (약칭: 학교폭력예방법)

1) 학교폭력예방법의 목적과 정의
① 제1조(목적) 이 법은 학교폭력의 예방과 대책에 필요한 사항을 규정함으로써 피해학생의 보호, 가해학생의 선도·교육 및 피해학생과 가해학생 간의 분쟁조정을 통하여 학생의 인권을 보호하고 학생을 건전한 사회구성원으로 육성함을 목적으로 한다.
② 제2조(정의) "학교폭력"이란 학교 내외에서 학생을 대상으로 발생한 상해, 폭행, 감금, 협박, 약취·유인, 명예훼손·모욕, 공갈, 강요·강제적인 심부름 및 성폭력, 따돌림, 사이버 따돌림, 정보통신망을 이용한 음란·폭력 정보 등에 의하여 신체·정신 또는 재산상의 피해를 수반하는 행위를 말한다.

2) 주요특징
① 교육감은 학교폭력의 실태를 파악하고 학교폭력에 대한 효율적인 예방대책을 수립하기 위하여 학교폭력 실태조사를 연 2회 이상 실시하고 그 결과를 공표하여야 한다.
② 교육감은 제12조에 따른 심의위원회가 처리한 학교의 학교폭력빈도를 학교의 장에 대한 업무수행 평가에 부정적 자료로 사용하여서는 아니 된다.
③ 교육감은 관할 구역에서 학교폭력의 예방 및 대책 마련에 기여한 바가 큰 학교 또는 소속 교원에게 상훈을 수여하거나 소속 교원의 근무성적 평정에 가산점을 부여할 수 있다.
④ 교육부장관, 교육감, 지역 교육장, 학교의 장은 학교폭력과 관련한 개인정보 등을 경찰청장, 지방경찰청장, 관할 경찰서장 및 관계 기관의 장에게 요청할 수 있다.
⑤ 제1항에 따라 정보제공을 요청받은 경찰청장, 지방경찰청장, 관할 경찰서장 및 관계 기관의 장은 특별한 사정이 없으면 이에 응하여야 한다.
⑥ 퇴학처분은 의무교육과정에 있는 가해학생에 대하여는 적용하지 아니한다. (중학생)
⑦ 제17조(가해학생에 대한 조치)
　1. 피해학생에 대한 서면사과
　2. 피해학생 및 신고·고발 학생에 대한 접촉, 협박 및 보복행위의 금지
　3. 학교에서의 봉사
　4. 사회봉사
　5. 학내외 전문가에 의한 특별 교육이수 또는 심리치료
　6. 출석정지
　7. 학급교체
　8. 전학
　9. 퇴학처분
　　다만, **퇴학처분은 의무교육과정에 있는 가해학생에 대하여는 적용하지 아니한다.**

Keyword

088 학교폭력예방 및 대책에 관한 법률 상 내용으로 옳은 것은? (14 국)
① 학교폭력 가해 중학생의 경우 퇴학처분이 가능하다.
② 학교의 장은 학교폭력과 관련한 개인정보 등을 경찰청장, 지방경찰청장, 관할 경찰서장 및 관계 기관의 장에게 요청할 수 없다.
③ 교육감은 학교폭력의 실태를 파악하고 학교폭력에 대한 효율적인 예방대책을 수립하기 위하여 학교폭력 실태조사를 연 2회 이상 실시하여야 한다.
④ 교육감은 학교폭력대책자치위원회가 처리한 학교의 학교폭력빈도를 학교의 장에 대한 업무수행 평가에 부정적 자료로 사용할 수 있다.

089 학교폭력예방 및 대책에 관한 법률 상 중학교에서 발생한 학교폭력문제 처리과정에서 중학생인 가해학생에 대해 취할 수 있는 조치가 아닌 것은? (19 지)
① 출석정지　　　　② 학급교체
③ 전학　　　　　　④ 퇴학처분

038 의무교육과 기간제 교원

1) 의무교육
① 국가는 「교육기본법」 제8조 제1항에 따른 의무교육을 실시하여야 하며, 이를 위한 시설을 확보하는 등 필요한 조치를 강구하여야 한다.
② 지방자치단체는 그 관할 구역의 의무교육대상자를 모두 취학시키는 데에 필요한 초등학교, 중학교 및 초등학교·중학교의 과정을 교육하는 특수학교를 설립·경영하여야 한다.
③ 지방자치단체는 지방자치단체가 설립한 초등학교·중학교 및 특수학교에 그 관할 구역의 의무교육대상자를 모두 취학시키기 곤란하면 인접한 지방자치단체와 협의하여 합동으로 초등학교·중학교 또는 특수학교를 설립·경영하거나, 인접한 지방자치단체가 설립한 초등학교·중학교 또는 특수학교나 국립 또는 사립의 초등학교·중학교 또는 특수학교에 일부 의무교육대상자에 대한 교육을 위탁할 수 있다.
④ 국립·공립 학교의 설립자·경영자와 제3항에 따라 의무교육대상자의 교육을 위탁받은 사립학교의 설립자·경영자는 의무교육을 받는 사람으로부터 제10조의2제1항 각 호의 비용을 받을 수 없다.
⑤ 모든 국민은 그 보호하는 자녀에게 6년의 초등교육과 3년의 중등교육을 받게 할 의무를 진다.
⑥ 취학아동명부의 작성을 담당하는 읍·면·동의 장은 입학연기 신청서를 제출받은 경우 입학연기대상자를 취학아동명부에서 제외하고, 입학연기대상자 명단을 교육장에게 통보하여야 한다

2) 기간제교원
① 고등학교 이하 각급학교 교원의 임용권자는 다음 각 호의 어느 하나에 해당하는 경우에는 예산의 범위에서 기간을 정하여 교원 자격증을 가진 사람을 교원으로 임용할 수 있다.
  1. 교원이 제44조 제1항 각 호의 어느 하나의 사유로 휴직하게 되어 후임자의 보충이 불가피한 경우
  2. 교원이 파견·연수·정직·직위해제 등 대통령령으로 정하는 사유로 직무를 이탈하게 되어 후임자의 보충이 불가피한 경우
  3. 특정 교과를 한시적으로 담당하도록 할 필요가 있는 경우
  4. 교육공무원이었던 사람의 지식이나 경험을 활용할 필요가 있는 경우
  5. 유치원 방과후 과정을 담당하도록 할 필요가 있는 경우
② 정규 교원 임용에서 우선권을 인정할 수 없다.

Keyword

090 우리나라 의무교육제도에 대한 설명으로 옳지 않은 것은? (17 국)
① 지방자치단체는 국립 또는 사립의 초등학교·중학교 또는 특수학교에 일부 의무교육대상자에 대한 교육을 위탁할 수 있다.
② 지방자치단체로부터 의무교육대상자의 교육을 위탁받은 사립학교의 설립자·경영자는 의무교육을 받는 사람으로부터 수업료와 학교운영지원비를 받을 수 있다.
③ 모든 국민은 그 보호하는 자녀에게 6년의 초등교육과 3년의 중등교육을 받게 할 의무를 진다.
④ 취학아동명부의 작성을 담당하는 읍·면·동의 장은 입학연기 신청서를 제출받은 경우 입학연기대상자를 취학아동명부에서 제외하고, 입학연기대상자 명단을 교육장에게 통보하여야 한다.

091 교육공무원법 상 고등학교 이하 각급학교 기간제교원으로 임용할 수 있는 경우가 아닌 것은? (19 지)
① 교원이 병역 복무를 사유로 휴직하게 되어 후임자의 보충이 불가피한 경우
② 특정 교과를 한시적으로 담당하도록 할 필요가 있는 경우
③ 유치원 방과후 과정을 담당하도록 할 필요가 있는 경우
④ 학부모의 요구가 있는 경우

039 공교육 정상화 촉진 및 선행교육 규제에 관한 특별법 (약칭: 공교육정상화법)

1) 제1조(목적)

이 법은 「초·중등교육법」에 따라 공교육을 담당하는 초·중·고등학교의 교육과정이 정상적으로 운영되도록 하기 위하여 교육관련기관의 선행교육 및 선행학습을 유발하는 행위를 규제함으로써 「교육기본법」에서 정한 교육 목적을 달성하고 학생의 건강한 심신 발달을 도모하는 것을 목적으로 한다.

2) 제8조(선행교육 및 선행학습 유발행위 금지 등)

① 학교는 국가교육과정 및 시·도교육과정에 따라 학교교육과정을 편성하여야 하며, 편성된 학교교육과정을 앞서는 교육과정을 운영하여서는 아니 된다. 방과 후 학교 과정도 또한 같다.
② 지필평가, 수행평가 등 학교 시험에서 학생이 배운 학교교육과정의 범위와 수준을 벗어난 내용을 출제하여 평가하는 행위
③ 각종 교내 대회에서 학생이 배운 학교교육과정의 범위와 수준을 벗어난 내용을 출제하여 평가하는 행위
④ 학교별로 입학전형을 실시하는 학교 중에서 대통령령으로 정하는 학교의 입학전형은 그 내용과 방법이 해당 학교 입학 단계 이전 교육과정의 범위와 수준을 벗어나서는 아니 된다.
⑤ 대학등의 장은 「고등교육법」 등 관계 법령에 따라 입학전형에서 대학별고사(논술 등 필답고사, 면접·구술고사, 실기·실험고사 및 교직적성·인성검사를 말한다)를 실시하는 경우 고등학교 교육과정의 범위와 수준을 벗어난 내용을 출제 또는 평가하여서는 아니 된다.

Keyword

092 공교육 정상화 촉진 및 선행교육 규제에 관한 특별법에서 금지하는 행위에 포함되지 않는 것은? (16 국)

① 지필평가, 수행평가 등 학교 시험에서 학생이 배운 학교교육과정의 범위와 수준을 벗어난 내용을 출제하여 평가하는 행위
② 각종 교내 대회에서 학생이 배운 학교교육과정의 범위와 수준을 벗어난 내용을 출제하여 평가하는 행위
③ 영재교육 진흥법에 따른 영재교육기관에서 학교교육과정의 범위와 수준을 벗어난 내용으로 영재교육을 실시하는 행위
④ 대학의 입학전형에서 고등학교 교육과정의 범위와 수준을 벗어난 내용을 출제 또는 평가하는 대학별고사를 실시하는 행위

교육학

핵심주제 심화 2편

백개를
신과 함께

III 교육철학

		심화		22	21	20	19	18	17	16	15	14	13	12	11	10
40	교육	목적	개념								*		O			
41		피터스						O	*							
42		허스트				O										
44	교육철학	분석철학	피터스, 비트겐	O						*						
45		비판철학	하버마스			O			*	O				O		
47		실존주의	볼노우, 부버	*		*	O*	*								
48		포스트모더	리오타르		*					*						
49		프래그머티즘	퍼스, 듀이										O		O	

교육의 정의 및 개념과 목적

1) 규범적 정의
① 규범적 정의는 어떤 대상이 취하는 궁극적 목적과 연관하여 규정한 것이다.
② 개인적으로나 공동체의 차원에서 인격완성과 자아실현이라는 내재적 가치의 실현, 또는 영원한 진리나 가치를 추구하는 것을 교육의 중요한 목표로 제시한다. 예 '교육은 인간을 인간답게 형성하는 과정이다'

2) 기능적 정의
① 기능적 정의는 교육의 '도구적 가치'를 강조하는 관점이다. 즉 교육을 사회문화의 계승 및 사회발전의 수단으로 본다.
② 예 '교육은 국가 사회발전을 위한 핵심적 수단이다.', '교육은 사회문화의 계승 및 발전을 위한 주요한 수단이다'

3) 조작적 정의
① 규범적 정의는 지나치게 주관적일 수 있고, 기능적 정의는 수단적 가치로 전락할 우려가 있다. 조작적 정의는 바로 이러한 두 정의의 취약점을 보완하기 위해 마련된 것이다.
② 조작적 정의는 교육을 인간의 행동특성을 계획적으로 변화시키려는 과정으로 본다.
③ 조작적 정의는 규범적 정의나 기능적 정의에 비해, 합리적이며 과학적으로 설명

4) 교육과 유사개념
① '양육'은 물질적인 원조뿐만 아니라 정신적, 심리적 조력을 모두 포괄하는 개념이다.
② '훈육'은 정해진 규칙을 따라 배우는 것을 기본으로 한다. 예를 들면, 출석이나 전학, 긴급상황에서의 조치 등과 같은 효율적 운영을 위한 규칙 등. 이런 다양한 규칙은 훈육을 통해 이루어진다.
③ '훈련'은 주로 특정한 직종에서의 업무능력 개발을 의미한다.
    예 군대에서 사격훈련
④ '사회화'는 인간이 성장·발달해 가면서 자기가 속한 집단의 문화, 즉 생활양식이나 행동양식 등을 내면화하고, 자신의 독특한 개성과 자아를 형성해 가는 과정을 말한다.

5) 교육의 목적
① 내재적 목적(内在的) : 교육활동 자체를 통해 고유한 가치와 이상을 추구하는 것
    예 지식 습득을 통한 즐거움, 인격 성장, 자아실현, 전인교육 등
② 외재적 목적(外在的) : 교육을 수단이나 도구로 여기고 교육 활동 밖에 있는 가치를 성취하고자 하는 것
    예 시험 합격, 좋은 성적

Keyword

093 교육의 개념에 대한 설명으로 옳지 않은 것은? (13국)
① 교육의 사회적 기능이 부각되면서 사회가 요구하는 가치나 규범을 내면화하는 개념으로 사회화라는 개념이 쓰이게 되었다.
② 교육의 기초인 양육은 물질적인 원조뿐만 아니라 정신적, 심리적 조력을 모두 포괄하는 개념이다.
③ 조작적 정의를 견지하는 학자들은 교육을 '인간행동을 계획적으로 변화시키는 과정'이라고 본다.
④ 훈련(training)은 자연의 원리에 따르는 교육에서 유래한 것으로, 신념체계 전체를 변화시키는 '전인적' 교육이다.

094 교육의 목적을 내재적·외재적 목적으로 구분할 때, 〈보기〉에서 외재적 목적에 해당하는 것으로만 묶은 것은? (15 지)

〈보기〉	
ㄱ. 국가 경쟁력 강화	ㄴ. 지식의 형식 추구
ㄷ. 인적 자원의 개발	ㄹ. 합리적 마음의 계발

① ㄱ, ㄴ   ② ㄱ, ㄷ
③ ㄴ, ㄹ   ④ ㄷ, ㄹ

041 교육의 준거와 교육으로 입문 : 피터스(R. Peters)

1) 교육의 준거
① 규범적 준거 : 교육은 가치 있는 것을 전달함으로써 그것에 헌신하는 사람을 만들어야 한다.
② 인지적 준거 : 교육은 지식과 이해, 그리고 폭넓은 지적 안목을 길러주어야 하며, 이런 것들은 무기력한 것이어서는 안 된다.
③ 과정적 준거 : 교육은 교육받는 사람의 의식과 자발성을 전제로 해야 한다.

2) 교육의 준거 더 알아보기(R. Peters 2003)
① 규범적 준거 : 교육의 규범적 기준은 그 어떤 활동이 교육이라고 불리려면 '무엇인가'가 가치 있는 것을 추구하는 활동이어야 한다는 점은 말하고 있지만, 그 가치의 내용에 대해서까지 특정한 주장을 하고 있는 것은 아니다.
② 인지적 준거 : 우리는 단순히 여러 가지 정보를 많이 가지고 있는 사람을 교육받은 사람이라고 부르지 않을 것이다. 교육받은 사람이 되려고 하면 또한 사물이 왜 그렇게 되어 있는가 하는 '이유'에 관하여 다소간의 이해를 가지고 있어야 한다.
③ 과정적 준거 : 학생 스스로 무엇을 배우고 있는지를 이해하지 못할 경우, 우리는 결코 그에게서 그 과정에 대한 자발성을 기대할 수 없다.

3) 성년식(成年式)으로서의 교육
① 교육받은 사람이란 모종의 정신 상태를 성취한 사람이요, 그 정신 상태란 바로 전달된 가치있는 것을 통달하고 그것을 소중히 여기는 상태이며, 또한 그것을 폭넓은 안목으로 볼 수 있는 상태를 말한다.
② '교육'이 '전인적'인 것이 되어야 한다.
③ 마음의 발달이라는 것은 개별적인 경험이 침전됨으로써 일반적인 신념이 획득되는 장기적인 과정을 의미한다.
④ 그리고 그러한 감각 자료들 사이의 상호 관계를 바탕으로 복합 관념이 형성된다.
⑤ 사람의 마음이란 이러한 복합적 관념으로 이루어져 있다.
⑥ 교육을 할 때 우리가 해야 할 일은 이러한 개인의 마음이 발달하기에 적합한 환경을 만들어 주고, 또한 보다 적극적으로, 세밀한 사전 계획에 따라 적절한 관념을 개인의 마음 속에 심어주는 일이다.
⑦ 사고의 형식들은 각각 독특한 내용 이른바 '지식'이라고 하는 것과 그 내용을 축적하고 비판하고 수정하는 방법으로서의 '공적 절차'를 가지고 있다.
⑧ 수준의 고하를 막론하고 그러한 사고의 형식 안에 들어 가서 그것을 자기 자신의 것으로 내면화하는 사람들의 눈에는 공적인 세계의 윤곽이, 그 내면화의 수준에 상응하는 만큼 변형된다.
⑨ 그러한 사고의 형식에 입문되는 과정이 곧 교육의 과정이다.

Keyword

095 피터스(R. Peters)는 교육의 개념을 3가지 준거로 구분하였다. 그 중 규범적 준거(normative criterion)에 근거한 교육의 개념으로 옳은 것만을 모두 고른 것은? (18국)

> ㄱ. '무엇인가 가치 있는 것'을 추구하는 활동이다.
> ㄴ. 학습자의 의식과 자발성을 전제하는 것이다.
> ㄷ. 지식, 이해, 인지적 안목을 길러주는 것이다.

① ㄱ　　　　　　　② ㄷ
③ ㄴ, ㄷ　　　　　　④ ㄱ, ㄴ, ㄷ

096 다음 내용에 가장 부합하는 것은? (17 지)

> • 교육은 학습자와 교육내용을 모두 고려해야 한다.
> • 교육내용의 내재적 가치는 선험적으로 정당화된다.
> • 교육은 합리적인 사고와 지적 안목을 도덕적인 방식으로 전달하는 과정이다.
> • 교육은 인류의 문화유산이라는 공적(公的) 전통 으로 학생을 안내하는 과정이다.

① 주입(注入)으로서의 교육
② 주형(鑄型)으로서의 교육
③ 성년식(成年式)으로서의 교육
④ 행동수정(行動修正)으로서의 교육

042 자유교육과 지식의 성격 : 허스트(P. H. Hirst)

1) 개요
① 허스트(P. H. Hirst)는 피터스와 더불어 영국 교육철학계를 대표하는 학자
② 1960년대 이후 분석철학적 전통에 서서 교육철학을 하나의 독립된 학문으로 확립해 온 대단히 중요한 인물
③ 자유교육의 의미를 '지식의 형식들(forms of knowledge)'의 중요성을 통해서 설명
④ 1990년대 들어 '지식의 형식들'에 대해 이전에 자신이 펼쳤던 논점들을 다소간 유보
⑤ 그 대안으로 '사회적 활동들(social practices)'이라는 개념을 제시
⑥ '전기 허스트'는 지식의 형식들의 교육을 통한 자유교육의 개념으로, 그리고
⑦ '후기 허스트'는 사회적 활동들의 교육을 통한 보다 풍성한 인간삶의 추구라는 논제로 요약될 수 있다.

2) 지식의 형식
① 1965년 논문에서 허스트가 주장하고 있는 바의 요점은 자유교육을 '지식과 이해를 획득하는 일'로 규정하는 데 있다 (Martin, 1981: 268).
② 허스트의 이 논의는 고대 그리스적인 관점 플라톤의 인식론적 실재론을 제시하는 일로부터 시작한다.
③ 고대 그리스적인 관점은 크게 두 가지 정도로 요약될 수 있다.
④ 하나는 인간의 특성에 대한 규정 : 지식을 추구하는 일은 좋은 삶을 추구하는 일의 핵심을 이룬다. 따라서 인간은 마음을 통해 지식을 추구함으로써 좋은 삶을 살고자 한다. 이것이 인간 존재의 본질이며, 인간이 마땅히 따라야 할 삶의 핵심적인 모습이다.
⑤ 다른 하나는 지식에 대한 실재론적(實在論的) 관점 : 개별 사물은 일단은 우리의 감각 기관에 포착되지만, 그것을 알려면 여러 개별 사물들이 서로 공유하고 있는 일반적 형식을 추론할 수 있어야 한다. 그리고 이 일은 바로 우리 마음의 가장 핵심적 능력인 이성이 담당하는 기능이다. 인간의 마음은 이성을 올바르게 사용함으로써 사물의 본질적 성격을 알 수 있고, 무엇이 궁극적으로 참된 것이며 변하지 않는 것인지를 파악할 수 있다.
⑥ 고대 그리스적인 의미에서 자유교육은 바로 이와 같은 의미에서의 지식을 획득하는 일을 가리키는 말이었다.
⑦ 고대 그리스 시대 이와 같은 교육은 사실상 노예가 아닌 자유인을 위한 교육이라는 점에서도 자유교육이었지만,
⑧ 그것보다 더 중요한 의미에서 그것은 인간의 마음을 그 본질적 성격에 따라 자유롭게 기능하도록 하는 교육이라는 점에서, 이성을 오류와 환상으로부터 자유롭게 하고 행위를 그릇됨으로부터 자유롭게 하는 교육이라는 점에서 자유교육이었다.

Keyword

097 다음 (가)와 (나)에 들어갈 말로 옳은 것은? (13 중등)

> 학생 : 선생님, "교육받은 사람은 누구나 희랍에서 고향을 느낀다."는 말이 있는데, 여기에서 희랍의 교육은 어떤 교육을 가리키는지요?
> 교사 : 음, 교육의 원형이라고 볼 수 있는 자유교육(liberal education)이라 할 수 있겠지.
> 학생 : 그러면 희랍의 자유교육은 구체적으로 무엇인지요?
> 교사 : 글쎄, 제대로 설명하려면 아주 길어. 간단히 말하면, 희랍의 자유교육은 근본적으로 인간의 마음(mind)을 무지, 오류, 환상으로부터 해방시키는 교육이라 할 수 있지. 여기에는 두 가지 철학적 주장이 들어 있는데, 허스트(P. Hirst)에 따르면, 그것은 마음과 (가), (가)와/과 (나)의 관련성에 관한 것이지.
> 학생 : 휴, 생각보다 복잡한 것 같습니다.
> 교사 : 희랍의 자유교육에는 형이상학적 가정이 들어 있어서 그렇게 느껴지는가 보구나.

	(가)	(나)
①	감각	실재
②	정서	경험
③	정서	실재
④	지식	경험
⑤	지식	실재

043 지식의 형식들과 사회적 활동들 : 허스트(P. H. Hirst)

1) 지식의 형식들 : 수학, 자연과학, 인간과학, 역사, 종교, 문학과 예술, 철학

① 허스트에 따르면 지식은 단순히 정보의 수집물이 아니라 인간이 성취해 온 경험을 이해하는 복잡한 방식이다 (Hirst, 1965)
② 지식은 우리의 경험을 이해하는 방식이므로, 그것은 곧 사람들이 자기 스스로를 포함한 주변 세계에 대하는 여러 다양한 태도를 그 속에 반영하고 있다.
③ 지식은 공적인 성격을 띠고 있으므로 여러 사람들이 공통된 것으로 인지할 수 있으며 학습을 통해서 전수되고 획득된다.
④ 모든 지식은 서로 구분되는 '형식'으로 구조화되어 있으며(Hirst, 1966), 개별 '지식의 형식'은 그 각각이 공적인 상징체계를 사용하여 우리들 경험을 구조화한 것이다(Hirst, 1965).

2) 지식의 형식들의 네 가지 특징

① 지식의 형식들에는 각각에 독특한 핵심적 개념들이 있다.
② 각 지식의 형식은 그것에 속하는 이들 개념이 유기적으로 연결되어 있고 그 결과 하나의 독특한 논리적 구조를 이룬다.
③ 지식의 형식들은 상징을 사용하여 만들어진 표현들이므로 각각에 해당하는 인간 경험들을 타당하게 표현하고 있는지를 검증할 수 있다.
④ 지식의 형식들은 각각에 해당하는 인간 경험들을 제대로 표현하고 있는지를 검증하는 데 필요한 기준들과 함께, 해당 경험 영역을 탐구하는 데 필요한 기술과 기법들을 포함하고 있다.

3) '지식의 형식'에서 '사회적 활동들' 로

① 논문 – "교육, 지식, 그리고 프랙티스들(Education, Knowledge and Practices)"
② 전기 허스트가 교육의 핵심을 지식의 형식들을 가르치고 배움으로써 마음을 개발하는 데서 찾았다면,
③ 후기 허스트는 학생들을 구체적이고도 실질적인 활동의 복합체로 입문케함으로써 그들이 건강한 삶 또는 좋은 삶을 살도록 하는 데서 교육의 핵심을 찾았다.
④ 허스트의 주장은 단지 교육에서 실천적 지식이 더 일차적이라는 점을 주장하는 데 그치지 않고,
⑤ 학생들을 일체의 지식, 태도, 감정, 덕목, 기능, 기질과 관계 등을 포함하고 있는 구체적이고도 실질적인 사회 활동들의 복합체로 입문시킴으로써 개인의 발달을 이루는 일이 더 일차적이라는 점을 주장하기 위한 것이다. 교육에 가장 근본적인 것은 건강한 삶을 사는 것이며, 바로 이 활동들이야말로 개인의 건강한 삶을 구성하는 요소들이 된다. (Hirst, 1993)

Keyword

098 다음의 주장과 가장 관계가 깊은 현대 교육철학자는? (21 국)

> 교육의 내용은 일차적으로 특정한 사회적 활동(social practices)의 영역에 학생을 입문시키는 일로 이루어져야 한다. 그러한 활동들은 '사회적으로' 발전되거나 형성된 것들로서, 해당 사회를 구성하는 사람들이 개인적으로나 집단적으로 종사하는 행위의 패턴들이다. 교육에서 가장 근본적인 것은 건강한 삶을 사는 것이며, 바로 이 활동들이야말로 개인의 건강한 삶을 구성하는 요소들이 된다.

① 피터스(Peters) ② 허스트(Hirst)
③ 프레이리(Freire) ④ 마르쿠제(Marcuse)

099 다음은 어느 교육학자와 한 가상 인터뷰의 일부이다. 이 내용과 가장 관계가 깊은 학자는? (09 중등)

> 저는 지난 20년 남짓 동안 교육은 합리적 마음을 계발하기 위해 학생을 '지식의 형식'(forms of knowledge)에 입문시키는 일이라고 생각하여 왔습니다. 그러나 저는 이론적 지식이 훌륭한 삶을 결정하는 유일한 논리적 토대라고 보는 중대한 오류를 범하였습니다. 지금 저의 입장은 교육이 '지식의 형식'에의 입문이라기보다는 '사회적 실제'(social practices)에의 입문이어야 한다는 것입니다. 저의 변화된 교육 개념은 좀 더 체계적으로 가다듬어야 할 필요가 있고, 종전 견해와의 관련성에 대해서도 더 논의가 필요합니다. 그럼에도 불구하고, 저는 교육이 근본적인 면에서 '사회적 실제'에 학생을 입문시키는 일이어야 한다는 주장에는 주저함이 없습니다.

① 듀이(J. Dewey) ② 피터스(R. S. Peters)
③ 허스트(P. H. Hirst) ④ 화이트(J. P. White)
⑤ 오크쇼트(M. Oakeshott)

분석철학 : 비트겐슈타인, 피터스

1) 개요
① 분석철학은 1930년대 이른바 후기 비트겐슈타인에 이르러 큰 전환점을 맞게 된다.
② 이전에는 경험적 세계와의 관계를 통해 규정되던 언어의 의미가 후기 비트겐슈타인에 와서는 다른 방식으로 규정되게 된다.
③ 문법적으로는 의미가 불분명한 문장이나 어구라 하더라도 그것이 쓰이는 맥락에 따라서 여러 가지 풍부한 의미를 지닐 수 있다.
④ 그러므로 이제 분석적 방법은 이전과 같이 문장을 그보다 작은 단위나 요소로 쪼개는 것이 아니다.
⑤ 그것은 문장이 어떤 맥락에서, 우리 삶의 어떤 상황들 속에서, 그것을 사용하는 사람들의 어떤 삶의 형식들 속에서 쓰이는지를 펼쳐 보이고, 그것들과의 관계 속에서 문장의 의미를 탐색하는 것이다.
⑥ 이러한 후기 비트겐슈타인의 이른바 '언어 사용 이론'은 20세기 중반 이후 철학 전반에 광범위한 영향을 미쳤고, 그 방법을 채택한 교육철학자들에 의해 교육철학이 하나의 학문으로 성립하는 데 중요한 토대를 제공하게 된다.
⑦ 피터스(R. S. Peters)는 이론적으로나 제도적으로나 분석적 교육철학이 그 기초를 확립하는 데 중심적인 역할
⑧ 『윤리학과 교육』(2003) – 을 통해서 피터스는 '교육'이라는 개념을 세밀히 분석하고, 그와 같은 교육의 내용과 교육 행위가 일관적이고도 합리적인 방식으로 수행되는 데 토대가 되는 윤리적, 사회적 원리를 분석한다.

2) 분석철학의 특징
① 철학 고유의 기능을 언어와 그 언어에 의해 표현되는 개념의 분석을 통해 사물을 이해하는 데 두고 있다.
② 여러 학파가 있지만, 공통적인 방법은 언어의 구조가 실재의 구조를 반영하는 것으로 보고, 이 언어의 명료화에 두고 있다.
③ 분석철학의 뿌리는 멀리 희랍시대까지 거슬러 올라간다. 예컨대 소크라테스는 용어와 개념의 정확한 이해에 관심을 가졌고, 아리스토텔레스는 정확한 용어정의에 관심을 가졌다.
④ '분석'이란 우리의 사상이나 사고는 주로 언어에 의해서 전개되고 표현되는 것이므로 언어분석을 가장 중요한 것이라고 생각한다.

Keyword

100 다음과 같이 주장하는 교육철학은? (16 지)

> 교육철학은 철학 이론들로부터 교육실천의 함의를 이끌어 내는 데 주력하지 말고, 교육의 목적이나 교육의 실제 그 자체에 대해 철학적으로 사고하는 일에 집중해야 한다. 또한 기존 교육 사상들이 가정하고 있는 개념적 구조를 명료화하고 개념의 일관성과 타당성을 검토함으로써 언어의 혼란으로 인해 빚어진 교육 문제를 제거하는 일에 관심을 두어야 한다.

① 분석적 교육철학 ② 비판적 교육철학
③ 실존주의 교육철학 ④ 프래그머티즘 교육철학

101 다음 교사들의 토론에서 최 교사의 견해와 가장 유사한 교육 철학은? (12 초등)

> 김 교사 : 학교에서는 무엇보다 지식교육을 해야 합니다. 학교에서 지식교육을 하지 않고 도대체 어떤 교육을 할 수 있단 말입니까?
> 박 교사 : 글쎄요, 김 선생님께서는 학교에서 지식교육을 해야 한다고 주장하시는데, 지금까지 지식교육을 해 온 결과가 어떻게 되었는지 생각해 보십시오. 학교에서 그토록 열심히 지식을 가르쳐 왔는데도 불구하고, 제대로 된 인간을 기르는 데 실패하지 않았습니까? 저는 지식교육이 그 자체로 상당한 결함이 있다고 보고, 그렇기 때문에 인간교육을 해야 한다고 생각합니다.
> 최 교사 : 잠깐만요. 두 선생님의 주장에는 지식교육과 인간 교육이 다르다는 것이 논리적으로 가정되어 있군요. 제 생각에는 '지식교육을 해야 한다.' 혹은 '인간 교육을 해야 한다.'는 주장에 대해 논하기 전에 지식 교육과 인간교육이 과연 별개의 개념인지를 검토해야 할 것 같습니다.

① 분석적 교육철학 ② 비판주의 교육철학
③ 실존주의 교육철학 ④ 진보주의 교육철학
⑤ 포스트모던 교육철학

045 비판이론과 비판적 교육학

1) 프랑크푸르트학파와 비판이론
① 비판이론은 1923년 독일 프랑크푸르트대학의 사회 연구소를 중심으로 자본주의 사회의 문화와 이데올로기를 연구의 대상으로 삼고, 인간의 사고와 대상이 사회적으로 제약되는 현상을 파헤치며, 인간이 해방되는 새로운 사회의 가능성을 모색한다.
② 인간의 자유로운 의식의 형성을 억압하고 왜곡하는 사회적, 경제적, 정치적 제약요인들을 분석하고 비판한다.
③ 호르크하이머(M. Horkheimer), 아도르노(T. Adorno), 마르쿠제(H. Marcuse), 하버마스(J. Habermas), 지루(H. Giroux), 프레이리(P. Freire)등이 대표적인 학자이다.

2) 특징
① 교과지식의 획득보다는 사회의 구조적 문제해결에 더 관심을 둔다.
② 교육문제에 대해 좀 더 실제적이고 정치사회적인 관점을 취한다.
③ 교육이 처해 있는 사회 구조나 제도에 대해 의문을 제기한다.
④ 교육을 교육의 논리가 아니라 정치 · 경제 · 사회의 논리에 의해 해석하는 경향이 있다.
⑤ 교과지식의 획득보다는 사회의 구조적 문제해결에 더 관심을 둔다.

3) 1920년~ 60년대 후반 비판이론의 3가지 흐름
① 첫째 단계는 인간의 사회적 관계에 대한 마르크스의 유물론적 분석이 호르크하이머와 마르쿠제에 의해 프로이트(Sigmund Freud)의 정신분석과 통합되어 일종의 사회심리학 이론으로 형성된 단계다.
② 둘째 단계는 이른바 '도구적 이성'에 대한 본격적인 비판이 이루어진 시기 : 추구하는 가치나 목적이 과연 바람직한 것인지, 정당한 것인지에 대해서 그 이성은 아무런 판단도 할 수 없다는 점이 '도구적 이성'의 핵심적인 의미이다.
③ 셋째 단계는 비판이론의 원래 관심, 곧 해방적 기획이 하버마스에 의해 재주장된 시기 : 테크놀로지의 발달이 가져다 준 물질적 풍요는 마르크스(Karl Marx)의 전망 속에서는 혁명의 주체 세력이었던 노동자 계급이 이제는 현실에 안주하도록 함으로써 사회 전체를 이른바 '일차원성(一次元性)'에 가두어 놓는 역할을 했다.

Keyword

102 비판적 교육철학 또는 비판교육학(critical pedagogy)에 대한 설명으로 옳지 않은 것은? (20국)
① 인간의 자유로운 의식의 형성을 억압하고 왜곡하는 사회적, 경제적, 정치적 제약요인들을 분석하고 비판한다.
② 하버마스(J. Habermas), 지루(H. Giroux), 프레이리(P. Freire)등이 대표적인 학자이다.
③ 지식 획득을 포함한 인간의 모든 인식행위는 가치중립적인 것으로 간주한다.
④ 교육문제에 대해 좀 더 실제적이고 정치사회적인 관점을 취한다.

103 다음 내용과 관련이 있는 교육철학은? (17 지)

- 프랑크푸르트 학파의 이론적 성과를 수용하였다.
- 교육 현상에 대해 규범적, 평가적, 실천적으로 접근하였다.
- 자본주의 사회의 불평등 문제와 교육의 관련성에 주목하였다.
- 인간의 의식과 지식이 사회, 정치, 경제에 의해 결정되는 것으로 보았다.

① 비판적 교육철학　　② 분석적 교육철학
③ 홀리스틱 교육철학　　④ 프래그머티즘 교육철학

104 비판적 교육사회학 이론가들의 교육관으로 가장 적절한 것은? (12국)
① 부르디외(Bourdieu), 애플(Apple), 가드너(Gardner)는 상호작용의 관점에서 학교의 현상을 설명한다.
② 학교의 지식은 그 시대의 사회적 합의에 의하여 만들어진다.
③ 특정 입장에 대한 편향성을 지양하므로 가치중립적 관점을 추구한다.
④ 교과지식의 획득보다는 사회의 구조적 문제해결에 더 관심을 둔다.

046 후기 비판이론과 비판적 교육학 : 위르겐 하버마스(J. Habermas)

1) 개요
① 호르크하이머에 따르면 비판이론은 무엇이 좋은 것인지에 대해서는 말하지 않으며 다만 현재 사회의 나쁜 것이 무엇인지를 폭로함으로써 더 나은 것을 실현시키는 데 기여하고자 한다.
② 그러나 교육은 이것만으로는 불충분하다.
③ 교육은 가르치는 사람이 배우는 사람을 상대로 무엇인가를 가르치는 일이기 때문이다.
④ 그 무엇인가를 가르치려면 배우는 사람들에게 그 어떤 가치 있는 내용, 바람직한 모습을 적극적으로 보여줄 수 있어야 한다.
⑤ 후기 비판이론가인 하버마스의 관점이 교육이론가들에게 특별히 관심을 끄는 것도 그의 비판이론이 보다 적극적인 내용들을 제시하고 있었기 때문이다.

2) 위르겐 하버마스(Jürgen Habermas)의 의사소통행위이론
① 하버마스 또한 계몽주의적 합리성이 현대 사회에서 어떤 부정적인 기능을 하고 있는지를 잘 알고 있고 그것에 충분히 공감하고 있다.
② 그러나 하버마스는 다른 비판이론가들과 달리 이성의 도구적 측면에 대한 회의적 분석에서 끝나지 않고 그것의 해방적 기능이 여전히 유효하게 작동할 가능성이 남아있다는 점에 주목한다.
③ 현대 산업사회에서 도구화된 이성이 가장 두드러지게 작용하고 있는 분야는 관료주의적 행정과 자본주의 시장경제 체제이다.
④ 도구적 이성이 우리 삶을 지배하게 된 것은 현대 들어 바로 이 두 영역이 우리 삶을 포괄적으로 지배하게 되었기 때문이다.
⑤ 도구적 이성의 원리에 따라 운영되고 있는 '체제의 측면 말고 우리 삶이 영위되는 또 하나의 합리적 영역'이 존재한다.
⑥ 하버마스는 이 측면을 '생활세계(lifeworld)'라 칭하고,
⑦ 이 영역에서 작동하는 합리성을 '의사소통적 합리성(communicative rationality)'
⑧ 이 합리성에 따라 이루어지는 행위를 '의사소통적 행위(communicative action)'라고 부른다.
⑨ 하버마스의 생활세계는 언어 사용의 주체로서 개인과 개인 간의 상호작용이 이루어지는 세계이며, 의사소통적 행위를 통해서 이루어지는 이 세계에서의 합리화 과정은 체제측면에서 이루어지는 합리화 과정에 규범적 방향성을 제공한다.
⑩ 의사소통적 합리성에 따라 이루어지는 행위, 곧 의사소통적 행위는 대화에 참여하는 사람들간의 이해를 지향하며, 그것의 목적은 "상호 이해, 지식의 공유, 상호 신뢰와 조화를 통한 간주관적 공통성의 형성을 기반으로 한 합의를 이끌어 내는 것이다."

Keyword

105 다음에 해당하는 현대 교육철학 사조는? (16국)

- 교육이 처해 있는 사회 구조나 제도에 대해 의문을 제기한다.
- 의사소통적 합리성이라는 개념을 통해 교육에서 조작이나 기만, 부당한 권력 남용 등을 극복할 수 있는 발판을 마련하였다.
- 교육을 교육의 논리가 아니라 정치·경제·사회의 논리에 의해 해석하는 경향이 있다.

① 실존주의 교육철학   ② 분석적 교육철학
③ 비판적 교육철학   ④ 포스트모더니즘 교육철학

106 다음 내용에 공통적으로 영향을 끼친 현대철학 사조는? (11 중등)

- 특정 사회의 정치·경제 구조가 교육에 미치는 영향에 관한 분석
- 교육에서 발생하는 억압 관계와 인간 소외 문제를 개선하는 방안 마련
- 교육의 과정에서 왜곡된 의사소통을 합리적인 의사소통으로 전환시키려는 시도
- 교육이념의 사회적 발생 조건을 학문적으로 밝히고 그 잘못된 영향을 드러내려는 시도

① 현상학   ② 비판이론
③ 분석철학   ④ 생태주의
⑤ 실존주의

047 실존주의

1) 개요
① 양차 세계대전이 일어나기 이전에 후설(Edmund Husserl)은 현상학적 입장을 통해 철학의 관심을 인식론으로부터 존재론으로 전환시켜야 한다고 제창하였다.
② 실존주의의 생성에 지대한 영향을 미쳤던 후설의 그 같은 제창은 양차대전의 비극적 체험을 통해 더욱더 촉진되었다.
③ 게다가 과학·기술문명의 발달은 빈곤의 문제를 해결하였지만 반면에 인간의 주체성을 말살하는 역현상도 초래하였다.
④ 이것 또한 실존주의의 생성을 촉진시킨 요인으로 작용하였다.
⑤ 실존주의는 19세기와 20세기의 특수한 역사적 상황을 반영하면서 출발한 철학사상이다.
⑥ 그것은 현대문명의 비인간화에 대한 반항으로 등장하였다.
⑦ 그것은 기술문명과 관료기구 그리고 객관주의에 대한 항변이며, 산업사회에서의 조직화로 인한 인간소외에 대한 거부이다.

2) 실존주의
① 교육의 목적은 자유롭고 주체적이며 창조적인 인간형성에 있다.
② 교육은 자기결정적인 자아의 형성을 위한 것이다.
③ 교육에서는 인간적인 만남이 중요하다.
④ 관념적인 지식 위주 교육을 비판하고 학생 스스로 각성하여 자아를 발견하는 것을 중시
⑤ 실존이 본질에 선행한다. – 샤르트르 –
⑥ 만남이 교육에 선행한다. – 볼노우 –, – 마틴 부버 –

3) 실존이 본질에 선행한다. –샤르트르–
샤르트르의 명제는, 인간 각자의 삶은 미리 짜여진 우주의 질서, 사회적 규범, 도덕적 판단기준에 메일 수 없으므로, 인간은 생소한 광야에 내던짐을 당한 상태에서 스스로를 자기 책임하에서 형성해 갈 수밖에 없는 존재이다(Sartre, 1947: 18), 객관적인 실재보다 더욱 중요한 것은 그것이 나에게 관련을 맺었을 때의 의미이며, 주어진 갖가지 규범보다 더욱 중요한 것은 자기 책임하에서 자기 상황에 맞게 자신이 규범을 선택하는 행위 혹은 스스로 정해서 지켜가는 인격적 결단이라는 것이다.

---

107 다음은 학교장이 학부모 연수에서 강조한 내용이다. 이에 가장 부합하는 교육철학은? (18 지)

> 우리 학교는 지금까지 지식 교육에 매진해 온 결과, 학업성취도에서는 우수한 성과를 거두었습니다. 하지만 학생들은 그다지 행복하지 않은 것 같고, 왜 교과 지식을 배우는지도 모르는 것 같습니다. 그래서 저는 앞으로 교과보다는 학생에 관심을 기울이고, 교사와 학생의 인격적 만남을 중시하며, 교과 지식도 학생 개개인의 삶에 의미 있는 것이 되도록 하는 학교를 만들어 가겠습니다.

① 분석적 교육철학　② 항존주의 교육철학
③ 본질주의 교육철학　④ 실존주의 교육철학

108 다음의 특징을 지닌 상담이론과 가장 관련이 깊은 교육사조는? (7급 국가직 11년)

> • 개인은 현실을 경험하고 지각하는 대로 반응한다.
> • 내담자가 감정을 자유롭게 표현하도록 북돋아 준다.
> • 진실성, 온정, 공감, 존경 등을 중시한다.

① 실존주의　② 본질주의
③ 항존주의　④ 실용주의

109 다음과 같은 교육관이 기초하고 있는 현대 교육철학 사조는? (12 중등)

> • 이 학생 개인의 독자적인 삶과 자유를 존중한다.
> • 추상적이고 보편적인 인간을 지향하는 교육목표를 비판한다.
> • 관념적인 지식 위주 교육을 비판하고 학생 스스로 각성하여 자아를 발견하는 것을 중시한다.
> • 이 철저한 신념과 확신으로 뭉친 책임감을 지닌 실천가와 개성을 가진 인간을 양성하는 것을 추구한다.

① 항존주의　② 구조주의
③ 실존주의　④ 재건주의
⑤ 본질주의

048 포스트모더니즘(post-modernism) : 리오타르, 푸코, 데리다

1) 개요
① 모더니즘은 서구 사회를 주도해 온 사상적 흐름인 계몽주의적 태도 또는 이성중심주의적 태도를 말한다. 서구의 계몽주의는 인간 주체와 이성을 세계의 중심에 두고, 이성에 의해 세계와 그 본질을 완전하게 인식할 수 있다고 본다. 그리고 그러한 인식을 바탕으로 이성적인 사회를 건설하여 자연과 억압적 사회제도로부터 해방되는 미래를 제시한다.
② 그러나 포스트모더니즘은 인간 주체, 이성, 역사의 진보 등이 모두 신화에 불과할 뿐만 아니라 실제로 이성이 인간을 해방시키는 것이 아니라 도리어 억압해 왔다고 본다.

2) 포스트모더니즘 특징
① 포스트모더니즘은 거대서사(grand narratives)를 거부한다.
② 포스트모더니즘은 반정초주의(anti-foundationalism)를 표방한다.
③ 포스트모더니즘은 다원주의를 표방한다.
④ 포스트모더니즘은 형이상학에 비판적이다.

3) 리오타르 (Jean-François Lyotard 1924~1998) : 소서사, 주체성
① 칸트의 계몽이란 무엇인가?, "계몽이란 우리가 마땅히 스스로 책임져야 할 미성년의 상태로 부터 벗어나는 것이다." 미성년은 자신의 이성을 사용할 수 없는 상태
② 포스터 모더니즘이란 무엇인가? 프랑스의 철학자, 사회학자이자 문학 이론가. 포스트모더니즘과 인간의 관계, 숭고에 대한 개념, 미학과 정치의 관계에 대하여 연구하였다.

4) 푸코(Michel Paul Foucault, 1926~1984) : 광기, 권력과 지식
① 미셸 푸코는 사르트르 이후 프랑스 철학자 가운데 두드러진 인물이고, 치밀한 사료 분석을 통해 한 시대나 개별적인 사건에 주목했던 철학자다.
②『광기의 역사』: 광기의 변천 신성 - 범죄자 - 산업발달 노동력 부족(질병)
③ 감옥의 역사를 분석한 『감시와 처벌』: 현대의 권력은 눈에 띄지 않을 정도로 섬세하게 개개인의 행동을 통제하고 규제한다. 그 방법은 바로 '규율과 지도'이다. 예를 들어, 우리는 학교에서 세세한 규율에 따라 수업 시간의 예절, 복장, 태도 등을 지도 받는다.

4) 데리다(Jacques Derrida, 1930-2004) : 해체, 차연
① 해체주의란 무엇인가?, 『그라마톨로지(문자론)』: 루소를 자신의 인류학적 연구에 영감을 불어넣는 스승으로 여긴 레비스트로스에 대한 비판적 연구
② 차연 : '다르다'와 '연기하다'라는 말의 합성어, 어떤 요소의 개념이나 의미보다 그 요소를 둘러싸고 있는 다른 요소들과의 차이와 접목의 맥락을 파악함이 더 중요하다.

Keyword

110 포스트모더니즘의 특징으로 옳지 않은 것은? (21 지)
① 다원주의를 표방한다.
② 반권위주의를 표방한다.
③ 반연대의식을 표방한다.
④ 반정초주의를 표방한다.

111 포스트모던 교육철학을 반영한 교육적 실천으로 볼 수 없는 것은? (16 지)
① 학교 내 소수자를 보호하는 방안을 모색한다.
② 발표 수업에서 학생들의 다양한 관점을 수용한다.
③ 대화와 타협의 과정에 충실한 토론식 수업을 권장한다.
④ 학습 과정에서 지식의 실재성과 가치의 중립성을 강조한다.

049 프래그머티즘 : 퍼스, 제임스, 듀이

1) 개요
① 프래그머티즘(pragmatism)은 고대 그리스어 'pragma'에서 유래된 것으로 원래 행위·사실·활동·상호작용을 의미하는 말이었다.
② '실용주의'라는 어색한 번역어를 통해서 다루어지거나 아니면 프래그머티즘 그 자체로서보다는 듀이(John Dewey)라는 철학자의 교육사상으로 소개되어 왔다.
③ 그들은 "지식이란 오로지 정제되고 복제된 인간의 경험이다"라고 역설한다.
④ 인간은 자신을 둘러싸고 있는 여타의 생명체 또는 비생명체와 함께 살면서 상호작용하기 때문에, 그러한 상호작용의 결과 필연적으로 어떤 경험을 획득한다.
⑤ 삶의 과정에서 그를 위해 환경이 제기한 문제들을 해결하기 위해 노력할 때 이 경험을 획득한다.
⑥ 그러므로 경험은 수동적이면서 동시에 능동적인 사건이다.
⑦ 요컨대 지식이란 살아있는 유기체와 그를 둘러싸고 있는 환경간의 상호작용의 산물이다.

2) 프래그머티즘의 기본적인 논제(Thayer, 2005),
① 실재는 가변적이라는 것과 지식은 그와 같은 가변적 실재에 적응하고 그것을 통제하는 도구로 기능한다고 보는 관점,
② 비판적인 탐구 활동에 있어서 고정된 원칙과 이성적 추론보다 실지 경험을 우선하는 것으로 보는 관점,
③ 우리가 지닌 아이디어, 신념, 진술 등의 의미는 그것을 실지로 사용해 보고 적용해 본 결과로 따라오는 실험적 또는 실천적 효과에서 온다고 보는 관점,
④ 진리는 검증의 과정에서 발견되는 것, 따라서 그것은 진술이 검증되었을 때, 또는 아이디어가 성공적으로 작용했을 때 바로 그것을 가리킨다고 보는 관점,
⑤ 관념을 행위의 도구 또는 계획으로 보는 관점,
⑥ 실재에 대한 우리의 해석은 바로 우리의 관심과 필요에 대한 그것의 효과 또는 유용성에 의해 정당화된다고 보는 관점

Keyword

112 다음 프래그머티즘(Pragmatism)에 대한 내용 중 잘못된 것은? (04 서울)
① 소크라테스나 합리론을 철학적 토대로 한다.
② 사변적 절대주의에 반대하고 경험적 상대주의에 기초한 철학체계이다.
③ 지식은 감각과 경험을 통하여 인식하는 것이며, 과학적 실험에 의해서 증명되어야 한다.
④ 교육은 생활을 위한 준비가 아닌 그 자체가 되어야 한다.

113 〈보기〉에서 설명하는 교육사조와 대표적 학자를 바르게 묶은 것은? (07 중등)

〈보기〉
- 경험과 변화를 유일한 실재라고 본다.
- 절대적 진리관보다는 상대적 진리관을 취한다.
- 경험에 의해 실용성과 효용성이 입증된 것을 가치롭게 본다.

① 프래그머티즘 – 듀이 ② 분석철학 – 피터스
③ 항존주의 – 허친스 ④ 본질주의 – 브리드

교육학

핵심주제 심화 2 편

백개를
신과 함께

IV 교육사철학(서양사)

		심화		22	21	20	19	18	17	16	15	14	13	12	11	10
50	고대	소플아				*	*	*	*							
51		이소크라테스	소피스트						*						○	
54	중세	중세교육														
55		인문주의							*	○						
56		종교개혁														
57		실학주의	코메니우스			○	○*	○	○							
60		계몽주의										*				
61		자연주의	루소	*								○				
62	서양사 근세	신인문주의														
63		페스탈로치											*			
64		프뢰벨														
65		헤르바르트						*								
67	미국	듀이	프래그머티즘										○		○	
68		진보주의	파크 킬패트	*			○						*			○
70		항존주의										*	*			
71		본질주의					○		○				*			
72		재건주의						*								

고대 그리스 철학 : 소크라테스

1) 소크라테스 교육사상
① 소크라테스의 청년들과의 만남은 곧 교사로서의 만남이었다.
② 그는 특별한 교육소재를 제자들에게 단순히 전달하지 않고 자연스러운 일상적 만남에서 오랜 동안의 대화를 통해 제자들이 스스로 답을 구하는 과정을 중시하였다.
③ 메논의 학습의 불가능성에 대해 소크라테스는 회상(anamnesis)에 의한 학습으로 반박
④ 흔히 회상론(回想論) 혹은 상기론(想起論)은 앞서 언급한 오르페우스교에 등장하는 영혼의 불멸과 윤회를 반영
⑤ 소크라테스는 메논이 부리고 있는 '완전히 무지한 노예'에게 일종의 학습실험을 하면서 노예 스스로 답을 찾아갈 수 있음을 보여준다.

2) 교육단계
① '너 자신을 알라' : 지식이나 진리를 터득하는 데 첫걸음은 타인을 비판하거나 외부 사물을 분석하는 것이 아니라 자기 자신을 검토하는 것이다.
② 반어법(反語法, irony) : 학생들이 현재 알고 있는 지적인 상태를 흔들어서 혼란에 빠트리기 위해 교사가 논리적으로 반대적인 질문을 던지는 것을 말한다. 학생은 교사의 집요한 반어적 질문에 금세 당황하면서 스스로 아직 정확히 모르고 있음을 자각하게 된다.
③ 에로스(eros) : 학생은 참된 지식을 구하고 싶어 스승에 의존한다. 이러한 지적 갈구 상태
④ 산파법 : 교사가 이미 알고 있는 정답을 미리 알려주지 않고 학생 스스로 그 답을 찾도록 안내하는 대화 기법

3) 시사점
① 소크라테스에게 도덕적 가치는 인간 스스로 자신을 각성하는 것인데 참된 지식을 터득하면 저절로 수반된다.
② 인간이 참된 앎, 즉 보편적이고 절대적으로 참된 지식을 터득하게 된다면 또 다른 보편적인 진리인 선(善)에 대한 인식에 이미 도달한 셈이라는 말이다.
③ 소크라테스의 도덕과 삶의 문제는 동양적인 용어로 지행합일(知行合一)에 해당된다.
④ 말하자면 선의 인식은 필연적으로 도덕적 실천으로 표출되어야만 하는데, 제대로 알게 되면 도덕적 실천으로 진행될 수밖에 없다는 것이다.
⑤ 결국 지식과 덕은 분리된 것이 아니다.
⑥ 결국 제대로 알면 도덕적인 행동으로 나타나고 비도덕적인 행동을 한다면 제대로 알지 못한 연유에서이다.
⑦ 이후 도덕철학 및 윤리학 방면에서 주지주의(主知主義)의 입장을 낳았다.

Keyword

114 다음 설명과 가장 밀접한 것은? (7급 국가직 18년)

- 지식을 주입하는 대신에 질문을 통하여 스스로 생산적 사고를 하도록 한다.
- 지혜는 물이 높은 곳에서 낮은 곳으로 흘러가듯 교사로부터 학생에게 손쉽게 전달되지는 않는다.

① 반문법과 산파술
② 코메니우스(J. A. Comenius)의 감각교육
③ 실물교육과 노작교육
④ 3학 4과 교육

115 대 그리스의 소크라테스 교육사상에 대한 설명으로 틀린 것은? (15 지)
① 덕(德)과 지식은 동일하다고 주장하였다.
② 도덕성 함양을 위해 습관 형성을 강조하였다.
③ 교육방법으로 대화법과 산파술을 사용하였다.
④ 절대적이고 객관적인 진리의 존재를 역설하였다.

116 다음은 소크라테스(Socrates)에 관한 진술이다. 이것으로부터 추론할 수 있는 학습자에 대한 이해로 옳은 것은? (08 중등)

- 일방적인 지식 전수 대신에 문답법을 사용했다.
- "학습은 지식을 상기(想起)하는 것이다." 라고 주장했다.

① 학습자는 신의 형상을 닮은 존재이다.
② 학습자는 탐구하는 능력을 지닌 존재이다.
③ 학습자의 내면은 창이 없는 소우주와 같다.
④ 학습자의 내면은 무엇이든지 다 쓸 수 있는 백지와 같다.

051 고대 그리스 철학 : 이소크라테스

1) 이소크라테스(B.C. 436~338)
① 수사학교의 창설과 보급에 결정적인 공헌을 한 인물이 바로 이소크라테스이다.
② 그의 스승 가운데 유명한 소피스트였던 고르기아스와 무지의 자각을 외쳤던 인간주의 철학자 소크라테스가 있다.
③ 기원전 392년에 리케이온(Lykeion) 근처에 유명한 수사학교를 세우고, 약 50여 년 동안 오직 학생들을 가르치는 데 전념하였다.
④ 교육의 목적을 두 축으로 파악하였다. 그것은 곧 '도덕적인 개인'과 '정의로운 시민'이다.
⑤ 교육은 개인과 시민의 행위가 바람직한 방향으로 나아가 전인 완성에 기여하는 일이다.
⑥ 가장 중요한 요소는 타고난 본성이고, 연습과 훈련이 그 뒤를 따라야 한다고 보았다.
⑦ 영혼과 육체로 구성되어 있는 인간은 둘 다 기능이 제대로 발현되기 위해서는 훈련을 필요로 한다.
⑧ 육체의 훈련을 위해서 '체육'이 필요하고, 영혼의 단련을 위해서 '철학(philosophia)'이 필요하다고 주장하였다.

2) 수사학
① 수사학을 통해서 덕을 함양하고 영혼을 고상하게 만들 수 있다고 보았다.
② 공공의 선과 행복에 기여하는 훌륭한 웅변가를 양성하는 데 주요 목적을 두었다.
③ 웅변가가 되기 위해서는 수사학의 원리와 기술뿐만 아니라 문학, 논리학, 역사 등 일반적인 지식도 갖추어야 한다고 보았다.
④ 이소크라테스의 수사학은 로마시대의 키케로와 퀸틸리아누스, 중세기의 3학 4과의 수사학 전통으로 고스란히 이어져 내려왔다.

3) 이소크라테스(Isokrates)의 교육사상
① 소피스트들은 젊은이들에게 수사학의 기술을 가르쳐 유능한 대중 연설가로 키우는 것이 목적이었으나, 이소크라테스(Isocrates)는 수사학의 기술과 함께 이들에게 인간의 정신을 도야하도록 가르쳤다.
② 소피스트들은 출세위주의 입신양명에 교육목적을 두었으나, 이소크라테스(Isocrates)는 자신이 소피스트가 아니라고 주장했다.
③ 철학자 양성에 주요 목적을 둔 플라톤의 아카데미아 교육에 대해 비판적 입장(경쟁업체)
④ 자유분방한 소피스트들은 법과 권위를 당연한 것으로 받아들이지 않는 회의주의적 도덕관을 가졌으나, 이소크라테스(Isocrates)는 보편적인 인간교육 이념을 확산시켰다.

Keyword

117 고대 그리스 시대의 이소크라테스(Isocrates) 교육사상에 대한 진술로 옳지 않은 것은? (13 중등)
① 수사학을 통해서 덕을 함양하고 영혼을 고상하게 만들 수 있다고 보았다.
② 공공의 선과 행복에 기여하는 훌륭한 웅변가를 양성하는 데 주요 목적을 두었다.
③ 최상의 행복은 이성을 계발함으로써 사물의 본질을 관조하는 데서 찾을 수 있다고 보았다.
④ 철학자 양성에 주요 목적을 둔 플라톤의 아카데미아 교육에 대해 비판적인 입장을 취하였다.
⑤ 웅변가가 되기 위해서는 수사학의 원리와 기술뿐만 아니라 문학, 논리학, 역사 등 일반적인 지식도 갖추어야 한다고 보았다.

118 소피스트들과 이소크라테스(Isocrates)의 교육 방식과 철학에 대한 비교로 옳지 않은 것은? (11국)
① 대부분의 소피스트들은 연속적이고 체계적인 교육을 제공하였지만, 이소크라테스(Isocrates)는 인간의 삶에 관계되는 다양한 질문을 하면서 산발적이며 비형식적인 교육을 하였다.
② 소피스트들은 젊은이들에게 수사학의 기술을 가르쳐 유능한 대중 연설가로 키우는 것이 목적이었으나, 이소크라테스(Isocrates)는 수사학의 기술과 함께 이들에게 인간의 정신을 도야하도록 가르쳤다.
③ 소피스트들은 출세위주의 입신양명에 교육목적을 두었으나, 이소크라테스(Isocrates)는 자신이 소피스트가 아니라고 주장했다.
④ 자유분방한 소피스트들은 법과 권위를 당연한 것으로 받아들이지 않는 회의주의적 도덕관을 가졌으나, 이소크라테스(Isocrates)는 보편적인 인간교육 이념을 확산시켰다.

고대 그리스 철학 : 플라톤

1) 플라톤(Platon, 기원전 428~347)의 교육사상
① 『국가』에서 기획한 인간 유형론은 현대 심리학의 개념으로서 성격 유형론을 이미 보여주고 있는 셈이다.
② 이성, 기개, 욕망은 사회계급을 대표하는 특성으로 볼 수도 있지만 개인의 차원에서 본다면 인간의 내적 속성을 구성하고 있는 성격이론이기도 하다.
③ 각 성격 요소에 해당하는 덕목들을 인간교육을 위한 교육목표로 간주한다면 지혜, 용기, 절제는 각각 지(知), 체(體), 덕(德)에 해당하고, 이에 입각하여 개인의 차원에서의 교육을 기획한다면 균형 잡힌 전인교육의 이상을 의미한다.

2) 플라톤의 구상하고 있는 이상 국가에서의 교육
① 모든 어린이들은 예비교육 : 음악과 체육
② 그 다음에 이어지는 교육의 단계에서는 시문학, 기하, 산술, 전문학의 기초를 배운다.
③ 3단계에서의 교육은 군사훈련에 초점이 맞추어지고 전사계급으로서 국가를 방위한다.
④ 20세부터 30세까지 이어지는 4단계 교육에서는 이론 중심의 교육이 실시된다.
  첫째, 언어와 관련된 교육영역으로서 문법과 수사학
  둘째, 수학과 관련이 있는 교육영역으로서 산술, 기하, 천문학, 화성학
  세 번째 교육 영역은 철학인데, 변증술(辨證術, dialectica)
⑤ 철학적 변증법을 이해할 수 있는 자는 통치실습을 거쳐 만 50세가 되면 철인(哲人)으로서 국가를 통치할 만한 인간이 된다는 것이다.
⑥ 플라톤은 참된 이데아, 특히 선의 이데아에 도달하는 것이 인간 교육의 최대 목표라고 주장한다.

3) 플라톤 : 국가론, 법률, 이데아, 정의 : 올바른 삶
① 동굴의 비유 : 동굴 속은 현실, 동굴 밖은 이데아의 세계
② 플라톤에게 세계는 둘로 나누어진 세계이다.
③ 인간의 눈과 귀로 감지하는 '가시계(visible world)'이다.
④ 인간의 이성으로 인지하는 '가지계(intelligible world)'이다.
⑤ 국가는 능력에 따라 구분된 계급에 적합한 교육을 시켜야한다.

Keyword

119 플라톤이 『국가론』에서 주장한 내용으로 옳은 것은? (19 지)
① 교육의 궁극적인 목적은 개인의 자아실현에 있다.
② 국가는 능력에 따라 구분된 계급에 적합한 교육을 시켜야한다.
③ 모든 인간은 백지상태에서 태어나므로 개인의 사회적 역할은 평등하다.
④ 국가는 교육에 최소한으로 개입하여 개인의 발달을 보장해야 한다.

120 다음은 플라톤의 대화편 일부를 재구성한 것이다. (가)에 공통적으로 들어갈 가장 적합한 말은? (12 초등)

> 아데이만토스 : (트라시마코스는 (가) 을/를 강자의 이익이라고 말했습니다만) 우리가 소크라테스 선생님께 듣고자 하는 것은 (가)의 외양이 아닌 실재, 즉 (가) 이/가 이익이 되느냐 손해가 되느냐 하는 것과 관계없이 그 자체로 좋다는 것입니다. 만약 아이들이 어렸을 때부터 (가) 이/가 그 자체로 좋은 것이라는 말을 듣고 자란다면, 나중에 그들은 다른 사람의 감시가 필요 없이 자기 자신의 감시자가 되어 그것을 행하게 될 것입니다.
> – 플라톤, 「국가」 366d~367c
>
> 소크라테스 : 나를 고발한 사람들에게 한 가지 요구하고 싶습니다. 내 아이들이 훌륭한 인간이 되기보다는 돈을 쫓아다닌다고 생각되거나 자신이 아무 것도 아니면서 마치 무엇이나 된 것처럼 행동한다고 생각되면, 내가 여러분을 질타했듯이 여러분도 그들을 질타해 주십시오. 만약 여러분이 이렇게 해주신다면, 여러분은 나와 내 아이들에게 (가) 을/를 행하는 것입니다.
> – 플라톤, 「변론」 41e~42a

① 덕(virtue)   ② 지혜(wisdom)
③ 용기(courage)   ④ 절제(temperance)
⑤ 정의(justice)

053 고대 그리스 철학 : 아리스토텔레스

1) 아리스토텔레스의 교육사상
① 아리스토텔레스에게 최고선은 행복인데, 이를 실현하는 데 이성적 삶이 요구된다.
② 이성을 훈련시키기 위해서는 지식을 터득해야 한다.
③ 하지만 여기서 지식이란 실생활에 필요한 실용적인 지식이 아니라 지식 그 자체를 말한다.
④ 그렇다면 그러한 지식은 이론적인 지식일 수밖에 없다.
⑤ 자유교육(liberal education)은 직업을 준비하거나 실용적인 목적을 위해 행해지는 것이 아니라 지식 자체의 목적에 맞추어져 있다.
⑥ 이러한 자유교육의 이념을 아리스토텔레스가 최초로 체계적으로 정립한 것이다.
⑦ 우리가 교육의 본질적 혹은 내재적 가치라고 가정하는 것은 바로 이러한 자유교육의 이념에 기초해 있는 생각으로 볼 수 있다.

2) 용어
① 먼저 아리스토텔레스가 교육의 목적으로 설정한 최고선으로서의 행복에 이르기 위해서 요구되는 도덕적 탁월성은 그리스어 아레테(arete)에 해당되는 덕과 동의어이다.
② 여기서 도덕적 탁월성은 인간 개인이 자신의 모든 소질과 능력을 최대한 발현시키는 상태를 뜻한다.
③ 개인의 이기적인 욕심이 끼어들거나 천부적으로 약한 의지를 지니고 있어서 실천을 가로막는 경우가 많다. 이러한 방해요인을 아크라시아(akrasia)라고 불렀다. 이 단어는 중용이나 절제와 반대되는 뜻으로 무절제와 탐욕을 가리킨다.

3) 아리스토텔레스 : 니코마코스 윤리학, 정치학, 행복 : 좋은 삶
① 교육의 최종적인 목적은 행복한 삶을 영위할 수 있는 인간을 기르는 것이다.
② 교육은 참된 윤리적 생활을 가능하게 하는 것으로 정치적 문제와 관련되어 있다.
③ 본성, 습관, 이성이 함께 해야 교육이 가능하다.
④ 모든 인간은 장차 실현될 모습을 스스로 지니고 있다는 목적론적 세계관을 지향한다.
⑤ 자유교육은 직업을 준비하거나 실용적인 목적을 위해 행해지는 것이 아니라 지식 자체의 목적에 맞추어져 있다.

Keyword

121 아리스토텔레스의 교육사상에 대한 설명으로 옳은 것만을 모두 고르면? (20 지)

> ㄱ. 모든 인간은 장차 실현될 모습을 스스로 지니고 있다는 목적론적 세계관을 지향한다.
> ㄴ. 교육의 최종적인 목적은 행복한 삶을 영위할 수 있는 인간을 기르는 것이다.
> ㄷ. 자유교육은 직업을 준비하거나 실용적인 목적을 위해 행해지는 것이 아니라 지식 자체의 목적에 맞추어져 있다.

① ㄱ, ㄴ ② ㄱ, ㄷ ③ ㄴ, ㄷ ④ ㄱ, ㄴ, ㄷ

122 아리스토텔레스의 교육 사상에 대한 설명으로 옳지 않은 것은? (16 지)
① 교육은 시민들의 행복한 삶을 다룬다는 점에서 정치와 동일하다.
② 도덕적 탁월성이란 개인이 가진 내적 소질을 최대한 발현시키는 것이다.
③ 인간을 포함하여 존재하는 모든 것은 장차 실현될 모습을 스스로 지니고 있다.
④ 반어법(反語法)과 산파술(産婆術)은 학습자의 무지를 일깨우기 위한 교수법이다.

123 다음 대화에 나타난 교사의 견해를 뒷받침하는 고대 그리스 철학자는? (11 중등)

> 학생 : 선생님, 아는 것과 행동하는 것이 반드시 일치하지는 않는 것 같습니다.
> 교사 : 그 둘 사이의 불일치 문제는 고대 그리스어 아크라시아(akrasia)에 해당하는데, 이 단어는 본래 자제력이 없다는 의미를 가진단다.
> 학생 : 자제력은 어디서 오는 것인가요?
> 교사 : 자제력은 앎에서 오는 것이 아니라, 감정이나 정서에서 오는 것이지.
> 학생 : 그럼 도덕이 합리성에만 의존하는 것은 아니네요?
> 교사 : 그렇지. 도덕성은 합리성 그 이상을 의미하고, 거기엔 정서의 문제가 함께 자리하는 셈이지.

① 플라톤(Platon) ② 고르기아스(Gorgias)
③ 소크라테스(Socrates) ④ 이소크라테스(Isocrates)
⑤ 아리스토텔레스(Aristoteles)

054 중세의 교육

1) 중세의 교육의 흔적
① 스콜라 철학의 발달은 철학사적으로 중세가 결코 공백의 시기가 아니었음을 보여주었다.
② 기사도의 발달이다. 기사도라는 집단은 일종의 청년문화를 형성
③ 시민교육의 발달이다. 시민의 형성은 도시 성곽 내에 등장한 탈(脫)봉건적 근대인의 등장을 알리는 것이었다.
④ 십자군 원정 이후 외부 지역으로부터 실용학문 유입 : 조합학교(guild school)
⑤ 도시와 상공업이 발달하면서 법조인, 의사와 같은 전문 인력에 대한 수요가 증가하였다.

2) 중세 서양 대학
① 중세 대학은 십자군 원정 이후 유럽에 들어온 풍부한 지적 자극들을 성인들에게 전수해야만 하는 사회적 욕구를 배경으로 한다.
② 십자군 원정 이후에 발달한 원거리 무역과 상업의 발달로 비약적인 경제적 발전이 있었고, 그에 따라 도시 지역 시민 계급이 지적, 학문적 주체세력으로 등장하였다.
③ 사회의 분화 발전에 따라 전문 인력에 대한 수요가 증가하였고 그에 따른 인력 양성이 요구되었다.
④ 동방으로부터 다양하고 새로운 지식이 유럽으로 전래되면서 새로운 지적 운동이 등장하였다.
⑤ 대학의 기원과 도시 자치권의 확대 사이에 긴밀한 관련이 있었다.
⑥ 중세 초기 대학의 설립과 운영에 있어서 교회의 발언권이 강했다.
⑦ 유니버시티(university)라는 말은 본래 선생과 학생의 조합을 뜻했다.
⑧ 이탈리아와 남부 프랑스의 대학들은 볼로냐(Bologna) 대학을 모범으로 삼았다.
⑨ 최초의 대학이라고 간주되는 곳으로는 1088년 설립된 이탈리아의 법학 중심의 볼로냐(Bologna) 대학과 의학 중심의 살레르노(Salerno) 대학, 프랑스의 신학 중심의 파리(Paris) 대학 등이 대표적이다.

3) 시민교육
① 중세 상공업의 발달로 출현한 시민계급의 수요에 의해 생겨났다.
② 시민계급들은 자신들의 실생활에 필요한 지식과 기술을 가르쳐 경제적 이익을 추구하기 위한 방안으로 도제교육을 도입하였다.
③ 학교의 형태는 각 나라와 도시에 따라 다양하다.
④ 시민학교는 교육수준에 따라 크게 상류계급을 위한 학교와 하류계급을 위한 학교로 나뉜다.
⑤ 읽기, 쓰기, 셈하기, 직업기술의 습득, 법률적 지식 등 시민 계급의 실제적 필요를 충족시키기 위해 학교가 설립되었다.

Keyword

124 중세시대 대학 발생의 주요 배경에 대한 설명으로 옳지 않은 것은? (7급 국가직 17년)
① 스콜라 철학이 발달하면서 학문적 열기가 고조되었다.
② 십자군 원정 이후 외부 지역으로부터 실용학문이 널리 유입되었다.
③ 대중의 교육적 요구에 따라 조합학교(guild school)가 새롭게 등장하였다.
④ 도시와 상공업이 발달하면서 법조인, 의사와 같은 전문 인력에 대한 수요가 증가하였다.

125 유럽의 중세 시민교육에 관한 설명으로 옳지 않은 것은? (12 초등)
① 학교의 형태는 각 나라와 도시에 따라 다양하다.
② 시민학교는 시민계급에게 의무·무상교육을 실시하였다.
③ 중세 상공업의 발달로 출현한 시민계급의 수요에 의해 생겨났다.
④ 시민학교는 교육수준에 따라 크게 상류층을 위한 학교와 하류층을 위한 학교로 나뉜다.
⑤ 읽기, 쓰기, 셈하기, 직업기술의 습득, 법률적 지식 등 시민 계급의 실제적 필요를 충족시키기 위해 학교가 설립되었다.

126 중세 서양 대학에 대한 기술로서 옳지 않은 것은? (10 중등)
① 대학의 기능과 역할은 일차적으로 교육보다 연구에 있었다.
② 대학의 기원과 도시 자치권의 확대 사이에 긴밀한 관련이 있었다.
③ 중세 초기 대학의 설립과 운영에 있어서 교회의 발언권이 강했다.
④ 유니버시티(university)라는 말은 본래 선생과 학생의 조합을 뜻했다.
⑤ 이탈리아와 남부 프랑스의 대학들은 볼로냐(Bologna) 대학을 모범으로 삼았다.

055 인문주의 교육사상 : 14~15세기

1) 인문주의교육 개요
① 인문주의 교육은 모든 고전으로부터 인간본성을 주제로 삼고자 한다.
② 다시 말해 인간의 존엄성을 강조하고 상실된 인간정신과 지혜의 부활을 기대한다.
③ 중세 기독교적 억압으로부터 해방된 인간정신을 복원함으로써 자유로운 탐구와 비판정신을 고취하고자 한다.
④ 이러한 교육적 목표에 가장 부합하는 역사적 사례를 인문주의자들은 고대 그리스의 자유교육(liberal education)의 전통에서 본 것이다.
⑤ '자유민을 위한 교육은 사고의 자유를 기본 조건으로 하고 자기표현과 창의적인 활동을 허용한다.' 이를 통해 교육적으로 추구하고자 하는 이상은 지·덕·체의 조화로운 발달이며 사회적으로 품격 높은 교양인을 양성하는 것이다.

2) 인문주의교육 특징
① 고대 그리스·로마의 자유교육의 이상을 계승하였다.
② 종교가 지배하는 중세시대를 벗어나 현세적 삶을 긍정하는 인간 중심 사회로의 전환
③ 이탈리아의 인문주의 교육에서는 자기표현 및 창조적 능력의 실현을 강조하였다.
④ 북유럽의 인문주의 교육은 개인보다는 사회 개혁에 주된 관심을 가졌다.
⑤ 교과내용으로서 인문학을 중시하였다.
⑥ 그 대표적인 것으로서 라틴어의 수사학적 작품을 표본으로 그 문제와 작문방식을 모방하는 데 치중하려는 흐름이 등장하였다.
⑦ 이를 흔히 키케로주의(Ciceroism)라고 부르는데, 고전작품에 들어 있는 인문적 이상이나 주제보다는 표현기법이나 문장 스타일을 모방함으로써 고전을 작문교육을 위한 수단으로 삼는다는 의미에서 언어중심주의 혹은 구술주의(verbalism)라고 부르기도 한다.
⑧ 흔히 고전을 교육내용의 표본으로 삼고 각종 시험에서 그 텍스트가 평가의 원천으로 고착화되면 교육의 방향은 변질될 수 있다.
⑨ 오늘날 우리의 교육을 특징짓는 입시 위주의 교육에서도 인문적 교과내용이 그 본래의 교육목표로부터 이탈하여 지식이 도구화, 수단시되는 경향도 동일한 현상이다.

Keyword

127 16세기 서양의 인문주의 교육사상에 대한 설명으로 옳은 것은? (17 지)
① 고대 그리스·로마의 자유교육의 이상을 계승하였다.
② 자연이나 실재하는 사물을 매개로 하는 실물교육을 도입하였다.
③ 민족적으로 각성된 관점에서 공동체 의식을 기르는 데 주력하였다.
④ 고등교육이 아닌 초등교육 수준에서 구체적인 교육 방안을 제안하였다.

128 르네상스 시기의 인문주의 교육에 대한 설명으로 옳지 않은 것은? (16국)
① 인간 중심적 사고를 강조하였다.
② 감각적 실학주의를 비판하며 등장하였다.
③ 북유럽의 인문주의 교육은 개인보다는 사회 개혁에 주된 관심을 가졌다.
④ 이탈리아의 인문주의 교육에서는 자기 표현 및 창조적 능력의 실현을 강조하였다.

129 르네상스 시기의 인문주의 교육에 관한 설명으로 옳은 것을 〈보기〉에서 고르면? (11 초등)

<보기>
ㄱ. 과학혁명의 성과가 반영되어 과학이 가장 중요한 교과가 되었다.
ㄴ. 자유교육을 통하여 완전한 인간과 선량한 시민을 길러내고자 하였다.
ㄷ. 키케로의 문체를 작문의 유일한 표본으로 삼은 사람들은 언어적 형식주의에 빠져 있다는 비판을 받았다.
ㄹ. 자국 문화와 언어에 대한 관심이 높아지면서 라틴어가 퇴조하고 모국어가 교육의 주된 언어로 자리 잡았다.

① ㄱ, ㄴ ② ㄱ, ㄷ
③ ㄱ, ㄹ ④ ㄴ, ㄷ
⑤ ㄴ, ㄹ

종교개혁 : 16세기, 마틴 루터

1) 종교개혁과 교육
① 종교개혁은 서양사적으로 중대한 사건이다. 서양문명의 큰 기둥인 기독교적 세계에 균열을 가한 것이다.
② 아울러 종교개혁은 단지 종교 영역에서만의 사건이 아니었다. 그것은 세속화 과정으로서 사회, 문화, 경제, 교육, 예술, 학문 등 모든 사회영역을 급속하게 해체시킴으로써 각 영역별로 분화, 발전을 초래하였다.
③ 종교개혁은 교육 및 학교의 존립에 특별한 근거를 제공하였으며 향후 그 사회적 역할과 위상이 근본적으로 변화하는 데에 커다란 영향을 끼쳤다.

2) 종교개혁의 사회적 배경
① 교회의 세속화와 부패이다.
② 봉건귀족과 결탁한 사회적 특권 흐름에 대한 비판적 각성과 대항이 등장하였다. 도시의 성장과 농노들의 해방 욕구는 봉건귀족들에 대한 저항으로 이어졌고, 결국 이는 봉건귀족과의 연대를 형성한 교회에 대한 저항을 낳았다.
③ 르네상스와 인문주의적 자각의 등장이다. 이 운동은 대체로 엘리트 지식인들에 의해 주도된 문예, 학문, 도덕, 신학 방면에서의 새로운 흐름이었다.
④ 이들이 보여준 시대 비판과 새로운 사회에 대한 대안 제시는 교회개혁이라는 새로운 영역에서의 각성을 점화하는 계기가 되었다.
⑤ 루터가 특히 문제 삼았던 것 중의 하나는 성직자들의 형편없는 문해능력이었다.

3) 종교개혁기의 교육특징
① 종교개혁 과정에서 국가의 대중교육에 대한 책무가 강조되었다.
② 종교개혁은 성서주의에 그 바탕을 두고 있다.
③ 성서 읽기를 위한 기본 문해교육이 강조되었다.
④ 라틴어 대신에 모국어가 성경과 교육의 언어로 사용되면서 교육의 보편화에 기여하였다.

Keyword

130 종교개혁이 서양 근대교육에 미친 영향으로 옳은 것은? (21 7급)
① 교육의 구심점이 국가에서 교회로 이동하였다.
② 성서 중심 교육이 중시되어 교육의 종교화를 초래하였다.
③ 아동의 발달단계에 따른 교육을 강조하는 계기가 되었다.
④ 라틴어 대신에 모국어가 성경과 교육의 언어로 사용되면서 교육의 보편화에 기여하였다.

131 종교개혁기의 서양교육에 대한 설명으로 옳은 것은? (7급 국가직 19년)
① 교회 중심의 기독교 교육을 강조하였다.
② 교육에서 현세의 고행과 금욕을 강조하였다.
③ 성서 읽기를 위한 기본 문해교육이 강조되었다.
④ 스콜라 철학을 바탕으로 한 대학교육이 발달하였다.

057 실학주의 교육사상 Ⅰ : 16~17세기

1) 인문적 실학주의 : 라블레, 밀턴
① 15세기에 널리 유행하던 인문주의는 실학주의 초기에도 여전히 영향력을 행사하고 있었다.
② 고전연구를 통해 현실생활에 잘 적응하는 유능한 인간 양성을 강조
③ 고전중심의 교과를 토의와 설명에 의해 개별적으로 교육하는 것을 강조하였다.
④ 고전을 중요한 교육 소재로 활용하긴 하지만 교육목적설정이나 방법에 있어서 실용성과 실제적인 성격을 보여주고 있었다.
⑤ 인문주의의 폐단을 정확히 인지하고 참다운 자유교육의 이상을 실현하고자 하였으며 언어주의자들에게 보이는 고전의 형식, 즉 어법, 문장의 구조, 문체보다는 고전에 포함되어 있는 실제 생활에 필요한 내용들, 이를테면 과학적, 역사적, 사회적 지식을 되살리고자 하였다.
⑥ 인문주의의 형식주의를 타파하고 인문주의의 본연의 모습인 내용에 초점을 두는 것으로 볼 수 있다.
⑦ 따라서 교육목표는 인문주의 교육이상을 실현할 실제적인 인간을 양성하는 것이고 사회적, 종교적 가치를 모두 중시하면서 지덕체를 함양하는 데 둔다.

2) 사회적 실학주의 : 몽테뉴
① 사회적 리얼리즘은 인문주의의 고전 교육에 반대한다.
② 사회적 실학주의는 교육이 인간의 실제적 삶에 도움을 주어야 한다는 입장
③ 교육의 목적은 사회생활을 잘 영위해 나가는 '신사(神)'를 양성하는 데 있다.
④ 사회적 실학주의 또한 아쉽게도 상류층 자제의 교육에 널리 퍼지는 데 그쳤다.
⑤ 여행과 같은 경험중심 교육을 통하여 사회적 조화와 신사 양성을 교육목적으로 강조
⑥ 신체훈련의 목적은 매력적인 몸을 만드는 것이고, 도덕적 품성을 지향한다기보다 사교계에서 요구하는 예절이나 범절을 습득하는 것이다.
⑦ 사회적 리얼리즘에서 중요시하는 교육내용은 책을 통한 것이 아니라 풍부한 사회적 경험 그 자체이다.
⑧ 그래서 활동 중심의 교육과정이 특징적인데, 고전, 현대어, 역사, 철학, 여행, 사회접촉, 체육이 중요하게 다루어진다.
⑨ 사회적 리얼리즘의 교육방법은 단순한 기억보다는 이해와 판단을 중요시하고 행동을 통한 실습과 실제에의 지식 적용을 강조한다.
⑩ 또한 강제나 폭압적인 교육보다 학습자의 흥미, 호기심, 자존감을 활용하는 교육을 추천한다.

Keyword

132 17세기 서양의 실학주의 철학 사조에서 강조하는 교육의 특징으로 옳지 않은 것은? (18국)
① 인문적 실학주의 – 고전연구를 통해 현실생활에 잘 적응하는 유능한 인간 양성을 강조하였다.
② 사회적 실학주의 – 여행과 같은 경험중심 교육을 통하여 사회적 조화와 신사 양성을 교육목적으로 강조하였다.
③ 감각적 실학주의 – 감각적 경험을 통하여 생활의 지식을 습득하며, 이해와 판단을 중시하는 교육방법을 강조하였다.
④ 인문적 실학주의 – 고전중심의 교과를 토의와 설명에 의해 개별적으로 교육하는 것을 강조하였다.

133 교육에 대한 다음과 같은 관점을 가장 잘 담고 있는 서양 교육 사조는? (09 중등)

> • 세상은 가장 훌륭한 교과서이다.
> • 감각적 경험이 올바른 지식을 획득하는 통로이다.
> • 고전 공부의 진정한 목적은 현학적 지식의 습득이 아니라 인간의 삶에 대한 이해를 통하여 교육의 현실적 적합성을 추구하는 것이다.
> • 삶의 지혜와 학문적 지식은 구분되어야 하며, 아이에게 실제적 지혜의 기초가 충분히 다져지기 전까지는 학문적 지식에 대한 공부를 보류해야 한다.

① 실학주의(Realism) ② 인문주의(Humanism)
③ 계몽주의(Enlightenment) ④ 자연주의(Naturalism)
⑤ 신인문주의(Neo-humanism)

실학주의 교육사상 II : 16~17세기

1) 감각적 실학주의 개요
① 마지막 흐름은 감각적(sensual) 혹은 과학적(scientific) 리얼리즘이다.
② 이는 리얼리즘 교육사조에 전형적인 내용을 가진 것으로 간주할 수 있다.
③ 감각적 리얼리즘은 교육을 이끌어가는 방법상의 원리를 자연에서 찾는다.
④ 그것은 바로 인간의 감각적 직관에 기초한 사물교육을 가리킨다.
⑤ 따라서 실물이나 표본을 감각적으로 직접 관찰, 학습하는 것이 효과적이라는 것이다.
⑥ 교육의 목적은 자연과학 분야에서 축적된 지식과 연구방법 자체를 교육에 적용시켜 새로운 지식을 발견하게 하는 데 있다.
⑦ 특권계급을 대상으로 하지않고 보통 수준, 특히 초등교육 단계에서 구제적인 교육적 방안을 제안하였다.
⑧ 교육형식은 감각적 리얼리즘에 전형적인 실물 관찰주의와 실험주의를 강조하고 대중적인 교육 형식을 취한다.
⑨ 교육내용은 원칙적으로 다양하다. 모국어, 자연과학, 사회과학 등 거의 모든 지식을 활용한다는 점에서 백과사전적인 접근을 한다.

2) 감각적 실학주의 : 코메니우스
① 17세기 과학의 시대의 이념을 가장 잘 반영하고 있는 실학주의가 감각적 실학주의이다.
② 시대적으로 약간 앞선 인문적·사회적 실학주의의 한계를 극복하고 그 장점을 절충
③ 자연이나 실재하는 사물을 매개로 하는 실물교육을 도입하였다.
④ 감각을 통한 지각, 관찰학습, 실물학습을 중시하였다.
⑤ 교육방법의 원리를 자연에서 찾으며 사물의 언어보다 사물 자체에 관심을 갖게 한다.

Keyword

134 서양의 감각적 실학주의(Sensual Realism)에 관한 설명으로 가장 적절한 것은? (18 지)
① 인문주의 교육을 비판한 몽테뉴(Montaigne)가 대표적인 사상가이다.
② 고전을 중시하지만, 고전을 가르치는 목적이 현실생활을 이해하는 데 있다.
③ 세상은 가장 훌륭한 교과서이며, 세상사에 밝은 인간을 기르는 데 교육의 목적이 있다.
④ 자연과학의 지식과 방법론을 활용하여 교육의 현실적 적합성과 실용성을 추구한다.

135 서양교육사에서 나타난 사실로 옳은 것은? (17국)
① 고대 그리스의 스파르타에서는 신체와 영혼의 균형을 교육의 목적으로 추구하여 교육과정에서 읽기, 쓰기, 문학, 철학의 비중이 컸다.
② 고대 로마시대에는 초기부터 공립학교 중심의 공교육체제가 확립되어 유행하였다.
③ 17세기 감각적 실학주의는 감각을 통한 지각, 관찰학습, 실물학습을 중시하였다.
④ 산업혁명기 벨(A. Bell)과 랭커스터(J. Lancaster)의 조교법(monitorial system)은 소규모 토론식 수업방법이었다.

136 17세기 서양의 실학주의(realism) 교육사조에 해당하는 것만을 <보기>에서 있는 대로 고른 것은? (13 중등)

<보기>
ㄱ. 현학적인 교양인을 기르는 데 목적을 두었다.
ㄴ. 구체적 사물에 대한 직접적 경험을 강조하였다.
ㄷ. 현실 생활에 대한 이해와 교육의 현실적 적합성을 중시하였다.
ㄹ. 이성에 의해 모든 것을 판단하는 합리적 인간을 이상적 인간상으로 보았다.
ㅁ. 모든 사람이 교육받아야 하며 국가가 교육을 관장해야 한다는 새로운 교육적 이상을 제시하였다.

① ㄴ, ㄷ ② ㄴ, ㅁ ③ ㄱ, ㄷ, ㅁ
④ ㄱ, ㄹ, ㅁ ⑤ ㄴ, ㄷ, ㄹ

059 코메니우스(J. A. Comenius)

1) 『대교수학』과 『세계도회』

① 단순한 교수법에 관한 책이 아니라 오늘날의 용어로 교육학원론에 해당될 정도로 체계적이면서 종합적인 주제를 다루고 있는 책이다.
② 전체적으로 보면 이 책은 근대 이후 거의 모든 근본적인 교육문제를 다루고 있다.
③ 책의 내용은 다음과 같은 주제로 구성되어 있다.
　첫째, 이 책 속에는 그의 종교적 우주관을 대표하는 범지학적 가정이 놓여있다.
　범지학(pampaedia) : '모든 사람에게 모든 것을 다방면으로'
　둘째, 코메니우스의 교수법적 원칙은 고전중심의 교육과 대비되는 사물 교육에 대한 강조이다.
　셋째, 코메니우스의 교육사상은 이후에 본격적으로 전개될 자연주의 아동관에 기초한 교육원칙을 미리 보여주었다.
④ 『세계도회』는 그림으로 세계(우주)를 묘사한 서양 최초의 그림책

2) 코메니우스의 교육사상

① 광범위하고 보편적이면서 굳건한 우주상과 긴밀하게 연관되어 있다.
② 그가 자연이라고 부른 것은 일반적인 우주적 질서를 의미할 뿐이지 개별 인간의 본성이나 인성적인 '자연소질'을 의미하지는 않지만,
③ 자연사물에 기초한 교육소재에 대한 주장이나 아동의 개별적인 내적 속성을 고려해야만 한다는 생각 속에는 18세기 이후의 자연주의 교육사상의 싹을 이미 갖고 있었던 것이다.
④ 코메니우스 교육사상은 이후에 등장하는 각종 학교법령, 보통의무교육, 유럽 각국에서 시행된 모국어 교육, 초등학교의 수업 내용, 실업교육 방면에서의 교육과정, 각종 교수방법론의 개발 등에 직접적인 영향을 주었다.
⑤ 교육의 4단계 : 유아기, 아동기, 소년기, 청년기
⑥ 4단계에 상응하는 네 가지 교육기관 : 가정마다 어머니(무릎) 학교, 마을마다 모국어 학교, 도시마다 라틴어 학교, 왕국 또는 주마다 대학을 두도록 한다.

Keyword

137 코메니우스(J. A. Comenius)의 교육사상에 대한 설명으로 옳지 않은 것은? (19국)

① 고전(古典)의 내용을 체계적으로 전달하고 이해하는 것이 중요하다.
② 감각교육의 중요성을 강조한다.
③ 교육을 이끌어가는 방법상의 원리를 자연에서 찾는다.
④ 수업에서는 사물이 사물에 대한 언어보다 앞서야 한다.

138 다음의 내용을 담고 있는 저술은? (12 초등)

> • 교육에 바쳐야 할 기간을 각각 6년씩 유아기, 아동기, 소년기, 청년기의 4단계로 구분한다.
> • 4단계에 상응하는 네 가지 교육기관으로 가정마다 어머니(무릎) 학교, 마을마다 모국어 학교, 도시마다 라틴어 학교, 왕국 또는 주마다 대학을 두도록 한다.
> • 어머니 학교에서는 외적 감각을, 모국어 학교에서는 상상과 기억을, 라틴어 학교에서는 이해와 판단을, 대학에서는 이 모든 것을 조화하는 의지를 계발해야 한다.

① 루소의 『에밀』
② 로크의 『교육론』
③ 칸트의 『교육론』
④ 코메니우스의 『대교수학』
⑤ 페스탈로치의 『은자의 황혼』

계몽주의(17~18세기) : 인간의 이성 신뢰

1) 계몽주의 교육사상
① 계몽주의 교육의 목표도 이성의 자유를 속박하는 종교, 정치, 사회 등 온갖 권력구조를 제거하고, 인간 스스로 사고하고 모든 문제를 자신의 이성의 힘으로, 따질 수 있게 하는 데 있었다.
② 하지만 계몽주의 교육사조도 이질적이어서 다양한 입장 차이가 있었다.
③ 인간의 이성이나 지성(칸트의 용어로 오성)을 존중하는 교육을 강조하는 로크 전통의 이성주의 입장
④ 인간은 자유롭고 평등한 존재라는 전제에서 인간성을 존중하면서 자연적인 발달 및 성숙에 입각한 교육을 강조하는 루소의 입장
⑤ 계몽주의 이념을 사회개혁이나 사회에의 적응 및 통합에 초점을 두는 입장도 있다.
⑥ 현실세계에서의 행복추구를 목표로 시민교육과 직업교육을 조화롭게 실천하자는 독일의 범애파(汎愛派) 혹은 박애주의(博愛主義, philanthropism)가 그것이다.
⑦ 그러한 차이에도 불구하고 계몽주의 교육사조는 제반 교과를 활용하는 데 실용적이면서도 이성적인 능력을 배양하는 것을 공동된 교육목적으로 추구하였다.

2) 교육방법의 원칙
① 교육은 합리적인 자연의 원리에 합당해야만 한다.
② 실생활에 기초한 교육이다. 계몽주의자들은 교육의 목표를 구체적으로 사회적 분업에 따른 유용한 인간을 양성하는 데 둔다.
③ 실물을 이용한 직관적 교육방법이다. 계몽주의는 자연과학적 사고를 교육적으로 철저히 활용하였다. 증거와 사실중심이 원칙이었던 셈이다. 이는 계몽주의가 17세기 리얼리즘의 교육사조의 계승자임을 확인해 준다.

3) 계몽주의(17~18세기) : 인간의 이성 신뢰
① 자연주의 : 루소, 전통적인 관습과 권위에 도전
② 범애주의 : 바제도우, 교육을 통한 무지의 타파와 교육운동
③ 합리주의 : 볼테르, 칸트, 인간의 이성적 능력을 신뢰

Keyword

139 다음에 해당하는 서양 근대의 교육사조는? (21 7급)

- 교육은 합리적인 자연의 원리에 합당해야 한다는 교육방법의 원칙을 채택한다.
- 교육의 목표를 사회적 분업에 따른 유용한 인간을 양성하는 데 둔다.

① 계몽주의　　　② 국가주의
③ 인문주의　　　④ 신인문주의

140 18세기 유럽의 계몽주의 교육사조에 대한 설명으로 틀린 것은? (15 지)
① 인간의 이성적 능력을 신뢰하였다.
② 전통적인 관습과 권위에 도전하였다.
③ 인문 예술 교과를 통한 감성 교육을 강조하였다.
④ 교육을 통한 무지의 타파와 사회 개혁을 추구하였다.

141 18세기 서양 계몽주의 교육사상에 관한 설명으로 옳은 것은? (11 중등)
① 예술적 능력의 배양을 주요 교육목표로 삼았다.
② 아동이 갖고 태어나는 신성(神性)의 발현을 강조하였다.
③ 감정이나 종교적 계시보다 합리성을 기르는 데 초점을 두었다.
④ 참다운 인간성을 고대 그리스 문학과 예술에서 찾고자 하였다.
⑤ 역사와 민족성을 근거로 하여 국민적 자각을 강조하는 경향이 있었다.

061 루소 (J. J. Rousseau, 1712 ~ 1778)

1) 자연주의 : 루소 『에밀』
① "모든 것은 조물주의 손에서 나올 때는 순전히 선하나 인간의 손에 넘어오면서 타락한다."
② 인위적 교육을 비판하고 자연의 원리에 맞는 교육을 해야 한다고 강조하였다.
③ 자연주의자들은 자연에는 아름다운 질서가 있으며, 이 질서에 따라 사는 것이 가장 올바르고 행복한 삶이라고 생각한다. 이는 철학적으로는 그 이름이 시사하는 대로 자연을 유일한 실재로 여기는 철학이며, 이런 면에서 반자연주의인 이상주의와 대립한다.
④ 제1단계는 2세까지의 아동에 대한 교육적 방안이다. 이 시기는 신체발육기이기에 특히 자연 질서에 따른 양육이 강조된다.
⑤ 제2단계는 2세에서 12세에 이르는 시기이다. 감각기관의 훈련이 신체적 발달에 중요한 역할을 한다고 주장한다.
⑥ 제3단계는 12세에서 15세에 이르는 시기이다. 이 단계에서도 신체적, 감각적 발달이 중요하다. 이에 기초하여 이제 지적인 발달도 도모해야 하기 때문에 이성의 힘에 의지하여 적극적으로 학습하는 시기이다. 하지만 이 단계에서도 책을 통한 주지적인 학습은 가급적 제한해야만 한다.
⑦ 제4단계는 청년기에 해당된다. 이제 청소년들에게 본격적으로 지적인 교육을 실시한다. 여기서 제시되는 교육적으로 이상적인 인간상이 '도덕적 자유인' 이다.
⑧ 제5단계는 결혼기이다. 에밀은 소피와 결혼하게 된다. 루소가 여기서 보여주고 있는 여성관은 상당히 전통적이다.

2) 루소(J. Rousseau)의 '자연에 따르는 교육'의 특징
① 교육의 목적은 자연질서의 한 부분인 자연과 인간본성에 의존해야 한다.
② 자연은 감각기관을 통해 이해할 수 있다. 즉 감각은 실재에 대한 지식의 근본이 된다.
③ 자연의 과정은 느리고 점진적이며 진화적으로 발전하기에, 교육 또한 서두르지 말아야 한다.

3) 교육방법 : 소극교육론, 발달단계론, 고상한 야인, 남녀별학
① 소극교육론 : 어린이 밖에서 어린이에게 적극적인 영향을 주어 어린이를 강제적으로 통제하려는 적극교육론의 반대 개념이다.
② 발달단계론 : 식물이 하늘이 준 소질을 생명의 리듬과 법칙에 따라 연속적으로 키워가듯이 인간교육도 인간 안에 깃든 인간적인 여러 소질의 씨앗들이 몇 단계를 거치며 피어나는 과정
③ 아동중심 교육 : 루소는 어린이를 발견한 최초의 사람이라고도 평가받는데, 그것은 어린이에게는 어린이의 세계, 즉 그들의 발달단계에 알맞은 존재의 양식이 있다는 말이다.

keyword

142 자연주의 교육원리에 대한 설명으로 옳지 않은 것은? (7급 국가직 13년)
① 위대한 고전을 통하여 교양의 폭을 넓힘으로써 개인적 발달을 가져올 수 있다고 믿었다.
② 교육에 있어서 인공적인 것을 배격하는 입장을 취하였다.
③ 자연의 법칙을 발견하여 그것을 교육의 과정에 적용하는 것을 강조하였다.
④ 20세기의 진보주의 교육운동과 아동중심 교육운동으로 이어졌다.

143 루소의 자연에 따른 교육의 의미를 가장 잘 설명한 것은? (01. 중등)
① 자연의 제 법칙에 따라 가르치는 자연과학교육을 의미한다.
② 아동의 감각 발달에 따라 적극적으로 가르치는 언어교육을 의미한다.
③ 아동의 발달 단계에 따라 일찍부터 가르치는 조기교육을 의미한다.
④ 흥미와 관심 등 아동의 본성에 따라 가르치는 아동중심교육을 의미한다.

144 『에밀』에 나타난 루소(Rousseau)의 교육사상을 잘못 진술한 것은? (01 초등)
① 모든 인간은 평등하므로 여성 교육이 남성 교육과 달라서는 안 된다.
② 교육은 자연적인 발달 순서에 맞추어 단계적으로 실행해야 한다.
③ 아동기에는 서적을 통한 지적 교육보다 체험을 통한 신체적 교육이 더 중요하다.
④ 사회악에 물들지 않도록 초기 교육은 사회로부터 격리시켜 시행하는 것이 바람직하다.

신인문주의(19세기) : 낭만주의, 감성 교육

1) 낭만주의 : 인문 · 예술, 감성 교육

① 신인문주의(new humanism)는 18세기 이래 통주의 사조의 지나친 이성중심주의, 합리주의, 주지주의, 공리주의, 세속주의 경향에 대해 반발하면서 등장한 일종의 낭만주의(romanticism) 흐름이다.
② 신인문주의는 인간성의 새로운 탐구와 각성을 촉구하면서 인간 본성의 미적, 지적 차원의 조화로운 발달을 추구하였다.
③ 이렇듯 신인문주의는 16세기 인문주의의 19세기 재림으로 보아도 무방하다.
④ 계몽주의의 최고의 성과가 이성에 의한 비합리적인 정치체제의 타파였는데, 혁명을 통하여 드러난 인간의 취약한 면을 보고는 절망하지 않을 수 없었다.
⑤ 이러한 정신의 폐허 위에 자신의 심성(心性)에 맞는 문화를 이룩하려고 한 것이 낭만주의 정신의 본질이며, 그 결과 자아(自我)에 대한 확인과 인간의 내면에 진실이 있다고 주장

신인문주의와 16세기 인문주의 비교

16세기 인문주의	19세기 신인문주의
로마화된 그리스로의 접근	자국 · 민족적 관점에서 그리스로의 접근
언어적 형식적 측면에 관심	고전 속에 깃든 인간 정신의 본질에 관심
모방적 – 이상적 특징	비관적–현실적 특성

신인문주의와 계몽주의

계몽주의	신인문주의
기계적 원자론적 세계관	유기적 통합적 세계관
합리적 공리적 가치판단	정의적(情意) – 비(非)공리적 가치판단
전통과 역사를 초월하는 보편주의	역사와 전통에 입각한 특수주의

145 신인문주의 교육에 대한 설명으로 옳지 않은 것은? (7급 국가직 19년)
① 인간 본성의 미적, 지적 차원의 조화로운 발달을 추구하였다.
② 국민국가의 민족적 관점에서 전통과 유산을 중요한 교육소재로 삼았다.
③ 고전 연구와 교육을 위해 이탈리아의 궁정학교와 독일의 김나지움 같은 학교가 생겨났다.
④ 공리주의적이고 실리적인 계몽주의에 맞서 학교교육 전반에 걸친 개혁을 추구하였다.

063 페스탈로치 (Johann Heinrich Pestalozzi, 1746~1827)

1) 생애와 활동
① 그는 신인문주의 흐름이라는 시대적 요청을 충실히 반영한 반면에, 그 독창성은 높다고 할 수 없다.
② 『에밀』과 사회계약론을 탐독하면서 루소의 자연주의 교육사상에 큰 감명을 받는다.
③ 스위스 전역에 만연한 부랑아들, 고아, 그리고 빈곤한 농민들의 자녀를 위한 교육 사업을 시작하게 된다.
④ 당시 많은 지식인들도 페스탈로치의 학교에 관심을 가졌는데, 프뢰벨이나 헤르바르트도 페스탈로치 실험학교를 방문한 후 받은 감흥으로 독자적인 교육사상 및 교육이론을 전개할 수 있었다.

2) 주요 저서와 내용
① 은자의 황혼(1780) : 교육 전반에 걸친 생각을 정리한 짤막한 교육격언집, 교육의 목적, 내용, 방법, 체제 등에 관한 원리
② 린하르트와 게르트루트(1781) : 가정교육의 중요성을 강조한 교육소설, 빈민 교육에 대한 이념을 알릴 수 있는 '민중소설'
③ 유아교육 서한(어머니들에게 보내는 편지) : 유아교육에 대한 서한집, 유아교육의 목표는 전인적 인간발달 조성, 정서, 지성, 신체의 조화적 발달 강조
④ 백조의 노래(1826) : 페스탈로치의 자서전이자 회고록, 삶은 스스로 형성된다.

3) 교육사상
① 페스탈로치 교육사상은 계몽주의적 요소도 있지만 기본적으로 신인문주의 성격을 더 강하게 갖고 있다.
② 그는 루소의 자연주의와 직관주의에 영향을 받았지만, 종교적 심성의 도야와 모성에 의한 유아기의 교육을 중시한 신인문주의의 주정적(主情的)인 요소도 보여준다.
③ 페스탈로치의 인간관을 가장 분명하게 보여주는 것은 인간성의 삼단층론(三斷層論)이라고 불리는 이론이다. 이 이론에 따르면 인간은 자연의 상태에서 사회적 상태로, 사회적 상태에서 도덕적·종교적 상태로 층을 이루면서 질적인 도약을 거듭해야 하는 존재이다.
④ 교육의 목적을 '머리와 마음과 손, 3H(Heart, Head, Hand)'의 조화로운 발달에 두고 노동을 통한 교육과 실물(實物)과 직관의 교육을 스스로 실천하였다.
⑤ 교육방법의 원리 : 노작교육의 원리, 직관의 원리, 합자연의 원리, 자발성의 원리

Keyword

146 <보기>의 내용과 가장 관련이 있는 교육사상가는? (06 중등)

<보기>
- 아동의 흥미와 노력을 중시한다.
- 교육방법은 직관의 원리에 따른다.
- 아동을 성인의 축소판으로 보지 않는다.
- 교육목적을 지식·도덕·기능의 조화로운 발달에 둔다.

① 페스탈로찌(J. Pestalozzi) ② 에라스무스(D. Erasmus)
③ 루터(M. Luther) ④ 로크(J. Locke)

프뢰벨(Friedrich Fröbel, 1782 ~ 1852)

1) 생애와 사상
① 프뢰벨이 청년기를 보냈던 18세기 말과 19세기 초는 계몽주의에 반발하는 신인문주의 교육사상이 주된 패러다임으로 자리를 잡고 있던 시기이다.
② 그래서 프뢰벨의 교육사상에는 낭만주의 흐름의 흔적이 진하게 스며들어 있다.
③ 프뢰벨이 아동 교육에 관심을 갖고 평생동안 유아교육을 체계화하는 데 마음을 먹게 된 계기는 프랑크푸르트 근처에서 운영되던 페스탈로치 실험학교를 방문하고 그곳에서 기회를 얻어 아이들을 가르치는 과정에서 종교적 의미에서의 회심(會心)과 비슷한 경험을 통해서였다고 알려져 있다.
④ 프뢰벨이 교육의 내용으로 삼는 지식의 유형으로 종교, 자연, 수학, 언어, 예술 등이 있다.

2) 유아교육사상
① 통일의 원리이다. 이는 사물 사이에는 하나의 보편적인 법칙이 연결되어 존재하며, 이 연결은 개개의 사물을 규정한다는 것이다.
② 만유재신론(萬有在神論)이다. 이는 당대에 유행하던 기독교 신학의 흐름을 수용한 것인데 신은 만물 중에 존재함과 동시에 만물은 신 가운데 존재하고있다는 입장이다.
③ 만물은 생의 법칙에 의해 제각기 본질을 가지고 있으며, 이 본질을 실현해 가는 것이 인간의 사명이라는 것이다.
④ 프뢰벨은 페스탈로치의 노작교육을 계승하면서 이를 형이상학적으로 정당화하였다.
⑤ 프뢰벨의 교육사상은 루소의 자연주의에 영향을 받았다. 그가 주장하는 발달 순응적 교육은 루소의 '소극적 교육'과 같은 의미이다. 이와 함께 성인이 아동에게 개입하는 적극적인 교육도 조심스럽게 제안하였다. 그의 명령적 교육 개념은 어린이를 보호하면서 필요한 경우 적극적이고 능동적인 행동을 할 수 있는 태세를 갖추어야 한다는 교육적 방안이다.
⑥ 영아기(미소) : 아기가 외부의 다양성을 받아들이고 자기 속에 집어넣는 시기라는 의미에서 삼키는 시기로 표현한다.
⑦ 유아기(언어) : 본격적으로 언어가 발달하고 아이들은 자신과 세계를 분리하기 시작하며 앎에 대한 욕구가 왕성해진다. 아이들이 지식을 습득하는 데 두 가지 전제조건이 있다. 하나는 어린이가 끊임없이 자기표현을 할 수 있도록 신체활동이 필요하다는 점이고, 다른 하나는 그것은 신체나 정신을 물리적으로 구속하지 않는 자유로운 활동이어야만 한다는 것이다.
⑧ 소년기 : 인간과 대상을 합일시키는 시기이며, 동시에 사물과 언어(말), 인간이 분리되는 시기이다. 현대 발달 심리학의 용어로 말하자면 대상에 대한 형식적 조작이 가능해지고 추상적인 사고가 발달하는 시기이다.

Keyword

147 서양 교육사상가의 교육사상과 실천에 대한 설명으로 옳은 것은?

(7급 국가직 16년)

① 루소(Rousseau)는 부모와 교사가 주도적 역할을 하는 적극교육의 중요성을 강조하였다.
② 페스탈로치(Pestalozzi)는 빈민과 고아를 위한 학교를 운영하며 노작의 교육적 가치에 주목하였다.
③ 프뢰벨(Fröbel)은 종교, 자연, 수학, 언어를 중심으로 한 유아교육을 강조하였다.
④ 헤르바르트(Herbart)가 제시한 수업의 형식단계설에서 체계와 방법은 전심(concentration) 과정에 해당한다.

065 헤르바르트(J. F. Herbart, 1776 ~ 1841) : 교육학의 정립, 다면적 흥미

1) 교육학의 정립
① 헤르바르트는 페스탈로치 학교에서 받은 감흥을 바탕으로 칸트의 실천철학 (도덕이론 및 윤리학)과 당시 지배적이었던 심리학 지식을 통해 인간교육의 문제를 학문적으로 구축하려는 시도를 한다.
② 이것이 바로 1806년에 출간된 『일반 교육학 (Allgemeine Paidagogik)』이다.
③ 아마도 이 책의 출간을 학(學, Wissenschft)으로서 교육학의 탄생이라고 보면 될 듯하다.
④ 헤르바르트의 교육학은 이원적인 구조를 띠고 있다. 그것은 교육목적론과 교육방법론이다.
⑤ 교육목적론은 '교육을 왜 하는가?' 혹은 '인간에게 교육이 왜 필요한가?'와 같은 질문과 관련이 있다.
⑥ 교육방법론은 '교육을 어떻게 할 것인가?' 혹은 '가장 좋은 교육적 방안은 무엇인가?'를 다루는 영역이 된다.

2) 교육목적론 : 도덕적 품성(5가지 기본이념)
① 헤르바르트는 교육의 목적은 자라나는 세대들로 하여금 자신들이 속한 사회의 규범을 습득하고 행동적으로 안정된 인간으로 살아가게 하는 데 있다고 주장한다.
② 내적 자유의 이념 : 칸트가 규정한 개인윤리의 기본적인 원칙을 그대로 수용한 것
③ 완전성의 이념 : 고대 그리스에 기원을 둔 균형과 조화 개념을 수용한 것
④ 호의의 이념 : 하나의 의지가 다른 사람의 의지에 대해서 최선을 다하는 이념, 즉 사람들이 남의 의지를 배려하면서 행동을 하는 것
⑤ 정의의 이념 : 이는 두 의지의 대립으로 인해 갈등이 생길 때, 이를 피하면서 법칙과 원칙에 입각하여 전력을 다할 것
⑥ 공정성 혹은 보상의 이념 : 처벌이나 상벌에 관한 교육적 대응을 의미하는 것으로서, 일정한 의지에 따른 행동에 대하여 그에 해당하는 징벌 혹은 보상이 제공되어야 한다는 이념이다.

3) 교육방법론 : 표상심리학
① 관리 및 통제(management)는 교수의 진행을 방해하는 외적 장애를 제거하는 조치이다.
② 교수에서 가장 중요하게 다루어져야 하는 것은 바로 '다면적 흥미'를 유발하는 것이다.
③ 훈련 혹은 훈육 : 단순히 행동의 통제나 억압을 위한 것이 아니라 직접 심의력과 의지에 작용하여 강한 도덕적 성격을 지향하는 것

Keyword

148 다음과 같이 주장한 교육사상가는? (7급 국가직 17년)

- '다면적 흥미'의 형성을 중시하였다.
- 명료, 연합, 체계, 방법으로 이어지는 수업의 단계를 주장하였다.
- 단순한 지식 전달을 넘어 도덕적 인격을 갖추는 데 기여하는 '교육적인 수업'을 강조하였다.

① 퀸틸리아누스(Quintilianus)　② 헤르바르트(Herbart)
③ 루소(Rousseau)　④ 듀이(Dewey)

149 헤르바르트(Herbart)의 교육사상에 대한 설명으로 옳지 않은 것은?
(7급 국가직 12년)

① 심리학과 윤리학을 교육학의 기초학문으로 삼았다.
② 명료 - 연합 - 체계 - 방법이라는 4단계 교수법을 제시하였다.
③ 교육의 모든 세부적 목적들을 포괄하는 최고의 목적으로 도덕성의 함양을 강조하였다.
④ 어머니무릎학교 - 모국어학교 - 라틴어학교(김나지움) - 대학으로 구성된 4단계의 학교제도를 제안하였다.

헤르바르트(J. F. Herbart, 1776~1841) : 4단계 교수론, 흥미

1) 4단계 교수론

① 명료(정적인 심화) 단계 : 학습자로서는 오늘 배울 내용이 무엇인지 아는 단계요, 교사에게는 가르칠 주제를 쉬우면서 분명하게 제시하는 단계이다. 즉 교사는 가르치려고 하는 주제를 가능한 한 작은 단위로 세분화하고, 학습자는 각각의 사실이나 세부 사항을 다른 것들로부터 분리해 내어 집중적인 관심을 가져야 한다. 대체로 수업 상황에서 도입부에 해당된다.

② 연합(동적인 심화) 단계 : 학습자는 이미 파악된 요소들 모두를 배열해 일치성과 상이성이 분명히 드러나게 한다. 이전에 배운 주제와 새로 배울 내용을 결합시킨다.

③ 체계(정적인 숙고) 단계 : 학습내용이 일종의 질서가 잡힌 구조임을 가리킨다. 따라서 이 단계는 새로 배운 주제를 기존의 지식 체계 내에 위치시키는 단계이다. 학습자에게 이 단계는 가장 중요한 단계에 속한다. 즉 자신의 내부에 들어 있는 표상들이 완전한 통합을 이루도록 하는 것이 학습 성공의 첩경인 것이다.

④ 방법(동적인 숙고) 단계 : 이미 획득된 체계를 바탕으로 유사한 다른 사례에 적용하는 것을 목적으로 한다. 오늘날 우리가 사용하는 용어로 적용 및 응용에 해당된다. 방법의 단계는 새로 배운 주제를 응용하는 과정이다.

2) 흥미

> 교사들이 효과적으로 강의하기 위해 학생들의 흥미와 관심을 끌도록 해야 한다는 것은 일반적으로 널리 알려진 수업원칙이다. 이 원칙에서는 수업이 목적이고 흥미와 관심이 수단인 것처럼 여겨지고 있다. 이러한 관계는 이제 바꾸어져야 한다. 수업은 학생들의 흥미와 관심을 불러일으키는 데 기여해야 한다. 수업은 일정기간 동안만 진행되지만, 흥미와 관심은 학생의 일평생의 삶 동안 유지되어야 한다.

헤르바르트의 이 진술은 수업과 흥미(관심)의 관계를 완전히 뒤엎는 것으로서, 이것을 독일의 저명한 교육학자 놀(H. Nohl)은 "교육에 있어서의 코페르니쿠스적 전환"이라고 표현하고 있다.

---

150 헤르바르트(J. F. Herbart) 4단계 교수론에서 다음이 설명하는 단계는?
(19 지)

> 이 단계에서는 지식 사이의 중요한 관련과 중요하지 않은 관련이 명백히 구분되고, 지식은 하나의 통일된 전체로 배열된다. 이 단계에서 학습의 성공은 학습자의 내부에 들어 있는 표상들이 완전한 통합을 이루도록 하는 데 있다.

① 명료화(clearness)   ② 연합(association)
③ 방법(method)   ④ 체계(system)

151 김 교사는 헤르바르트(J. Herbart)의 '교수 단계론'을 현대적 관점에서 해석하여 자신의 국어 수업에 적용해 보았다. 〈보기〉에 기술된 김 교사의 교수행위를 헤르바르트의 '교수 단계론'에 따라 순서대로 배열한 것은?
(10 중등)

〈보기〉

ㄱ. '시(詩)의 구조'를 학생들이 이미 배운 시에 관한 지식과 관련지어 설명하였다.
ㄴ. 이번 시간에 배운 '시의 구조' 개념을 새로운 시에 적용하여 해석할 수 있도록 설명하였다.
ㄷ. '시의 구조' 개념과 관련된 내용 요소를 세분하여 학생들에게 명료하게 설명하였다.
ㄹ. '시의 구조'를 구성하고 있는 지식들 사이에 체계적인 질서가 있음을 설명하였다.

① ㄱ-ㄴ-ㄷ-ㄹ   ② ㄱ-ㄷ-ㄹ-ㄴ
③ ㄴ-ㄱ-ㄷ-ㄹ   ④ ㄷ-ㄱ-ㄹ-ㄴ
⑤ ㄷ-ㄴ-ㄱ-ㄹ

067 존 듀이 (John Dewey : 1859 ~ 1952) : 아동, 흥미, 반성적 사고

1) 개요
① 민주주의와 교육의 관계에 대한 근본적인 사고를 전개한 인물
② 민주주의가 의미를 갖기 위해서는 '사회적 · 도덕적'측면에서 그 가치가 실현되어야 한다.
③ 『학교와 사회(The School and Society)』(1899)에서 학교가 민주주의를 실천하기 위한 하나의 훈련장이라는 입장을 분명하게 서술하고 있다.
④ 듀이는 "민주주의는 모든 세대마다 새롭게 태어나야 하며, 교육은 항상 민주주의의 동반자이다."(Dewey, 1916: 81)라고 하였다.

2) 특징
① 민주주의 교육에서 듀이가 특히 강조하고 있는 부분은 '습관의 형성'이다.
② 반성적 사고를 강조하였으며, 그 특징으로 변화를 추구하며 과학적 탐구과정을 강조
③ 이론 중심의 전통적 교육관에 대해 비판적이며 학습자 경험의 재구성과 성장을 중시
④ 전통주의와 진보주의 교육 사이에서 극단적인 입장을 취하기보다는 절충적인 입장
⑤ 교육은 삶의 본질인 성장과 동일하며, 교육 그 자체 이외의 다른 목적을 가지지 않는다.
⑥ 교과의 논리와 학습자의 심리가 동시에 고려되어야 한다.
⑦ 계속성(continuity)과 상호작용(interaction)의 원리를 강조한다.

3) 탐구학습 : 반성적 사고를 통한 문제해결 강조
① 듀이는 반성적 사고를 통한 문제해결을 중시하였으며 문제해결과정은 반성적 사고를 요구한다.
② 문제를 해결하면서 기존의 지식과 경험, 맥락 등을 통합적으로 사용하는 문제해결과정
③ 반성적 사고를 통해 변화를 추구하며 과학적 탐구과정의 수단으로 활용될 수 있다.
④ 문제해결과정에서 최초 목표에 대한 수정이 가능하며 순서가 바뀌거나 어떤 단계가 생략될 수 있으며 한 단계가 몇 단계로 세분화 될 수 있다.
⑤ 학습자는 교육의 주체로서 적극적인 참여와 타인과의 상호작용이 중요하다.(민주주의 교육)

> 저는 아이들이 어떤 일에 그저 '흥미를 가지고 있다'는 이유 때문에 아무 의미도 없는 일을 중요한 활동이라고 극구 찬양하며 그 일을 계속하도록 추켜세우는 경우를 자주 보았습니다. 아이들을 그런 무가치한 활동을 계속하도록 내버려둔다는 것은 실로 죄악에 가까운 것입니다. 그런 활동을 계속하게 되면 학습자들은 가치 있는 일을 할 수 있는 기회를 충분히 갖지 못하게 되며 나아가 가치 있는 일에 대한 관심과 애정을 갖지 못하도록 만드는 결과를 낳게 됩니다. 사람들의 삶의 수준은 그가 무엇을 알고 있으며 무슨 일을 하느냐 하는 것에 의해 좌우됩니다. 따라서 학생들을 가치 없는 일에만 붙들어 매어 두게 되면 학생들은 어쩔 수 없이 그런 일에 흥미를 갖게 되고 따라서 낮은 수준의 삶에 정체하게 됩니다. 존 듀이(J. Dewey)

keyword

152 듀이(Dewey) 교육관의 특징에 해당하지 않는 것은? (13국)
① 사회적 가치보다는 아동의 흥미를 더 중시하는 아동 중심적 교육관이다.
② 이론 중심의 전통적 교육관에 대해 비판적이다.
③ 학습자 경험의 재구성과 성장을 중시하는 교육관이다.
④ 전통주의와 진보주의 교육 사이에서 극단적인 입장을 취하기보다는 절충적인 입장을 취한다.

153 다음 글에서 듀이(J. Dewey)의 반성적 사고의 특징을 설명한 것으로만 묶은 것은? (11국)

> ㄱ. 궁극적으로 변화를 추구한다.
> ㄴ. 과학적 탐구과정의 수단으로 활용될 수 있다.
> ㄷ. 문제해결과정에서 최초 목표에 대한 수정이 불가능하다.
> ㄹ. 개인의 내적 사고과정이므로 타인과의 상호작용에 가치를 두지 않는다.

① ㄱ, ㄴ   ② ㄱ, ㄹ   ③ ㄴ, ㄷ   ④ ㄷ, ㄹ

154 다음은 듀이(J. Dewey)의 『민주주의와 교육』의 내용을 서술한 것이다. ( )에 공통적으로 들어갈 말은? (10 중등)

> ( )은/는 어원적으로 볼 때 '사이에 있는 것', 즉 거리가 있는 두 사물을 관련짓는 것을 뜻한다. 교육의 경우에, 두 사물 사이의 메워야 할 거리는 시간적인 것으로 생각할 수 있다. 어떤 것이 발달하는 데 시간이 걸린다는 것은 너무도 자명하다. 그래서 성장에는 시작 단계가 있고 완성 단계가 있으며 그 사이에 밟아야 할 과정, 즉 중간 과정이 있다. 학습의 경우에, 학생이 현재 갖고 있는 능력과 성향이 학습의 출발 단계가 되며, 교사는 최종적으로 도달하게 될 교육목표를 설정한다. 이 두 가지 사이에 있는 ( )이/가 바로 수단(means)인데, 그것은 학생이 어떤 사물에 몰입하는 상태이다. 이 수단을 통해서만 애초에 시작한 교육활동이 만족스러운 최종 결과에 도달하게 된다.

① 경험   ② 흥미   ③ 지력
④ 도야   ⑤ 구성

068 20세기 전기의 교육철학 : 진보주의

1) 진보주의란 무엇인가

① 진보주의란 넓은 의미로는 전통주의나 보수주의에 대비되는 혁신주의를 총칭하는 개념이다. 이런 뜻에서는 계몽주의도 여기에 포함된다 할 것이다.
② 그러나 좁은 의미로, 즉 교육철학 고유한 의미로 '진보주의(progressivism)'라 할 때 그것은 프래그머티즘에 근거한 교육개혁운동을 지칭하는 것이며, 전통적인 형식주의 교육에 반기를 들고 민주주의적인 교육의 이념, 아동의 창의적 활동, 생활 안의 교육의 소재, 그리고 학교와 사회와의 밀접한 관련의 구축 등을 강조한 혁신적 교육이념을 말한다.
③ 다시 말해 진보주의자들이 강조하는 교육형태는 아동의 흥미 · 욕구 · 경험을 존중하는 교육이다.
④ 즉 성장하는 아동의 흥미와 욕구를 충족시켜 주는 학습과, 경험의 재구성을 통한 성장이 교육의 목적이 되어야 한다고 본다. 그러자면 학교는 아동이 학습하기에 즐거운 곳이 되어야 한다.

2) 진보주의의 교육이론

첫째, 교육은 현재의 생활 그 자체이지 미래의 생활을 위한 준비가 아니다.
둘째, 학습은 직접적으로 아동의 흥미와 관련되어야 한다.
셋째, 교육내용의 이수보다 더 중요한 것은 문제해결의 방법을 배우는 것이다.
넷째, 교사는 아동을 지휘하는 입장이 아니라 도와주는 입장에 서야 한다.
다섯째, 학교는 경쟁을 시키는 곳이 되지 말고 협동을 장려하는 곳이 되어야 한다.
여섯째, 민주주의만이 진정한 성장에 필요한 사상의 교류와 인격의 상호작용을 허용한다.

(7급 국가직 11년)

Keyword

155 다음 설명에 해당하는 교육사조는? (7급 국가직 20년)

- 킬패트릭(Kilpatrick)의 교육사상을 지지한다.
- 아동중심 교육관에 기반하여 아동의 흥미를 중시한다.
- 교육원리는 프래그머티즘(pragmatism)에 철학적 기반을 둔다.
- 교육은 현재 생활 그 자체이지 미래 생활을 준비하는 과정이 아니다.

① 구성주의 ② 인본주의
③ 진보주의 ④ 사회재건주의

156 진보주의 교육사조와 가장 거리가 먼 것은? (10국)
① 학습자의 필요와 흥미에 따른 학습 중시
② 경험 중심 교육과정 운영
③ 사회적 자아실현을 교육목적으로 추구
④ 구안법(project method) 수업

157 교육철학 사조와 강조점을 짝지은 것으로 옳지 않은 것은?
(7급 국가직 11년)

① 분석적 교육철학 – 교육적 언어의 의미 분석, 교육적 개념의 명료화
② 항존주의 – 교양과 고전, 지적 수월성, 사회적 미덕
③ 진보주의 – 인간 의식의 사회적, 경제적, 정치적 제약 요인의 분석과 비판
④ 포스트모더니즘 – 개인의 감정과 정서, 지식의 사회 · 문화적구성

069 20세기 전기의 교육철학 : 진보주의 교육이론

1) 프로젝트 학습과 협동학습 강조 : 킬패트릭(W. H. Kilpatrick)
① 경험주의 교육의 구체적 방법으로 프로젝트 중심 학습(project Method)이 유행하였다.
② 프로젝트 학습의 과정 : 목표 설정, 계획, 실험, 판단의 네 단계
③ 프로젝트 학습법은 자신의 생각을 구현하기 위하여 계획을 세우고 그것을 실행하는 학습방법
④ 문제해결을 위한 프로젝트 학습법은 문제해결을 계획하고 그것을 실행하는 학습방법이다.
⑤ 교사중심의 설명식 수업법에 비하여 프로젝트 학습법은 학생의 자율과 창의성을 더 요구한다.
⑥ 프로젝트 학습법을 협동학습과 연계하면 문제해결을 위한 협동적 프로젝트 학습법이 된다.
⑦ 20세기 초 미국에서 진보주의 교육운동이 한창일 때, 협동학습과 연계하여 주로 실행

2) 올센의 지역사회학교
올센(E. G. Olsen)은 지역사회학교운동을 제창하면서, 학교는 지역사회의 중심이며, 지역사회의 자료를 충분히 활용하며, 교육과정에는 지역사회의 문화와 문제를 담으며, 지역사회의 여러 활동에 참여하면서 그 발전에 기여하며, 지역의 고전적 교육운동 사회 교육의 중심이 되어야 한다고 주장했다.

3) 파커스트(H. Parkhurst)의 달톤플랜(Dalton plan)
① 아동이 꽤 긴 시간 자기의 어느 한 문제를 집중적으로 다루면서 스스로 학습하게 하는 방법이다.
② 파커스트 여사가 매사추세츠주의 달톤시에서 시작했다 해서 달톤플랜이란 명칭이 붙었다.
③ 이 방법의 특징은 아동과 교사가 학습에 관련하여 계약을 맺고 그대로 진행시키는 데에 있다. 그래서 계약학습이라고도 속칭한다.
④ 아동이 스스로 공부하면서 귀한 원리를 배우게 하는 발견적 방법을 중시한다. 그러기에 이 방법을 적용하는 학습에는 한 달 정도의 집중적인 긴 시간 필요하며, 따라서 교사와 아동과의 협약이 중요하지 수업시간표, 수업시작을 알리는 종, 교실, 그리고 모두에게 공통적으로 사용되는 교과과정 따위는 필요 없게 된다.

4) 쿡의 놀이학습법
① 놀이는 그 자신이 즐거우며 그 과정에서 자기의 개성과 능력을 발휘하며 또 강인한 의지력과 협동정신 등의 귀함을 체험할 수 있다.
② 특히 어린이의 세계에 있어서는 이 놀이가 차지하는 비중이 크며 놀이가 안겨 주는 교훈 역시 크다.

Keyword

158 서양의 교육철학 사조에 대한 설명으로 가장 적절한 것은?
(7급 국가직 18년)
① 본질주의 - 아동이 당장 흥미가 없고 힘들더라도 철저히 학습하도록 하는 것이 필요하다고 보았다.
② 항존주의 - 위대한 고전을 이용한 교육을 실용적인 직업교육과 융합하려고 노력하였다.
③ 재건주의 - 문화유산과 고전과목 등 전통적 교과과정을 중시하였다.
④ 진보주의 - 최초로 주장한 학자는 허친스(R. M. Hutchins)이다.

159 교육사상가들에 대한 설명으로 옳지 않은 것은? (17국)
① 파크허스트(H. Parkhurst)는 달톤플랜(Dalton plan)에서 학생과 교사가 계약을 맺는 계약학습을 제시하였다.
② 아들러(M. J. Adler)는 파이데이아 제안서(Paideia proposal)에서 학생들이 동일한 교육목표를 가지는 교육과정을 주장하였다.
③ 허친스(R. M. Hutchins)는 듀이(J. Dewey)와 함께 진보주의 교육협회를 설립하고 진보주의 교육운동을 전개하였다.
④ 킬패트릭(W. H. Kilpatrick)은 학생이 자신의 학습을 계획하고 활동을 수행하는 프로젝트 학습법(project method)을 제시하였다.

20세기 전기의 교육철학 : 항존주의(영원주의)

1) 항존(영원)주의의 역사 : 허친스(Hutchins), 아들러(Adler), 마리땡(Maritain)

① 영원주의의 '영원'은 '항존·불변'의 뜻을 지니며, 플라톤, 아리스토텔레스, 스콜라 학파들의 영원철학에 그 기원을 갖는 교육철학이다.
② 영원주의는 실재주의(realism)의 원리에 많은 근거를 두고 있는 교육이론이다.
③ 즉 영원주의는 실재론의 원리에 크게 의존하고 있는데, 그 명칭이 암시하는 바처럼 영원주의도 실재론 및 관념론과 마찬가지로 보수적 내지는 전통적 교육관을 표방하고 있다.
④ 그래서 영원주의는 인간의 본질이 불변하기에 교육의 기본원리도 불변하다는 믿음을 토대로 하고 있다.
⑤ 또한 인간은 이성적 동물이라고 주장한 아리스토텔레스의 견해에 동조하면서 영원주의자들은 인간의 이성을 계발하기 위해 수립된 사회적 기관이 학교라고 본다.
⑥ 영원주의는 진보주의 교육이념에 정면으로 도전하고 나온 것으로 1930년대부터 오늘에 이르고 있다.
⑦ 똑같이 진보주의를 견제하기 위해 등장했지만, 본질주의는 진보주의와 일맥 상통하는 데가 있어도 영원주의는 그런 점이 전혀 없다.
⑧ 왜냐하면, 진보주의와 본질주의는 강조점은 다소 다르다 할지라도 과학주의·세속주의·물질주의를 표방하는 데 반하여,
⑨ 영원주의는 특정의 종교관 위에 서 있건 그렇지 않건 철저하게 반과학주의·탈세속주의·정신주의를 표방하면서 '절대적 원리로 돌아갈 것(return to the absolute principle)'을 강조한다.

2) 허친스 : 위대한 고전들(Great Books)

① 그는 30세의 젊은 나이에 시카고대학의 총장 자리에 오르자 젊은 토마스주의자인 아들러를 예일대학에서 시카고대학으로 초빙하여 영원주의 교육학을 체계화시켰고, 동지들의 협조를 얻어 100종(144권)에 이르는 고전, 즉 '위대한 고전들(Great Boroks)'을 선정하여 이것을 대학생들에게 필수로 읽혔다.
② 교육은 가르침이요, 가르침은 지식이다. 지식은 진리이며, 진리는 모든 곳에서 동일하다. 그러므로 교육은 모든 곳에서 동일하다.
③ 항존주의 교육의 최대 목적은 이성의 계발에 있다.

Keyword

160 본질주의와 항존주의에 대한 설명으로 옳지 않은 것은? (7급 국가직 20년)
① 항존주의는 본질주의를 비판하면서 태동하였다.
② 본질주의는 읽기, 쓰기, 셈하기 등의 기초학습능력을 강조하였다.
③ 허친스(Hutchins)는 '위대한 고전(Great Books)' 읽기 교육을 주장하였다.
④ 본질주의는 인류의 문화 유산 중 핵심적인 것을 다음 세대에 교육할 것을 주장하였다.

161 다음 주장에 함의되어 있는 교육관으로 가장 적절한 것은? (11 초등)

> 교육은 가르침이요, 가르침은 지식이다. 지식은 진리이며, 진리는 모든 곳에서 동일하다. 그러므로 교육은 모든 곳에서 동일하다.
> — 허친스(R. Hutchins)

① 교육은 생활을 위한 준비가 아니라 생활 그 자체이어야 한다.
② 교육은 인간 본성인 이성을 계발하는 일이므로 지식을 중심으로 이루어져야 한다.
③ 교육은 아동의 흥미와 필요를 존중하고 아동의 발달 단계에 근거하여 이루어져야 한다.
④ 교육은 새로운 사회 질서의 창조에 전력해야 한다는 점에서 사회적 자아실현을 추구해야 한다.
⑤ 교육은 한 사회의 고유한 문화적 전통과 가치를 전수함으로써 그 사회의 후속 세대를 길러 내야 한다.

071 20세기 전기의 교육철학 : 본질주의

1) 본질주의의 역사
① 본질주의에 대한 철학적 논의는 고대 그리스 시대로까지 거슬러 올라갈 수 있다.
② 본질주의가 역사적으로 가장 널리 퍼진 교육철학이기는 하지만, 현대의 본질주의 운동은 실제적으로 진보주의 교육철학에 대한 반작용으로 20세기 초에 발전되었다.
③ 따라서 우리가 여기서 살펴보고자 하는 본질주의는 철학체계라기보다는 하나의 교육운동이다.
④ 이러한 본질주의는 진보주의나 영원주의와는 달리 단일한 철학적 기반을 가지고 있지 않다.
⑤ 본질주의의 기초가 되는 철학은 이상주의와 실재주의이다.
⑥ 교육과 관련된 본질주의의 입장은 본질주의 교육철학의 아버지로 불리우는 콜럼비아 대학교 사범대학의 배글리 교수가 체계화했다.
⑦ 앞에서 본 것처럼, 1930년대 이래로 본질주의자들은 아동중심 교육과 생활중심 교육, 그리고 이러한 교육에 따른 학력저하 문제에 대해 경고를 하면서 배글리, 칸델, 브리드 등을 중심으로 본질주의 교육운동을 전개하였다.

2) 본질주의 : 배글리(W. C. Bagley, 1874~1946)
① 진보주의와 항존주의가 변화와 전통, 상대성과 절대성으로 대조되는 교육철학이라면, 본질주의는 진보주의와 항존주의의 문제점을 배격하고 긍정적인 측면을 수용하는 교육운동이었다.
② 즉 본질주의 교육철학의 기본적인 입장은 진보주의의 실험정신과 현재의 삶에 대한 강조, 그리고 항존주의의 과거의 위대한 업적에 대한 강조를 절충
③ 본질주의는 교육에서 문자 그대로 '본질적인 것'을 가르쳐야 한다고 주장한다.
④ 인류의 전통과 문화유산을 소중히 여기며 교육을 통해 문화의 주요 요소들을 다음 세대에 전달할 것을 강조한다.
⑤ 아동이 당장 흥미가 없고 힘들더라도 철저히 학습하도록 하는 것이 필요하다고 봄
⑥ 수월성을 강조하는 오늘날의 교육은 본질주의 사조와 일맥상통한 면이 있다.
⑦ 미국 정부가 과거에 주도했던 '기초 회귀(Back-to-basics)'운동은 본질주의 입장의 재현으로 볼 수 있다.

Keyword

162 본질주의 교육사조에 대한 설명으로 옳지 않은 것은? (7급 국가직 17년)
① 수월성을 강조하는 오늘날의 교육은 본질주의 사조와 일맥상통한 면이 있다.
② 미국 정부가 과거에 주도했던 '기초 회귀(Back-to-basics)'운동은 본질주의 입장의 재현으로 볼 수 있다.
③ 현재의 문화적 위기 속에서 교육을 통하여 새롭고 민주적인 세계질서가 수립될 수 있다고 주장한다.
④ 수업의 주도권이 교사에게 있으며, 교재는 학습자의 현재의 관심과는 무관하게 선정되어야 한다고 본다.

163 교육철학 사조와 그 내용으로 옳지 않은 것은? (7급 국가직 15년)
① 분석적 교육철학은 교육적 언어의 의미를 분석하고 교육적 개념을 명료화하는 데 초점을 두었다.
② 본질주의는 형이상학과 신학이 고등교육의 교육과정에 포함되어야 한다고 주장하였다.
③ 항존주의는 미국 사회의 진보주의 교육운동을 비판하며 등장한 보수적인 교육철학 이념이다.
④ 포스트모더니즘은 사회의 이질성과 다원성을 의식하고 인정하는 교육을 강조하였다.

164 현대 교육철학 사조 중 본질주의에 대한 설명으로 옳은 것은? (14국)
① 인류의 전통과 문화유산을 소중히 여기며 교육을 통해 문화의 주요 요소들을 다음 세대에 전달할 것을 강조한다.
② 진리를 인간의 경험에서 나오는 실험적 혹은 가설적인 것으로 간주한다.
③ 교육에서 전통과 고전의 원리를 강조하고 불변의 진리를 인정한다.
④ 교육이 문화의 기본적인 가치를 실현시키는 새로운 사회질서를 창조하는 일에 전념할 것을 강조한다.

20세기 전기의 교육철학 : 재건주의

1) 재건주의란 무엇인가 : 브라멜드(T. Bramelt)

① 재건주의자들은 아동의 개성을 강조했던 진보주의 교육가들과는 달리 사회변화에 주된 관심을 가졌다.
② 즉 사회적 재건주의자들이라고 불리우는 이런 유형의 진보주의자들은, 진보주의 교육이란 현 상태의 교육과 사회를 개혁하는 것이라고 주장한다. 환언하면, '새로운 사회(new society)'의 창조를 추구해야 한다는 것이다.
③ 이처럼 재건주의는 원래 진보주의 교육운동의 한 부분이었다. 그러므로 재건주의에 무엇보다도 큰 영향을 미친 것은 진보주의이다.
④ 하지만 재건주의는 무엇보다도 목표중심의 '미래지향적'인 철학이다.
⑤ 이처럼 재건주의자들은 개인적 경험 및 사회적 경험 모두를 재건해야 할 필요가 있다고 강조하는 듀이의 프래그머티즘을 따라야 한다고 주장한다.
⑥ 하지만 경험을 재건하자는 듀이의 강조점을 수긍하면서 재건주의자들은 사회적 경험과 문화의 재건을 강조한다.

2) 재건주의의 기본 전제

① 교육적인 것을 포함해서 모든 철학, 이데올로기, 이론 등은 문화에 토대하고 있으며, 특성한 시간과 장소에서의 삶의 조건에 따라 특수한 문화유형을 표출하며,
② 역동적 과정으로서의 문화는 성장하고 변화하며,
③ 인간은 성장과 발달을 촉진하기 위해 문화를 개조할 수 있다.
④ 이처럼 재건주의자들에게 있어서의 교육이론은 특정의 역사적 시점과 문화맥락의 산물이다.
⑤ 따라서 교육이론은 추상적이거나 사변적인 철학에 근거하기보다 사회적·정치적 정책을 수립해야 한다고 주장한다.

3) 브라멜드(Theodore Brameld, 1904~1987)

① 미국의 교육철학자로, 재건주의 교육운동의 주도적 인물이었다.
② 그는 당대 미국에서 큰 영향력을 행사하고 있던 진보주의나 본질주의로는 현대 사회의 위기를 극복하기 어렵기 때문에, 새로운 '재건'을 위하여 재건주의가 필요하다고 보았다.
③ 그리고 그런 재건을 가능하게 하는 것이 바로 교육이라고 인식하였다.
④ 그에 따르면, 민주적 세계문화 건설을 위해서는 '힘으로서의 교육'이 필요하고, 학교교육은 사회개혁을 실현시키는 가장 중핵적인 활동으로 이론적 분석력을 함양시키는 인문사회과학과 도덕을 중시한 프로그램이어야 하고, 교육방법은 인간의 공통분모를 예증하고 이해시키는 것이어야 하며, 교직을 더욱 전문적인 직업으로 만들어야 한다고 주장했다.

---

165 20세기 미국의 재건주의 교육의 기본 원리에 해당하지 않는 것은?

(21 7급)

① 교육에서는 개인의 자유가 존중되어야 하며, 교육의 목표는 개인적 자아실현의 추구이어야 한다.
② 교육은 문화의 기본적 가치 실현을 위한 새로운 사회질서 창조에 기여해야 한다.
③ 교육의 목적과 방법은 행동과학의 연구성과에 의해 혁신되어야 한다.
④ 교사는 새로운 사회건설의 긴급성과 타당성을 학습자들에게 교육해야 한다.

V 한국교육사

		심화		22	21	20	19	18	17	16	15	14	13	12	11	10
73		삼국시대	교육기관		○			*			*			○		
74		신라	화랑도								*					
75			국학					*								
78		고려시대		국자감	○											○
83		성리학														
84			관학	성균관	○		○	*		○*		○				
87				향교	○											
88	한국 교육사	조선시대	사학	서원						*						
90			과거제도									○				
91			학자	이황						*						
92				이이								*				
94			교재	동몽선습			○									
95				아학편	○					○						
97		개화기	신식학교	관립		*	*									
98				사립			*									
99		고종	갑오개혁	교육입국조서				○								
100		강점기	조선교육령	2차	○					○						

고대 삼국 시기의 교육 : 고구려, 백제

1) 고구려 : 태학(太學)과 경당(扃堂)
① 태학은 소수림왕(小獸林王) 2년(372년)에 설립된 우리나라 최초의 관학(官學)이며 고등 교육기관이다.(유교식 교육)
② 경당은 언제 설립하였는지 분명하지 않으나, 일반 서민들을 대상으로 한 사설 교육기관이다.(문·무 겸전)

2) 백제 : 학교 설립에 관한 역사 기록은 없음
① 바다를 사이에 두고 중국과 마주하고 있던 백제는 일찍부터 중국과 문화 교류를 진행하였기 때문에 고구려와 거의 비슷한 시기에 불교와 유학을 도입한다.
② 백제에는 이미 4세기 이전부터 한자와 유학에 능통한 지식인층이 형성되어 있었다고 할 수 있다.
③ 4세기 중엽인 근초고왕(346~375) 때 박사(博士) 고흥(高興)이 국사인『서기(書記)』를 편찬한 바 있고, 같은 근초고왕 때 아직기(阿直妓)가 일본에 파견되었다가 경서(經書)에 능통하다는 점이 인정되어 태자의 교육을 맡았으며, 이 듬해에는 박사 왕인은 왜(倭)에『논어』와『천자문』을 전해주었으며, 당시 왜 태자의 스승이 되었다.
④ 이러한 사실들은 백제에서 한자와 유학을 내용으로 하는 학교교육이 시행되었을 가능성을 시사한다.
⑤ 특히 고흥(高興)이나 왕인과 같은 '박사'가 존재한 것으로 보아 백제에는 유교식 학교가 존재했을 가능성이 높다.
⑥ 백제의 박사는 크게 오경박사(五經博士)와 전업박사(專業博士)로 나누어진다.
⑦ 오경박사는 한·당 시기의 유학 교육에서 주된 교재로 쓰였던 오경(시·서·역·예·춘추)을 전공한 박사를 말하고,
⑧ 전업박사는 천문과 지리, 의학, 율학 등 유학 이외의 여러 전문 기술 분야를 전공한 박사를 가리킨다.

Keyword

166 각 시대별 교육기관이 바르게 짝지어진 것은? (12국)
① 백제(경당), 고구려(국학), 고려(오경박사), 조선(국자감)
② 통일신라(사부학당), 백제(서당), 고려(향교), 조선(국학)
③ 고구려(태학), 통일신라(국학), 고려(십이공도), 조선(향교)
④ 고구려(경당), 백제(학당), 고려(국학), 조선(성균관)

167 우리나라 교육의 역사에 대한 설명 중 옳지 않은 것은? (08 국7)
① 경당(扃堂)은 고려시대의 교육기관으로 최초의 지방 학교였다.
② 향교(鄕校)는 고려시대에 설립되었으나 조선시대에 들어와 크게 확충되었다.
③ 태학은 고구려시대에 설립된 관학(官學)으로서 우리나라 최초의 고등교육기관이다.
④ 통일신라의 학교교육은 당나라의 교육제도를 모방하여 설립한 국학에서 시작되었다.

고대 삼국 시기의 교육 : 신라의 화랑도

1) 삼국통일 이전의 신라 : 화랑도(두레-원화-화랑)
① 화랑도 : 삼국시기 이전부터 존재해 왔던 우리 고유의 교육 전통에서 유래한 청년조직
② 최치원이 난랑비 서문에서 밝혔듯이, 화랑도는 우리 고유의 풍류도와 유·불·선 삼교의 이념을 융합하여 탄생한 청년 조직이었다.
③ 김대문이 『화랑세기』에 적은 바와 같이, 화랑도는 문·무 양 방면에서 신라 사회의 근간이 되는 지도적 인재를 양성하고 선발하는 역할을 하였다.

2) 신라 화랑도와 고구려 경당
① 화랑도는 고구려의 경당과 여러 면에서 유사한 성격을 갖고 있다.
② 양자 모두 우리 고유의 교육 전통에 기반하고 있으며, 그 주축이 미성년 청년들이었고, 문과 무를 겸비하는 교육을 실시하였다.
③ 그 구성원들이 평상시에는 교육 집단을 이루고 있다가 유사시에는 전사 집단으로 전환하는 것도 공통점이라 할 수 있다.
④ 그러나 경당이 일정한 지역에 고정된 거점과 시설을 갖추고 있던 교육기관의 성격을 갖고 있었다면,
⑤ 화랑도는 일정한 장소에 머물지 않고 무리를 지어 이동하며 심신을 수련하는 교육집단의 성격을 갖고 있었다는 점에서는 차이를 보인다.

3) 화랑도의 제도화와 체계화
① 신라 진흥왕 대에는 화랑도(花郎徒)를 개편하고 국선(國仙)을 두었다.(설원랑)
② 신라 화랑도의 교육이념은 7세기 초에 신라의 고승 원광(圓光, 541~630?)에 의하여 세속오계(世俗五戒)로 체계화되었다.
③ 화랑도는 진흥왕 말년(576)에 드디어 제도화되었다.
④ 화랑도는 유교, 불교, 도교의 사상을 모두 포함하고 있다.
⑤ 오상과 육예는 유교의 가르침이며, 삼사와 육정은 불교의 사상이다.
⑥ 오상은 인간이 항상 지켜야 할 다섯 가지 도리, 즉 인의예지신을 의미하며,
⑦ 육예는 선비가 갖추어야 할 기본 여섯 가지 기예(교과), 즉 예(예절)·악(음악)·사(활쏘기)·어(말 타기)·서(글씨)·수(신수)를 의미한다.
⑧ 삼사란 제왕을 보좌하는 최고의 관직, 즉 태사·태전·태보를 의미하며,
⑨ 육정은 여섯 종류의 바른 신하(大正臣) 즉, 성신(聖臣), 양신(良臣), 충신(忠臣), 지신(智臣), 정신(臣), 직신(直臣)을 의미한다.

Keyword

168 다음 내용에 해당하는 우리나라 교육제도는? (15 지)

- 유(儒)불(佛)선(禪)삼교의 융합
- 청소년들의 심신을 수련하는 교육 집단
- 원광(圓光)의 세속오계를 통한 교육이념의 체계화

① 고구려의 경당 ② 신라의 화랑도
③ 고려의 국자감 ④ 조선의 성균관

169 다음은 일연의 『삼국유사』 중 화랑도에 관한 내용이다. 이 내용에 비추어 당시 신라 교육을 옳게 설명한 것은? (08 중등)

- (진흥왕은) 천성이 멋스러워 신선을 매우 숭상하여 민가의 낭자 중에서 아름답고 예쁜 자를 택하여 받들어 원화原花로 삼았다. 이것은 무리를 모아서 인물을 뽑고 그들에게 효도와 우애, 그리고 충성과 신의를 가르치려 함이었으니, 또한 나라를 다스리는 대요大要이기도 하였다.
- 여러 해 뒤에 왕은 또 나라를 흥하게 하려면 반드시 풍월도風月道를 먼저 해야 한다고 생각하여 다시 명령을 내려 좋은 가문 출신의 남자로 덕행이 있는 자를 뽑아 (명칭을) 고쳐서 화랑花郎이라고 하였다. (…중략…) 이로부터 사람들로 하여금 악을 고쳐 선행을 하게 하고, 윗사람을 공경하고 아랫사람에게 온순하게 하니 오상五常, 육예六藝, 삼사三師, 육정六正이 왕의 시대에 널리 행해졌다.

① 진흥왕은 효제충신孝悌忠信의 덕목을 중시하였다.
② 육예六藝는 유교 오경五經과 논어論語를 의미한다.
③ 원화原花와 화랑花郎은 덕행 있는 남자 중에서 선발하였다.
④ 진흥왕 때 선발된 화랑花郎은 국학國學에서 교육받았다.

075 남북국 시기의 교육 : 신라의 국학

1) 국학(國學) 682년(신문왕 2)에 설치하였다.
① 신라가 유교식 대학인 '국학(國學)'을 설립한 것은 통일 전쟁 종료 6년 뒤인 682년(신문왕 2)의 일이다.
② 이전까지 신라는 별도의 교육기관을 두지 않았는데, 이것은 그만큼 화랑도가 신라 사회의 특성에 맞는 효율적인 교육 제도였음을 말해주는 것이기도 하다.
③ 국학 설립 65년 후인 717년(경덕왕 6)에는 지방의 9주(州)에도 '지방의 9주(州)에도 지방 관학인 주학(州學)을 설립하고 조교(助敎)를 둔다(『동사강목』 제4 하 경덕왕 6년)', 이렇게 하여 신라의 유교식 학교제도는 어느 정도 틀을 갖추게 되었다.

2) 국학과정
① 입학자격 : 대사(大舍) 이하의 위품으로부터 직위가 없는 자에 이르기까지 15~30세
② 수학기간 : 9년 한도, 재간과 도량에 따라 조절
③ 교관 : 박사와 조교
④ 필수 과목 : 『논어』와 『효경』
⑤ 교육과정은 유학의 기본이념인 충과 효의 덕목을 강조하기 위해 논어와 효경은 필수로 하고 나머지는 3과정으로 나누어 이수하였다.
  제1과정: 논어, 효경, 예기
  제2과정: 논어, 효경, 춘추좌씨전, 모시
  제3과정: 논어, 효경, 상서 문선

3) 국학
① 성덕왕 16년(717)에는 왕자 김수충이 당나라에서 공자와 10철 및 72제자의 화상(초상화)을 들여와 국학에 안치함으로써 문묘(文廟) 제도의 시초가 되었다.
② 같은 해에 국학에 의학 박사와 산수 박사를 두고, 이어서 경덕왕 6년(747)에는 제업(복수전공) 박사와 조교를 두고, 2년 후에는 다시 천문 박사와 누각(물시계) 박사를 두어 다양한 기술교과를 추가함으로써 국학은 유학교과와 아울러 기술교과가 설치된 종합적인 교육기관으로 발전하였다.
③ 국학의 명칭도 경덕왕 6년에 태학감으로 불렀다가 혜공왕 때 다시 국학으로 변경되었다.
④ 국왕이 친히 국학에 나가 청강하며 학생들을 격려하고 장학을 위하여 국가에서 지급하는 토지인 녹읍을 지급하기도 하였다.

Keyword

170 신라시대의 국학(國學)에 대한 설명으로 옳은 것은? (19 지)
① 교수와 훈도를 교관으로 두어 교육하게 하였다.
② 6두품 출신 자제들에게만 입학 자격이 부여되었다.
③ 독서삼품과를 도입하여 독서의 정도에 따라 관직에 진출시켰다.
④ 수학 기간은 관직에 진출할 때까지 누구에게도 제한하지 않았다.

171 다음은 신라 국학(國學)에 대한 『삼국사기』 기록의 일부이다. (가)~(다)에 들어갈 직책과 연령대로 옳은 것은? (13 중등)

- 교수 방법은 『주역』, 『상서』, 『모시』, 『예기』, 『춘추좌씨전』, 『문선』으로 나누어 학업을 닦게 하였다. (가)나 (나) 1인이 혹은 『예기』, 『주역』, 『논어』, 『효경』을 가르쳤고, 혹은 『춘추좌씨전』, 『모시』, 『논어』, 『효경』을, 그리고 『상서』, 『논어』, 『효경』, 『문선』으로써 교수하였다.
- 학생은 대사(大舍) 이하부터 지위가 없는 자까지로서 나이가 (다)인 자들로 채웠다. 수학 기한을 9년으로 하였으며, 자질이 부족한 학생이 있으면 그만두게 했다.

	(가)	(나)	(다)
①	교수(敎授)	조교(助敎)	8세부터 14세까지
②	교수(敎授)	훈도(訓導)	8세부터 14세까지
③	박사(博士)	조교(助敎)	8세부터 14세까지
④	박사(博士)	조교(助敎)	15세부터 30세까지
⑤	박사(博士)	훈도(訓導)	15세부터 30세까지

172 통일신라의 국학과 고려의 국자감에서 공통으로 필수 과목이었던 두 책은? (21 지)
① 『논어』와 『맹자』
② 『논어』와 『효경』
③ 『소학』과 『가례』
④ 『소학』과 『대학』

076 남북국 시기의 교육 : 신라의 독서삼품과

1) 독서삼품과
① 신라의 국학에는 788년(원성왕 4)에 독서삼품출신과(讀書三品出身科, 약칭 '독서삼품과')라는 매우 획기적인 제도가 도입되었다.
② 독서삼품과는 독서한 정도를 평가하여 국학생들에게 벼슬을 주는 제도이다.
③ 국학에는 직위가 없는 순수 학생부터 대사 직위를 가진 현직 관리까지 공존하고 있었다.
④ 독서삼품과는 국학생들에게 새로 직위를 주거나 기존의 직위를 높여주는 제도로서,
⑤ 9년을 원칙으로 하는 재학 기간 중 국학생들은 독서의 진척 정도에 따라 직위가 승급되어 최종적으로 나마·대나마에 이르면 국학을 졸업하였을 것으로 보인다.

2) 독서 삼품과에서 벼슬을 주는 기준
① 독서의 정도는 크게 네 등급, 즉 상·중·하 3품과 특품으로 나누어져 있다.
② 가장 높은 등급인 특품은 오경(시·서·역·예·춘추)과 삼사(사기·한서·후한서) 및 제자백가서에 두루 능통한 경우이다.
③ 적어도 수년 이상 학업에 정진하여 매우 뛰어난 학식을 갖춘 경우에 해당한다.
④ 상품 : 국학의 필수 교재인 『논어』와 『효경』은 물론 『춘추좌씨전』과 『예기』, 『문선』에 통달한 경우이다.
⑤ 중품 : 『논어』와 『효경』과 함께 『곡례』에 밝은 자들인데, 『곡례』는 『예기』의 첫째 편을 분책한 것이다.
⑥ 하품 : 『곡례』와 『효경』을 읽은 경우이다.

3) 독서 삼품과의 의의
① 『삼국사기』에서 '전에는 단지 활 쏘는 것으로 인재를 선발하던 것을 이때에 와서 고쳤다'라고 하였듯이, 독서삼품과는 이전까지의 인재 선발 관행을 근본적으로 바꾸는 획기적인 제도였다.
② 골품제도와 비교해 보면, 독서삼품과는 인재 선발에서 가문이나 혈통과 같은 귀속적 요인이 아니라 독서한 정도나 학식이라고 하는 성취적 요인을 중시하는 제도이다.
③ 또한 독서삼품과는 유·불·선 혼합의 윤리나 문·무 겸비를 강조하던 화랑도와 달리 유교적 교양과 학식을 갖춘 문사(文士)를 우대하는 데 초점을 맞춘 제도이다.
④ 독서삼품과는 귀속적 요인보다 성취적 요인을 강조하고, 무사적 능력보다 문사적 교양을 중시한다는 점에서 고려시대에 정식으로 도입되는 과거(科擧) 제도의 전신이라 평가할 만한 제도 정신을 갖고 있다고 할 수 있다.

Keyword

173 삼국시대 및 통일 신라와 발해의 교육에 대한 설명으로 옳은 것은?
(11 중등)

① 백제 성왕 대에는 전업박사(專業博士)가 사서(四書)를 가르쳤다.
② 신라 진흥왕 대에는 화랑도(花郞徒)를 개편하고 국선(國仙)을 두었다.
③ 신라의 국학(國學)은 독서삼품과(讀書三品科)를 통해 입학생을 선발하였다.
④ 고구려의 경당(扃堂)은 태학(太學) 입학을 준비하기 위한 귀족 교육기관이었다.
⑤ 발해는 국자감(國子監)에 왕족 여성 교육을 위한 여사(女師) 제도를 두었다.

174 다음 글에 대한 설명으로 옳은 것만을 〈보기〉에서 모두 고른 것은?
(11 중등)

> 맹자는 말하였다. "군자에게는 세 가지 즐거움이 있는데, 천하에 왕 노릇함은 여기에 들지 않는다. 부모가 모두 생존해 계시며 형제가 무고한 것이 첫 번째 즐거움이요, 위로는 하늘에 부끄럽지 않으며 아래로는 사람들에게 창피하지 않은 것이 두 번째 즐거움이요, 천하의 영재를 얻어 교육(敎育)하는 것이 세 번째 즐거움이다. 군자에게는 세 가지 즐거움이 있는데, 천하에 왕 노릇함은 여기에 들지 않는다."
> – 『맹자(孟子)』 〈진심장구상(盡心章句上)〉 중-

〈보기〉
ㄱ. '교육(敎育)'이라는 단어는 사서오경 중 이 글에서 처음 나타난다.
ㄴ. 첫 번째 즐거움은 나의 의지를 통해 천명(天命)을 극복할 때에 얻어질 수 있다.
ㄷ. 두 번째 즐거움은 군자로서 솔성(率性)의 삶을 살아가는 도덕적 떳떳함을 뜻한다.
ㄹ. 세 번째 즐거움은 만남과 교학상장(敎學相長)을 통해 얻어지는 행복감이다.

① ㄱ, ㄴ ② ㄷ, ㄹ ③ ㄱ, ㄴ, ㄹ
④ ㄱ, ㄷ, ㄹ ⑤ ㄴ, ㄷ, ㄹ

신라 교육사상가

1) 원효(元曉, 617~686)
① 원효는 삼국시대의 가장 위대한 종교사상가인 동시에 훌륭한 교육사상가이다.
② 대승불교 사상을 전파하였으며, 민중과 함께 생활하면서 민중교화에 일생을 마쳤다.
③ 신라 진평왕 39년(617)에 태어나 15세 전후 유교, 불교, 도교를 두루 섭렵하고 출가
④ 독자적으로 수도하면서 정진하여 불교를 민중의 종교로, 신라의 종교로 만드는데 힘썼다.
⑤ 불교 안에 있는 여러 사상과 주장들을 일심(一心)의 발현(發現)으로 보고 여러 가지로 발현된 일심의 모든 양상들을 하나로 통합하려 하였다.
⑥ 화쟁사상, 즉 교리의 형식에서 벗어나 각 개인이 스스로 일심의 근원으로 돌아가야 한다고 하였다.
⑦ 원효의 교육목적은 일심을 회복하는 것이다. 일심을 회복한다는 것은 우주와 인생의 참다운 모습을 투시할 수 있는 정신과 지혜를 획득하는 것을 의미한다.
⑧ 민중교화를 위해 민중의 생활 세계로 뛰어들어 일심을 실현하기 위해 노력하였다.

2) 설총(薛聰, 655 ~ ?)
① 원효의 아들이면서 원효 버금가는 성인으로 추앙 받은 사람이 설총이다.
② 아버지가 불교였다면 아들은 유교에서 거목이었다.
③ 설총은 당시 신라 말[方言]로써 구경(九經)을 읽어 후학들을 훈도하였으며, 화왕계(花王戒)를 통해 왕을 바른 길로 이끌었다.

3) 최치원(857 ~ ?)
① 최치원은 경주최씨의 시조이며, 신라의 대문장가로 많은 글을 남겼다.
② 12세 때 당나라에 유학하였다. 18세에는 과거에 합격하여 뛰어난 글짓기 능력을 중국에 떨쳤다.
③ 29세에 귀국하여 왕에게 시무책을 올리는 등 신라를 바로잡기 위해 노력했다.
④ 그러나 신라의 국운이 쇠퇴하여 자신의 이상을 실현하지 못하자 벼슬을 그만두고 가야산 해인사에서 학문을 연구하며 생활하다 생을 마치게 되었다.
⑤ 최치원의 사상은 유교, 불교, 도교의 영향을 받았다. 그중 유학에 더 많은 관심을 가지게 되어 유학자로서 유교교육에 힘을 썼다.

Keyword

175 삼국 및 통일신라시대 인물들의 교육활동에 대한 설명으로 옳지 않은 것은? (12 중등)

① 왕인은 왜(倭)에 『논어』와 『천자문』을 전해주었으며, 당시 왜 태자의 스승이 되었다.
② 원광은 신라 사회의 현실을 고려하여 세속오계를 제정하였으며, 신라의 청년들을 가르치는 스승이 되었다.
③ 원효는 일심(一心)·화쟁(和諍)·무애(無碍) 사상을 주창하였으며, 대중을 교화하는 방법으로 그들의 수행 능력에 맞는 염불을 사용하였다.
④ 설총은 당시 신라 말[方言]로써 구경(九經)을 읽어 후학들을 훈도하였으며, 화왕계(花王戒)를 통해 왕을 바른 길로 이끌었다.
⑤ 최치원은 독서삼품과에서 특품으로 발탁되었으며, 국학에서 생도들을 가르쳤다.

078 고려시대의 교육 : 국자감(國子監)

1) 국자감(國子監) : 문묘와 명륜당
① 국자감은 성종 11년(992)에 설립된 고려의 최고 고등교육기관이다.
② 일종의 종합대학의 성격을 지닌 전문교육기관이다.
③ 종합대학으로서의 국자감은 6학으로 조직되어 있다.
④ 유학계 3학 : 국자학, 태학, 사문학(성종 때 유학부만 시작)
⑤ 기술계 3학 : 율학, 서학, 산학의 6학으로 구성되어 있다.
⑥ 예종 때에 국자감에 설치한 7재에는 무학도 포함되어 있었다.
⑦ 국자감은 향사의 기능을 가진 문묘와 강학의 기능을 가진 학당이 별도로 있었다.

2) 입학자격 및 수업연한
① 문벌 귀족 사회였던 고려 전기 사회의 성격을 반영하여 각 학교마다 신분에 따라 입학 자격을 달리하는 한편, 잡직이나 천직에 종사하는 사람들은 유학부(국자학·태학·사문학)에 입학할 수 없게 한 것이 특징이다.
② 율학과 서학과 산학에는 조교 없이 박사만 두어 교육하되, 율학 박사는 율령을 맡아 가르치고, 서학 박사는 8서(書)를 맡아 가르치며, 산학 박사는 산술을 맡아 가르치게 하였다.
③ 학생정원과 수업연한은 시대에 따라 차이가 있었으나 인종 때 학식에서는 유학계의 3학에는 각각 300명으로 규정되어 있었으나 항상 미달 상태로서 60~70명 정도의 학생이 재학했던 것으로 추정된다. 기술계 3학도 그 정도로 추정할 수 있다.
④ 국자감의 교육기간은 유학계 9년, 기술계 6년으로 규정되어 있었다.

3) 교육내용
① 육학의 교육내용은 크게 유학전공과 잡학전공으로 나눌 수 있으며 유학전공인 3학은 공통 필수과목과 선택과목이 있었다.
② 필수과목 : 효경(孝經)과 논어(論語)
③ 선택과목 : 산술, 시무책(時務策), 글씨 등
④ 전공과목으로 국자학에서는 상서(尙書), 공양전(公羊傳), 곡량전(穀梁傳)을,
⑤ 태학에서는 주역(周易), 주례(周禮), 의례(儀禮), 모시(毛詩)를
⑥ 사문학에서는 예기(禮記), 춘추좌씨전(春秋左氏傳)을 이수하였다.
⑦ 잡학과인 율학에는 법령·서학에는 8서, 산학에서는 산수를 각각 학습하였다. 이외에도 율학·서학은 국어, 설문, 자림(字林), 삼창(三倉), 이아(爾雅) 등을 독서해야 했다.

Keyword

176 삼국시대에서 고려시대까지의 교육에 대한 서술로서 옳은 것을 〈보기〉에서 모두 고른 것은? (10 중등)

<보기>
ㄱ. 고구려에는 평민도 교육 받을 수 있는 교육기관이 존재했다.
ㄴ. 백제는 박사 파견 등을 통해 고대 일본의 학문과 교육 발전에 영향을 미쳤다.
ㄷ. 신라의 화랑도 교육에는 고유의 사상 및 종교의 요소가 있었다.
ㄹ. 고려의 학교교육은 불교사상을 근간으로 전개되었다.

① ㄱ, ㄷ　　② ㄴ, ㄹ　　③ ㄱ, ㄴ, ㄷ
④ ㄱ, ㄷ, ㄹ　　⑤ ㄴ, ㄷ, ㄹ

177 고려시대 국자감과 관련된 내용을 바르게 기술한 것은? (12 초등)
① 교관(敎官)을 좌주(座主), 생도를 문생(門生)이라 호칭하였다.
② 경주, 평양, 청주에 설치하여 지역 교육의 발전을 도모하였다.
③ 양현고(養賢庫)를 설치하여 문묘(文廟) 관리를 담당하게 하였다.
④ 율학(律學), 서학(書學), 산학(算學) 분야는 12도(徒)에 위탁하여 교육하였다.
⑤ 칠재(七齋) 중 무학(武學) 분야인 강예재(講藝齋)는 설치되었다가 폐지되고 육재(六齋)로 운영되었다.

178 고려시대 국자감에 대한 설명으로 옳지 않은 것은? (11 국)
① 국자감은 유학부와 기술부의 이원체제로 운영되었다.
② 국자감의 유학부에서는 논어와 주역을 필수교과로 하였다.
③ 예종 때에 국자감에 설치한 7재에는 무학도 포함되어 있었다.
④ 국자감은 향사의 기능을 가진 문묘와 강학의 기능을 가진 학당이 별도로 있었다.

079 고려시대의 교육 : 향교, 학당

1) 향교 : 지방
① 향교의 교육목적은 유학의 전파와 지방민의 교화에 있었다.
② 향교는 유교중심과 문묘에서의 제사를 통해 선성선현(先聖先賢)을 추모하고 인격을 도야하도록 했다.
③ 향교는 기능과 시설 면에서 국자감의 축소판으로 석전의 기능과 교육의 기능을 가지고 있었다.
④ 시설에서도 문묘와 명륜당, 동·서 양재 등을 가지고 있었다.
⑤ 고려의 향교는 조선시대까지 이어져 발전되었다.
⑥ 향교의 교관은 처음에 중앙에서 박사를 파견하였으나, 점차 향교가 늘어나면서 지방관청에서 초빙하기도 하고, 지방의 수령이나 관리가 직접 교육을 맡기도 했다. 이것은 향교 교육의 질이 저하되는 하나의 원인이 되었다.

2) 학당 : 중앙
① 학당(學堂)은 고려 후기 학교로서 향교가 지방에 설치된 반면 중앙에 설치된 국립교육기관이다.
② 학당은 몽고와의 전쟁으로 수도를 임시로 강화도로 옮긴 때 처음 설치되었다.
③ 『고려사』에 의하면 고려 24대 원종 2년에 강화도에 동서학당을 두었다는 기록이 있다.
④ 교육수준은 향교와 마찬가지로 중등수준이다.
⑤ 그러나 향교와 다른 점은 문묘의 재가 없이 학생들에게 강학만 하는 교육기관이라는 점이다.
⑥ 학당은 문묘가 설치되지 않았다.
⑦ 『고려사』에서 문묘에 대한 기록은 국자감과 향교에는 있지만 학당에서는 찾아볼 수 없다

Keyword

179 사학과 향교에 대한 설명 중 적당하지 않은 것은? (03 대전)
① 사학과 향교는 중등 정도의 교육기관이다.
② 사학과 향교는 문묘와 명륜당을 가진다.
③ 향교는 지방에 설립된 관학이다.
④ 사학에서 소정의 교육을 이수한 자는 성균관의 진학이 가능하다.

고려시대의 교육 : 사립교육기관

1) 십이도
① 고려 중기에는 고등교육 수준의 사립학교들이 개경에 설치되기 시작하였다.
② 이 학교들은 모두 12개 이므로 사학(私學) 십이도(十二徒)라 부른다.
③ 십이도는 국립교육기관인 국자감이 교육적인 기능을 제대로 수행하지 못하게 되자 문하시중(門下侍中)을 지낸 최충(崔沖)이 학교를 열어 학생들을 교육한데서 비롯된다.
④ 최충은 목종 8년(1005) 문과에 장원급제하여 현종, 덕종, 정종, 문종 등 5대에 걸쳐 여러 관직을 두루 역임한 문무의 재능을 겸비한 학자로 '해동공자'라는 호칭을 받았다.
⑤ 유학자가 운영하는 사립교육기관이 계속 늘어 12개 교로 발전하여 12도라고 불렀다.

2) 교육목적-내용-방법
① 십이도의 교육목적은 인격 완성과 과거를 준비하는 것이다.
② 학생들은 십이도에서 과거 대비를 위해 유교의 경서들과 삼사를 익히고 시문을 짓는 것을 공부하였다.
③ 십이도의 교육수준은 향교와 학당보다는 높았다.
④ 십이공도의 교육은 국가가 감독하였으며, 하나의 학풍을 형성하면서 고려 문교와 유학교육에 많은 공적을 남겼다.
⑤ 그러나 고려가 개경으로 환도한 후 국학 부흥에 힘썼으므로 십이공도는 국학에 흡수되기 시작하였고 공양왕 3년에 폐지되었다.
⑥ 과거를 보려는 학생들은 국립교육기관보다 12도를 더 선호하기도 했다.
⑦ 당시 국자감과 향교는 부진했고, 학당은 아직 출현하기 전이었으며, 사립교육기관인 12도는 문종 7년(1053)에 설립되어 공양왕 3년(1391)에 폐지 될 때까지 340년이나 존속한 개인이 설립한 교육기관이다. 십이도는 고려시대의 유교교육의 발전에 많은 공헌을 하였다.

3) 서당(書堂) : 조선의 서당으로 계승
① 사설 초등교육기관으로서 서당에 대한 자세한 기록은 남아 있지 않다.
② '민간의 미혼자제가 무리를 이루어 선생에게 경서를 배우며, 좀 더 성장하면 저희들끼리 벗을 택하여 절간으로 가서 강습하고, 아래로 서인이나 아주 어린 아이까지도 역시 향선생(柳先生)에게 가서 배운다'.
③ 기록에 의하면 고려의 서당은 전국 각지에 설치되었다는 것을 알 수 있고,
④ 교육의 대상이 미혼의 젊은이들이었으며,
⑤ 교육방법으로는 한 단계의 교육이 끝나면 다음 단계의 교육을 받는 방법으로 수업이 진행되었다는 것을 알 수 있다.

Keyword

180 고려시대 교육제도에 대한 설명으로 옳지 않은 것은? (14 국 7)
① 서당은 향촌에 설치된 민간의 자생적인 사설 초등교육기관이다.
② 국자감은 유학계의 3학인 국자학, 태학, 사문학과 기술계의 3학인 율학, 서학, 산학으로 구성되었다.
③ 향교는 공자 등 성현을 모시는 제사 기능의 문묘와 학생들에게 수업을 하는 교육 기능의 명륜당으로 구성되었다.
④ 십이도는 서민 자제의 교육을 위해 국가가 경영한 학교로서 문묘가 없이 학생을 가르치는 교육 기능을 하였다.

081 고려시대의 교육 : 과거제도

1) 과거제도의 기원
① 과거제도는 고려 4대 광종 9년(958) 후주(後周)의 한림학사 쌍기(雙冀)의 건의로 처음 시작되었다.
② 유학의 성적을 기준으로 인재를 선발했다는 점에서 통일신라의 독서삼품과에서 유래를 찾기도 하나, 과거제도는 중국 수나라의 문제가 중국을 통일한 후에 관제를 정비하고 중앙집권체제를 확립하기 위하여 처음 채택했으며, 이를 당나라가 계승하여 발전시켰다.

2) 과거제도의 종류
① 고려시대의 과거는 크게 네 종류로 나누어진다.
   첫째는 문관을 선발하는 제술업(製述業)과 명경업(明經業)이고, 둘째는 기술관을 선발하는 잡업(雜業)이며, 셋째는 교종과 선종의 승려를 선발하는 승과(僧科)이고, 넷째는 무관을 선발하는 무과(武科)이다.
② 이 네 종류의 과거 중 고려시대의 교육과 관련하여 가장 중요한 것은 제술·명경업과 잡업이다.
③ 제술업(시와 문장을 작성하는 능력) 시험과목 : 경의(經義), 시(詩), 부(賦), 송(頌), 시무책(時務策), 논(論) 등
④ 명경업(경서(經書)의 뜻을 해석하는 능력) 시험과목 : 상서, 주역, 모시, 춘추, 예기 등
⑤ 제술업과 명경업은 문신관료를 선발하는 양대업(大業)이다.
⑥ 고려시대에는 이 양대업에서도 제술업을 더 중시하였다. 왜냐하면 과거 시험 출제 경향이 시 짓고, 문장 만들기였기 때문이다.
⑦ 따라서 당시 귀족들은 경학보다 문예를 더 숭상하게 되었다.
⑧ 잡과는 기술과 기능에 관한 시험으로 초기(광종 9년)에는 의업(醫業)과 복업(卜業)이 있었으며, 그 후 명법업(明法業), 명산업(明算業), 명서업(明書業), 지리업(地理業) 등이 생겼다.
⑨ 잡과의 합격자는 전문 기술직에 등용되었다.

3) 과거 응시자격 및 시험 절차
① 과거에 응할 수 있는 자격은 원칙적으로 제한이 없었으나 오역(五逆: 불교에서 말하는 다섯 가지 무거운 죄), 오천(五賤: 노비, 백정, 광대, 무격, 창기 등의 천민), 불충(不忠)·불효(不孝) 등을 저지른 사람과 향·소·부곡(部曲)에 거주하는 자, 악공(樂工) 및 잡류(旗類)의 자손들에게는 응시자격을 주지 않았다.
② 양대업의 시험 절차는 예비시험인 초시(1차 시험)를 거쳐 국자감에서 행하는 2차 시험, 즉 국자감시에 합격해야 3차 시험인 동당감시에 응할 수 있었다.
③ 예외적으로 국자감에서 3년 이상 재학하면 2차 시험인 국자감시를 보지 않고 동당감시에 응할 수 있는 자격을 주었다.
④ 과거시험의 시기는 선종 1년(1084)에는 3년에 한 번씩 실시하는 식년시(式年試)를 원칙으로 하였다. 실제로는 매년 또는 2년이나 수년 만에 한 번씩 실시되기도 하였다.
⑤ 고려 말 공양왕 때 무과를 설치했으나 실효를 거두지 못하였다. 또한 승려에게 승계(승려의 계급)를 주기 위한 승과가 있었다.

---

181 고려시대 전문기술 분야의 교육 및 선발 제도에 관한 설명으로 옳은 것을 〈보기〉에서 모두 고르면? (11 초등)

<보기>
ㄱ. 율·서·산학은 성종 11년(992) 국자감 설립 당시부터 국자감에 속해 있었다.
ㄴ. 의학, 천문·지리학 등은 태의감, 태사국과 같은 실무 관서에서 운영하였다.
ㄷ. 광종 9년(958) 과거 시행 첫해부터 문관 선발 시험과 함께 의(醫), 복(卜) 등 전문기술관 선발 시험도 시행되었다.
ㄹ. 전문기술관 선발 시험으로는 명법업, 명산업, 명서업, 의업, 지리업 등이 있었다.

① ㄱ, ㄴ   ② ㄱ, ㄹ   ③ ㄴ, ㄷ
④ ㄴ, ㄷ, ㄹ   ⑤ ㄱ, ㄴ, ㄷ, ㄹ

082 고려시대의 교육사상가 : 안향, 이색

1) 안향(安珦, 1243~1306) : 주자학 전승

① 안향은 충렬왕 11년(1285)에 원(元)의 연경에서 주자전서(朱子全書), 즉 공자와 주자의 상(像)을 가지고 와 우리나라에 처음으로 주자학(朱子學)을 전하였다.
② 그는 재상(宰相)의 직분은 인재를 양성하는 데 있다는 생각을 가지고 있었다.
③ 그래서 그는 일찍부터 교육의 중요성을 인식하였고 교육재정을 확보하기 위해 충렬왕 30년(1304)에 섬학전(瞻學錢)을 설치하기도 하였다.
④ 그 결과 국자감이 크게 부흥하였고 국자감에서 수업하는 학생의 수가 점점 늘어나게 되었다.
⑤ 주자학은 안향의 교육사상의 토대이다. 그는 학생들에게 "공자의 도(道)를 학습하려면 주자를 배워야 한다"고 주자의 중요성을 강조하였다.
⑥ 그는 교육의 목적을 충(忠), 효(孝), 예(關), 신(信), 경(敬), 성(誠)의 덕목을 갖춘 도덕적인 인간을 양성하는 데 두었다. 그는 이런 덕목들은 일상생활 속에서 실현되어야 함을 강조하였다.
⑦ 교육내용으로는 당연히 주자전서를 중요시하였다.

2) 이색(李穡, 1328~1396) : 고려말 성리학자

① 그는 50여 권의 문집을 남긴 고려 말의 대유학자로 당대 우리나라 제일의 문호(文豪)라는 평을 받았다.
② 그는 원나라에서 공부하고 돌아온 후 공민왕 16년(1367)에 성균관의 대사성(지금의 대학 총장)으로 임명되었다.
③ 그 후 성균관의 학칙을 제정하였고, 뛰어난 성리학자들을 교관으로 임명하였으며, 토론 등의 방법으로 수업을 진행하여 성균관의 면학 분위기를 조성하면서 교육개혁의지를 보였다.
④ 이색의 교육사상은 성리학에 기초를 두고 있다. 그는 우주의 법칙은 이(理)이고 만상(萬象)의 분화는 성(性)이라 하였다. 그는 모든 것의 근원은 천(天)에 있고 천은 곧 이(理)라 하였다.
⑤ 이(理)로부터 파생하여 만상으로 분화되는 것이 성(性)이라 하였다.
⑥ 교육의 목적을 하늘의 도리를 지키어 따르고 인간의 그릇된 욕망을 억제함으로써 인격을 완성하는 것이라 하였다.
⑦ 이색은 성리학을 사상적 근원으로 하여 유학을 장려한 것과 마찬가지로 불교도 중시.
⑧ 과거제에 무과를 둘 것을 강조하여 문무겸비인(文武兼備人)을 교육적 인간상으로 제시.

Keyword

182 다음 내용과 관계 깊은 고려의 사상가는? (07 서울)

- 교육이념을 불심유성동일관(佛心儒性同一觀)에 입각한 심신성명(心身性命)의 구명(明)에 두었다.
- 강의, 토론, 판별, 절충, 합치 과정 등의 단계로 교육방법을 제시하여 내용 이해와 개성 존중을 중시하였다.
- 과거제에 무과를 둘 것을 강조하여 문무겸비인(文武兼備人)을 교육적 인간상으로 제시하였다.

① 최충　　　　　② 안향
③ 이색　　　　　④ 정몽주

성리학

1) 성리학의 교육적 특징

① 성리학은 11~12세기 중국에서 발달한 유학으로, 소강절(邵康節, 1011~1077), 주렴계(周濂溪, 1017~1073), 장횡거(張橫渠, 1020~1077), 정명도(程明道, 1032~1085), 정이천(程伊川, 1033~1107) 등 이른바 북송오자(北宋五子)의 사상을 주자(朱子, 1130~1200)가 종합적으로 집대성한 학문 체계이다.
② 공자와 맹자의 사상을 원시유학(原始儒學, Confuciarism)이라고 한다면,
③ 주자학은 신유학(新儒學, neo-confucianism)이라고도 한다.
④ 원시 유학이든 신유학이든 관계없이 유학의 목표는 간단히 표현하여 수기치인(修己治人)이다. 즉, 수신제가치국평천하(修身齊家治國平天下)를 실현하기 위한 교육적 장치이다.
⑤ 먼저 자기 몸을 닦고 타인을 다스린다는 과정으로 볼 때, 교육은 수기인 동시에 치인이다.
⑥ 이 중에서도 수기가 본질을 차지한다. 그러기에 유학을 한마디로 요약할 때 '위기지학(爲己之學)'이라고 한다. 자기를 위하는 학문이다.
⑦ 이는 다른 사람에게 보이기 위한 가식적이고 허례허식적인 학문이 아니라 자신의 진실한 삶을 위하여 내면적 주체의식을 기르는 참된 공부를 말한다.
⑧ 그렇다고 유학은 자신만을 수양하는 작업에 그친 것이 아니다. 그것은 철저하게 타자에게로 다가가기 위한 인간의 자기 구제 장치였다. 타자에게 다가갈 때, 즉 타인에 대한 이해와 관심, 배려의 차원으로 승화할 때 수기와 치인은 자연스럽게 연결된다.

2) 유학이 우리나라에 들어오면서부터 교육의 목적에는 두 가지 유형

① 유학은 '인간의 본성이 착하다'는 맹자(孟子)의 가정 아래, 착한 마음을 가다듬어 타고난 그대로 유지하려는 존심양성(存心養性)을 중시하였다.
② 이것이 수기의 기본 바탕이기 때문이다. 그리고 이 수기를 근본으로 하여 세상의 이치와 우주의 근본 원리, 하늘과 인간의 관계 등을 깨우치기 위하여 배우고 생각하는 궁리(窮理)에 열중했다.

3) 주자학(朱子學)에서 제시하는 바람직한 공부의 모습

① 위기지학(爲己之學)을 통한 참된 본성의 실현을 지향한다.
② 공부의 전(全) 과정에서 경(敬)의 자세가 근간이 된다.
③ 소학(小學)에서 대학(大學)으로 이어지는 단계를 밟는다.
④ 지(知)와 행(行)이 서로를 밝히고[相發] 함께 진전한다[並進].
⑤ 교육과정 : 사서(四書) 공부 이후 삼경으로 나아간다.

Keyword

183 주자학(朱子學)에서 제시하는 바람직한 공부의 모습과 거리가 먼 것은? (10 중등)
① 위기지학(爲己之學)을 통한 참된 본성의 실현을 지향한다.
② 공부의 전(全) 과정에서 경(敬)의 자세가 근간이 된다.
③ 소학(小學)에서 대학(大學)으로 이어지는 단계를 밟는다.
④ 지(知)와 행(行)이 서로를 밝히고[相發] 함께 진전한다[並進].
⑤ 독서 공부는 순서상 역사서를 두루 읽은 후 사서(四書)로 나아간다.

184 다음은 공부의 본질을 논한 송대(宋代) 신유학자(新儒學者)의 글이다. 밑줄 친 ㉠, ㉡과 관련된 설명으로 옳지 않은 것은? (09 중등)

> 공부라고 하는 것은 사람들로 하여금 내면의 완성을 추구하도록 하는 것이다. 내면의 완성을 추구하지 않고 외적 성공만을 좇는 것은 성인(聖人)이 되기 위한 공부가 아니다. 무엇을 일러 내면의 완성을 추구하지 않고 외적 성공만을 좇는 것이라고 하는가? ㉠ 문장을 위주로 공부하는 것이 그것이다. 공부라고 하는 것은 사람들로 하여금 근본을 추구하도록 하는 것이다. 근본을 추구하지 않고 말단만 좇는 것은 성인이 되기 위한 공부가 아니다. 무엇을 일러 근본을 추구하지 않고 말단만 좇는다고 하는가? ㉡ 상략(詳略)과 동이(同異)만을 따지는 것이 그것이다. 이 두 가지는 일신에 도움이 되는 것이 없으므로, 군자는 이러한 공부를 하지 않는다.
> - 이정전서(二程全書) 유서(遺書) 중 -

① ㉠과 ㉡은 중국의 한(漢)·당(唐) 시기 유학의 학풍을 가리킨다.
② ㉠에서 지적하는 공부는 사장학(詞章學)이라 불리며, 시부(詩賦) 중심의 과거(科擧) 공부가 그 대표적인 예이다.
③ ㉡과 같은 학문적 경향은 훈고학(訓詁學)이라 불리며, 신유학자들에게서 경전의 의리(義理)에 관한 철학적 논의가 부족하다는 비판을 받았다.
④ 고려 말 신유학 도입 이전까지의 한국 전통사회의 학교교육은 ㉠과 ㉡에 나타난 학풍의 영향하에 있었으나, 신유학 도입을 계기로 점차 새로운 학풍으로 전환해 나갔다.
⑤ ㉠, ㉡과 같은 공부 풍토를 비판하면서, 성인(聖人)이 될 것을 기약하며 내면의 완성을 추구하고 근본에 힘쓰는 신유학의 새로운 공부 풍토를 가리켜 경세지학(經世之學)이라 부른다.

084 조선시대 국립교육기관 : 성균관 Ⅰ

1) 성균관 : 순수한 유학(儒學) 교육기관 (문묘와 학당이 공존)
① 조선은 건국 직후 교육체제를 정비하고 유교를 널리 보급하여 유교중심의 국가체제를 정비
② 조선의 국립 최고 교육기관인 성균관(成均館)은 태조 7년(1398)에 지금의 성균관대학교 자리에 건립
③ 성균관이라는 명칭은 고려 말 국자감의 명칭을 성균관으로 개칭하여 사용하다 조선시대로 계승하여 그대로 사용
④ 성균관의 건물 구조는 문묘(文廟: 대성전)와 명륜당(明倫堂: 강학하는 장소)이 중심
⑤ 명륜당은 강학하는 학당이고, 명륜당 동·서에는 기숙사인 동재(東齋)와 서재(西齋)가 있다.

2) 입학자격
① 성균관의 정원은 200명으로 조선 후기에는 사정에 따라 줄어들기도 하였다.
② 성균관에는 원칙적으로 과거, 즉 소과(생원시, 진사시)에 합격한 생원과 진사가 입학하도록 되어 있었다. 하지만
③ 생원·진사로 정원을 채우지 못할 경우에는 사학(四學), 즉 한성부의 동·서·남·중학의 생도나 공신 자제 가운데서 일정한 시험을 거쳐 선발한 인원으로 결원을 보충하기도 하였다.
④ 성균관 유생들 중 생원진사 출신이 주로 동재(東齋)에 머물고, 사학에서 올라온 유생이나 그 밖의 인원들은 주로 서재(書齋)에 머물며 공부하였기 때문에 동재와 서재를 각각 상재(上齋)와 하재(下齋)로 부르기도 하였다.

3) 교육목적과 교육내용
① 교육목적은 조선의 이념인 유교사상을 보급하는 것과 지배체제에 필요한 관리를 양성
② 교육내용은 사서삼경 및 제사(諸史)의 강독(講讀), 제술(製述), 서법(書法)을 익히되,
③ 노자와 장자 및 불교서적과 제자백가와 잡학에 관한 책은 읽지 못하게 했다.
④ 4서는 『대학』, 『논어』, 『맹자』, 『중용』, 삼경은 『서경』, 『시경』, 『주역』
⑤ 강독은 「구재학규」에 의하면 『대학』, 『논어』, 『맹자』, 『중용』, 『서경』, 『시경』, 『춘추』, 『예기』, 『주역』을 순차적으로 학습하였다.
⑥ 수업연한은 9년이고, 위 과목 이외의 장자, 노자, 불서, 잡류, 백가자집 등을 읽는 자는 벌하였다.
⑦ 제술은 시·송·부·책 등 다양한 형식의 글짓기를 의미한다.
⑧ 서법은 해서(楷書), 행서(行書), 초서(草書) 등이었다. 고려시대까지 5경 3사가 핵심을 이루었으나 조선시대에는 주자학의 영향으로 4서 3경이 핵심 교과로 자리 잡게 되었다.
⑨ 성적은 대통, 통, 약통, 조통, 불통 등 다섯 단계로 구분하였다.
⑩ 유생들은 모두 기숙하고 아침, 저녁으로 식당에 회식을 하게 했는데 식당에는 도기(到記)가 있어 여기에 원점을 찍었고, 300일 이상 되면 과거에 응시할 자격을 주었다.

Keyword

185 조선시대 성균관에 대한 설명으로 옳지 않은 것은? (16국)
① 문묘와 학당이 공존하는 묘학(廟學)의 형태를 띠고 있었다.
② 고려의 국자감과 달리 순수한 유학(儒學) 교육기관으로 운영되었다.
③ 유생들이 생활하며 공부할 때 지켜야 할 수칙으로 학령(學令)이 존재하였다.
④ 재학 유생이 정원에 미달하면 지방 향교(鄕校)의 교생을 우선적으로 승보시켰다.

186 조선시대 성균관에 대한 설명으로 옳은 것은? (13국)
① 양반(귀족)의 자제면 누구나 입학할 수 있다.
② 성현의 제사를 지내는 것이 주목적이다.
③ 강독, 제술, 서법 등이 교육내용이다.
④ 생원이나 진사가 되기 위한 준비기관이다.

085 조선시대 국립교육기관 : 성균관 II

1) 자치활동과 장학
① 성균관 유생들은 자치활동도 하였다.
② 재생(齋生) 중에서 대표자인 장의(掌議)를 뽑아 그의 주관 하에 재회(齋會: 일종의 학급회의)를 열어 스스로 제재했으며,
③ 국가 시책의 실정과 성균관 교풍의 위배에 대해서는 유소(儒疏)를 올려 탄핵을 상소하였다.
④ 성균관 운영에 소요되는 모든 경비는 국가에서 부담하였고 비교적 충분하였다.

2) 학칙
① 성균관의 학칙은 학령, 권학사목, 진학절목, 학교사목, 학교모범 등에 상세히 규정
② 학령은 성균관의 아침 절차, 매일 행사, 매월 행사, 독서, 제술, 성적, 벌칙 등을 자세히 제시하고 있다. 이를 소개하면 다음과 같다.
- 학관일강에 경서 시험과 10일마다 제술시험을 실시한다. 그 성적은 연말에 참작하여 식년시에 참작한다.
- 노자, 불교, 백가자집을 읽는 자와 고담이론을 좋아하는 자는 벌한다.
- 조정을 비방하는 자, 스승을 모방하는 자, 권세에 아부하는 자, 주색을 말하는 자는 벌한다.
- 오륜을 범하는 자, 절제를 잃은 자, 교만하는 자, 자만하는 자, 사치하는 자, 교언영색을 하는 자는 퇴교시킨다.
- 성적평가는 대통, 통, 약통, 조통, 조로 구분하고 조통은 벌한다.
- 매월 8일과 23일은 정기휴일로 세탁, 부모를 만나는 날을 준다.
- 매 새해마다 품행이 단정하고 시무에 밝은 유생 1~2명을 천거 서용한다.

3) 요약
① 고려의 국자감과 달리 순수한 유학(儒學) 교육기관으로 운영되었다.
② 문묘와 학당이 공존하는 묘학(廟學)의 형태를 띠고 있었다(제사+교육).
③ 유생들이 생활하며 공부할 때 지켜야 할 수칙으로 학령(學令)이 존재하였다.
④ 입학자격은 과거 시험의 소과에 합격한 생원과 진사를 원칙으로 하였다.
⑤ 강독, 제술, 서법 등이 교육내용이다.
⑥ 원점법(圓點法)은 성균관과 사학(四學) 등에 거재(居齋)하는 유생(儒生)들의 출석·결석을 점검하기 위하여 아침·저녁으로 식당에 들어갈 때마다 도기(到記)에 원점을 찍게 하던 규정.

Keyword

187 조선시대 성균관 유생의 출석 확인을 위한 방식은? (19국)
① 학교모범(學校模範)   ② 원점법(圓點法)
③ 탕평책(蕩平策)   ④ 학교사목(學校事目)

188 조선시대 성균관의 학령에 대한 설명으로 옳은 것을 〈보기〉에서 고른 것은? (18 지)

<보기>
ㄱ. 사서오경과 역사서뿐만 아니라 노자와 장자, 불교, 제자백가 관련 서적도 함께 공부하도록 하였다.
ㄴ. 매월 옷을 세탁하도록 주어지는 휴가일에는 활쏘기와 장기, 바둑, 사냥, 낚시 등의 여가 활동을 허용하였다.
ㄷ. 유생으로서 재물과 뇌물을 상의하는 자, 주색을 즐겨 말하는 자, 권세에 아부하여 벼슬을 꾀하는 자는 벌하도록 하였다.
ㄹ. 매년 여러 유생이 함께 의논하여 유생들 중 품행이 탁월하고 재주가 출중하며 시무에 통달한 자 한두 명을 천거하도록 하였다.

① ㄱ, ㄴ   ② ㄱ, ㄹ
③ ㄴ, ㄷ   ④ ㄷ, ㄹ

조선시대 국립교육기관 : 사학(四學: 四學堂)

1) 사학(사부학당)
① 사학(四學: 四學堂)은 고려 말의 동서학당과 5부 학당에서 유래된 것으로 조선시대의 태종 이전에는 건물도 없어 동부학당은 순천사, 서부학당은 미륵사를 빌려 사용하였으며, 태종 11년에 남부학당을 비롯한 5부 학당을 정비했다.
② 세종 18년까지도 북부학당이 보이나, 세종 20년(1438)에 북부학당이 폐지되고 이후 동학·서학·남학·중학 등의 사학으로 정착 되었다.
③ 재정 : 국가에서 토지와 노비를 주어 장려, 운영 경비는 성균관의 양현고에서 지급
④ 사학은 임진왜란 때 불타 소실된 후 건물은 다시 복원하였으나 학생 수도 적고 교육활동이 부진하여 그 명맥을 이을 수 없게 되었다.
⑤ 그런 후 구한 말 선교사에 의해 다시 사학이 세워졌는데 이때 선교사들은 학당이라는 이름을 붙여 배재학당(培在學堂), 이화학당(梨花學堂) 등의 학교를 개원하였다.

2) 학제와 입학자격
① 사학은 성균관의 부속학교와 같은 성격을 지녔으며, 향교와 비슷한 중등수준의 교육기관으로 중앙에 있었다.
② 학제와 교육방침은 성균관과 비슷하였으나, 위패를 모신 문묘를 따로 두지 않았다는 점은 향교와의 차이점이다.
③ 직원은 교수 2명과 훈도 2명을 두었는데 이는 성균관 교수가 겸직하였다.
④ 입학자격은 10세 이상의 양반자제를 원칙으로 하였으며 13세에 이르러 학문이 우수한 자는 성균관에 승학(升學)시켰다.
⑤ 사학의 정원은 100명이었으며 교육내용은 소학(小學)과 효경(孝經)을 중심으로 성균관과 동일한 4서 5경과 문공가례집(文公家禮集), 제사(諸史) 등을 익히고 초사(楚辭), 문선 및 역대 여러 사람의 시도 공부하였다.
⑥ 유월도회 : 매년 6월에 네 곳의 학당에서 각각 20명씩의 유생을 선발하여 남학에 모아놓고, 경서를 강론하게 하거나 문장을 제술하게 하여, 거기에서 우수한 성적을 거둔 10명을 곧바로 생원이나 진사의 복시에 응시하게 하는 제도.

3) 교육목적
① 성균관에 입학하는 것과 생진시에 합격하는 것.
② 학생들은 생진시에 응시할 수 있는 자격이 있었고, 15세 이상인 자 중 성적이 우수한 자는 성균관에 진학할 수 있었다.
③ 사학의 교육방법은 암기식이었다. 학생들은 경서를 먼저 암기하고 난 다음 그 뜻을 알아야만 다음 글을 배울 수 있었다.

Keyword

189 조선시대 사학(四學)에 대한 설명으로 옳지 않은 것은? (09 국)
① 경서 중에서 소학은 필수과목이었다.
② 향교와 같이 중등교육을 담당하였다.
③ 성균관과 같이 명륜당과 문묘를 갖추고 있었다.
④ 입학 후 15세 이상이 되어 학문이 우수하면 성균관에 입학할 수 있었다.

087 조선시대 국립교육기관 : 향교(鄕校)

1) 향교(鄕校) : 제사 + 교육
① 향교는 고려시대부터 국가에서 전국의 부·목·군·현에 일읍일교(一邑一校)의 원칙에 따라 설립된 지방 관학이다.
② 향교는 고려시대 지방교육을 계승한 중등교육기관으로 교궁, 재관이라고도 하였다.
③ 향교의 목적은 성현에 향사(享祀)하고 유생에게 유학을 교수하는 것과 함께 지방문화의 향상과 사풍진작에 있었다.
④ 이러한 향교의 목적에도 불구하고 지방 유생들을 교육시켜 상급학교에 진학시키고 그들을 중앙에 진출시키는 데 더 많은 관심을 가지고 있었다.
⑤ 향교는 성균관과 마찬가지로 문묘를 두고 있었으며 제사 기능과 교육기능을 동시에 가지고 있었던 교육기관이다.
⑥ 향교는 유학을 가르치는 교육 이외에 지방의 풍습을 순화(純化)하고 백성을 계도하는 사회교육기관으로서의 역할도 담당했다.
⑦ 각 도의 관찰사가 매년 6월에 도내의 교생을 대상으로 도회(都會)를 개최하는 제도가 있었다(사학의 유월도회).

2) 교육내용 및 교관(교수+훈도)
① 향교의 입학정원은 『경국대전』에 의하면 부·대도부호·목에는 90명, 도호부 70명, 군 50명, 현 30명이었다.
② 입학자격은 양반, 평민의 자제를 가리지 않고 16세 이상 된 자를 원칙으로 하였으며, 16세 이하인 자는 정원에 제한을 두지 않고 입학시켰다.
③ 교육내용은 소학, 사서오경, 근사록, 제사, 삼강오행실 등을 가르쳤으며 농업과 잠업 등 실업에 관한 과목도 가르쳤다.
④ 향교의 교관은 문자와 의식을 통하여 민간의 학풍을 순화하는 임무를 띠고 있다.
⑤ 향교의 교관은 40세 이상의 문과(文科) 합격자이며 모두 중앙에서 선발하여 파견하였다.
⑥ 교관은 6품 이상의 교수관(도호부 이상 향교), 7품 이하의 훈도관(군 이하의 향교)이 있었다.
⑦ 교관의 임기는 30개월로 명시되어 있었다.
⑧ 향교의 재정은 국가에서 지급한 학전(學田)과 지방의 재정으로 충당했으며, 조선 중엽까지 융성하였으나 임진왜란으로 황폐화된 곳이 많았으며, 그 후 서원이 발달하면서 점차 교육기관으로서의 기능은 쇠퇴하여 문묘에 제사 지내는 기능만 남게 되었다.

Keyword

190 조선시대의 향교에 대한 설명으로 옳지 않은 것은? (21 국)
① 전국의 부·목·군·현에 일읍일교(一邑一校)의 원칙에 따라 설립된 지방 관학이다.
② 교관으로는 중앙에서 파견하는 교수(敎授)나 훈도(訓導)가 있었다.
③ 성균관과 마찬가지로 문묘와 학당으로 구성된 묘학(廟學)의 구조를 갖추고 있었다.
④ 향교 유생들은 성균관 유생들을 대상으로 거행하는 알성시나 황감제, 도기과 등의 시험에 함께 응시할 수 있었다.

191 조선시대의 향교에 관한 진술로 옳지 않은 것은? (07 초등)
① 양반 사족뿐 아니라 일반 평민의 자제들도 입학할 수 있었다.
② 전국의 단위 행정구역인 주, 부, 군, 현에 각각 한 곳씩 설립하는 것이 원칙이었다.
③ 각 향교마다 중앙에서 파견된 박사 1인과 조교 1인이 교생(校生)의 교육을 담당하였다.
④ 각 도의 관찰사가 매년 6월에 도내의 교생을 대상으로 도회(都會)를 개최하는 제도가 있었다.

088 조선시대 사립교육기관 : 서원(書院)

1) 서원(書院)
① 서원은 민간이 각 지방에 선현에 대한 사묘(祠廟)를 설치하여 제향(祭享)을 행하고, 유학을 가르치는 중등교육기관이다.
② 서원은 조선 초 세종 이전부터 시작되었으나 설립 연대는 정확하게 알 수 없다.
③ 세종 임금이 즉위한 해(1418) 11월에 학교교육을 장려하고 개인적으로 서원을 세워 교육활동을 한 선비들을 찾아 포상하라는 명령을 내렸다.
④ 관학인 향교와 대비되는 지역을 기반으로 하는 사학.
⑤ 학문과 교육의 기능과 사림들의 세력을 규합하는 정치적 기능.

2) 우리나라 최초의 서원 백운동서원 : 백운동서원(소수서원)
① 우리나라 최초의 서원은 중종 38년(1543) 풍기 군수 주세붕(周世鵬, 1495~1554)에 의하여 건립된 백운동서원(書院)이다.
② 최초의 서원인 백운동서원이 풍기에 세워진 것은 그곳이 바로 고려 말 성리학의 도입과 유학교육의 진흥에 크게 공헌하였던 안향(安珦, 1243~1306)의 고향이기 때문이다.
③ 명종 4년(1519)에 풍기 군수 이황(李滉, 1501~1570)의 건의에 따라 '소수서원(書院)'으로 사액(賜額)됨으로써 국가의 인정과 지원을 받게 되었다.

3) 서원의 입학자격과 교육(원규, 학규)
① 입학자격은 생원과 진사를 우선으로 하였으나, 생진과의 초시 합격자나 초시에 합격하지는 않았다 하더라도 학구열이 높고 행실이 바른 자도 유림의 승인을 받게 되면 입학가능.
② 서원의 설립목적은 선현을 제사하는 것과 나라에 필요한 선비를 양성하는 것이다.
③ 서원에는 관학에 학령이 있는 것처럼 원규(院規) 또는 학규(學規)로 불리는 자체의 규약이 갖추어졌다.
④ 서원의 학규에는 유생들의 입학 조건에서부터 교육의 목적과 내용, 공부 및 생활의 수칙 등에 이르는 많은 사항이 규정되어 있다.
⑤ 그리고 관학의 유생들이 학령을 위반하면 처벌을 받았듯이, 서원의 유생들이 학규를 위반하는 경우에도 사안의 경중에 따라 면책, 즉 공개적인 문책에서부터 오늘날의 정학과 퇴학에 해당하는 손도(損徒)와 출재(拙齋) 등에 이르는 처벌이 이루어졌다.

keyword

192 조선시대 교육기관인 서원(書院)에 대한 설명으로 옳지 않은 것은? (17 지)
① 관학(官學)인 향교(鄕校)와 대비되는 사학(私學)이다.
② 퇴계 이황은 서원의 교육목적을 위인지학(爲人之學)에 두었다.
③ 원규(院規) 혹은 학규(學規)라고 규약을 갖추고 있었다.
④ 교육의 기능뿐만 아니라 선현(先賢)을 숭상하고 그의 학덕을 기리는 제사의 기능도 겸하였다.

193 소수서원(紹修書院)에 대한 설명으로 옳지 않은 것은? (12 국 7)
① 처음에는 '백운동서원'이라 불리었다.
② 관학인 향교의 발달에 대응하여 사림들이 설립한 사학이다.
③ 퇴계 이황의 요청에 의해 우리나라 최초의 사액서원이 되었다.
④ 소과 합격자인 생원·진사에게 거재(居齋) 유생의 자격을 우선적으로 부여하였다.

194 다음은 퇴계 이황(李滉)이 풍기군수로 재직 시 경상도 관찰사에게 보낸 글의 일부를 번역한 것이다. (가)와 (나)에 들어가야 할 것은?

> 제가 현재 국학(國學 : 성균관)을 살펴보니, 진실로 어진 선비들의 관문(關門)입니다. 그러나 지방 군·현(郡·縣)에 설치되어 있는 교육기관의 경우는 한낱 허울에 불과합니다. 그 교육이 크게 무너져 선비들이 (가)에 머물며 공부하는 것을 수치로 여기니, 시들고 피폐함이 매우 심합니다. 어떤 방법으로도 고칠 수 없으니 한심하다 하겠습니다. 오직 (나)에서의 교육이 지금부터 활발하게 일어난다면 아마도 학정(學政)의 부족한 부분을 채울 수 있고, 배우는 사람들이 돌아와 의탁할 곳이 있게 될 것입니다.
> 『퇴계선생문집(退溪先生文集)』

	(가)	(나)		(가)	(나)
①	사학(四學)	도회(都會)	②	서원(書院)	사학(四學)
③	영학(營學)	도회(都會)	④	영학(營學)	향교(鄕校)
⑤	향교(鄕校)	서원(書院)			

조선시대 사립교육기관 : 서당(書堂)

1) 서당(書堂)
① 서당은 범계급적인 초등 수준의 교육기관으로 규모와 수준, 성격이 매우 다양
② 향교와 서원이 일상적 강학의 장소로서 제 기능을 발휘하지 못해 발달
③ 서당은 고려시대부터 설립되어 조선시대에 크게 발달한 민간인에 의해 자생적으로 설립된 교육기관이다.
④ 서당의 설립목적은 사학이나 향교에 입학하기 위한 준비교육기관이었으나 때로는 서당 그 자체에서도 이에 준하는 교육을 하는 경우도 있어 여기에 학(學)을 닦아 배워 생진과 초시에 응하는 수도 있었다.
⑤ 서당의 조직은 훈장(訓長), 접장(接長), 학도로 구성되었다.
⑥ 훈장은 학생을 가르치는 오늘날의 교사로서 그 당시 훈장의 학식은 일정하지 않았다.
⑦ 접장은 학도 중 나이가 많거나 학력이 우수한 자로서 가끔 훈장을 대신하여 학도들을 가르치기도 하였다.
⑧ 학도는 가르침을 받는 피교육자로서 나이와 학력의 정도는 격차가 심하게 나타나는 경우도 있었다.
⑨ 교육방법은 강독, 제술, 습자 모두 개별 교수방법으로 하였다.
⑩ 강독할 때 학동들은 개인 별로 수준에 맞추어 매일 정해진 범위를 배우고 숙독하였다.

2) 교육내용 및 교재
① 서당의 교육내용은 다른 교육기관과 마찬가지로 강독(읽기), 제술(글짓기), 습자(쓰기)로 이루어졌다.
② 강독은 유교경전을 강의하고 암송하고 뜻을 풀이하는 과정이다. 교재는 『천자문』, 『동몽선습』, 『통감』, 『소학』, 『사서오경』, 『사기』, 『당송문(唐宋文)』, 『당률(當律)』 등이 보통이었다.
③ 『천자문』 : 문자 학습, 양나라 주흥사 서술
④ 『소학』 : 유학 입문서, 송나라 유자징 서술(주자 지시)
⑤ 『동몽선습』 : 유학 입문서, 박세무
⑥ 『격몽요결』 : 유학 입문서, 이이

Keyword

195 서당에서 사용된 아동교육용 교재에 대한 내용으로 바른 것은? (05 초등)
① 천자문은 문자 학습서이며, 맹자가 편찬했다.
② 소학은 사서(四書) 중의 하나이며, 정약용이 편찬했다.
③ 동몽선습은 유학 및 우리나라와 중국의 역사를 담고 있으며, 박세무가 편찬했다.
④ 격몽요결은 초학자들의 입지(立志)를 강조한 유학 입문서로, 이황이 편찬했다.

090 조선시대 과거제도

1) 과거의 종류 : 문과(생원·진사시 포함), 무과, 잡과
① 조선시대의 과거 제도는 크게 문과(생원진사시 포함), 무과, 잡과로 나누어진다.
② 식년시(式年試) : 조선시대에 3년마다 정기적으로 시행된 과거시험.
③ 부정기 과거 시험: 증광시, 별시, 알성시, 정시, 춘당대시 등
④ 식년시와 증광시는 생원진사시와 문과, 무과, 잡과가 모두 열렸으나,
⑤ 별시·알성시·정시·춘당대시는 문과와 무과만으로 치러졌다.

2) 생원·진사시(초시, 복시), 문과(대과=초시, 복시, 전시)
① 대과(大科)인 문과에 대비하여 '소과(小科)' 또는 '사마시(司馬試)'라 불리는 생원시와 진사시는 각각 초시와 복시 2단계로 시험이 치러졌다.
② 초시는 각 지역별로 치러지고, 복시는 초시 합격자들을 서울에 모아 치러졌다.
③ 복시에 합격하면 생원 또는 진사의 칭호를 얻게 되고, 성균관에 입학할 수 있는 자격을 갖는다.
④ 생원시에서는 유교경전을, 진사시에서는 부(賦), 시(詩) 등의 문학을 시험보았다.
⑤ 생원, 진사시가 '소과' 라면 문과는 '대과'로서 초시, 복시, 전시의 3단계로 구성되어 있다.
⑥ 홍패(紅牌) : 고려·조선시대에 과거를 치른 최종 합격자에게 내어주던 증서.

3) 무과(대과=초시, 복시, 전시)
① 무관을 선발하는 무과는 문과와 달리 소과가 없고 대과만 있다. 무과는 초시와 회시, 전시의 3단계로 치러졌다.
② 초시(실기시험)는 서울·경기의 경우 훈련원에서 치르고, 다른 지방은 각 지역별로 치러 총 190명을 선발하였다.
③ 회시(복시)에서는 190명의 초시 합격자를 모아 유학의 경서와 무경(武經) 등에 대한 강경 시험을 치러 최종적으로 28명을 선발하였다.
④ 전시는 회시 합격자 28명을 모아 마상에서 하는 기격구(騎擊毬)와 지상에서 하는 보격구(步擊毬)로 순위를 가리는 시험이었다.

4) 잡과 : 전문 기술관을 선발
① 잡과는 단일 시험으로 초시와 복시로 나누어 행했다.
② 시험시기도 식년시 이외 증광시가 있었다.

Keyword

196 조선시대 과거제도에 대한 설명으로 옳지 않은 것은? (21 7급)
① 크게 문과, 무과, 잡과의 세 종류로 나뉜다.
② 3년에 한 번, 식년(式年)에 실시하는 것을 원칙으로 한다.
③ 잡과의 시험은 초시, 복시, 전시의 3단계로 치러진다.
④ 생원시와 진사시의 합격자에게는 성균관에 입학하여 수학할 수 있는 자격이 주어진다.

197 조선시대 과거제도에 대한 설명으로 옳지 않은 것은? (14국)
① 문과 대과에 급제한 자에게는 홍패(紅牌)가 지급되었다.
② 생진과의 복시(覆試)에 합격한 자에게는 성균관에 입학할 수 있는 자격이 주어졌다.
③ 생원시에서는 유교경전을, 진사시에서는 부(賦), 시(詩) 등의 문학을 시험보았다.
④ 과거시험은 정규시험인 정시(庭試)와 특별시험인 별시(別試)로 구분된다.

198 다음과 같은 방식으로 운영된 조선시대의 교육 제도는? (11 초등)

- 서울에서는 매년 6월 사학(四學)에서 각 20명의 유생을 뽑아 남학에 모아 놓고 경서를 강론하거나 문장을 제술하도록 하여 그 중 우수한 성적을 거둔 유생 10명을 생원·진사 시험의 복시에 바로 나갈 수 있게 하였다.
- 지방에서는 각 도의 관찰사가 매년 6월 도내 향교(鄕校)의 유생 중 우수한 자들을 적당 수 선발하여 모아 놓고 강경이나 제술로 시험하여 그 중 우수한 성적을 거둔 자(경상·전라·충청도는 5명, 그 외는 3명)를 생원·진사 시험의 복시에 바로 나갈 수 있게 하였다.

① 도회(都會) ② 순제(旬製)
③ 원점(圓點) ④ 월강(月講)
⑤ 재회(齋會)

퇴계 이황(李滉:1501~1570)

1) 퇴계 이황(李滉:1501~1570)

① 풍기군수 재임 중 주자가 백록동서원(白鹿洞書院)을 부흥한 선례를 좇아서, 고려 말기 주자학의 선구자 안향(安珦)이 공부하던 땅에 전임 군수 주세붕(周世鵬)이 창설한 백운동서원에 조정의 사액(賜額)을 바라는 글을 올리고 국가의 지원을 요청하였다.(소수서원)

② 왕에 대한 마지막 봉사로서 필생의 심혈을 기울여 『성학십도(聖學十圖)』를 저술하여 어린 국왕 선조에게 바쳤다.

③ 경(敬) : 퇴계에 의하면, 경은 모든 사물에 대하여 그 이치와 까닭, 존재 이유를 깊이 밝히고, 온전하게 이해하여 몸에 배게 하며, 세월이 오래되어 공력이 깊어지면 하루아침에 녹아들어 확 뚫리게 하여 삶을 건전하게 이끌어가는 바탕이다. 경은 "한 몸을 주재하는 모든 일의 근본"이라고 했다.

2) 퇴계의 사상

① 주자의 이기이원론(理氣二元論)을 계승하였다. 그는 우주를 이(理)와 기(氣)로 보고 이것은 한 사물의 두 성분이라 하여 이기이면론(理氣二面論)으로 발전시켰다.

② 교육의 목적을 '인을 체득한 사람 즉 성현(聖賢)이 되는 것'으로 설정하였다. 그가 말하는 성현은 지(知: 第理)와 행(行: 居敬)이 통합된 인격체를 의미한다.

③ 인을 실현하기 위해 경(敬)을 강조하였다. 경이란 지적 행위와 실천 행위를 넓고 깊게 철저화한 개념으로 일신(一身)의 주재인 심(心)을 주재하는 것이다.

④ 그는 지와 행 중 행을 더욱 강조하여 거경은 타율이 아닌 자각적인 노력에 의하여 이루어진다고 하였다. 따라서 퇴계는 경을 인격실현의 지도이념으로 삼았다.

---

* 위기지학[爲己之學]
자기 자신의 본질을 밝히기 위한 학문이라는 뜻의 유학 용어.
≪논어≫ 헌문편의 "옛날에는 자기 자신을 위해 배웠지만, 오늘날은 남을 위해 한다(古之學者爲己, 今之學者爲人)."에서 비롯되었다.

Keyword

199 퇴계 이황의 생애 만년 저술로서 성인(聖人)이 되는 공부 방법을 보여주고 있는 것은? (03 초등)

① 입학도설　　　　② 성학집요
③ 천명도설　　　　④ 성학십도

200 〈보기〉는 조선시대 유학자 이황(李滉, 1501-1570)의 교육관에 대한 설명이다. (가)와 (나)에 들어갈 말로 가장 적합한 것은? (03 중등)

―〈보기〉―
이황은 학문과 수양의 방법으로 (　가　)을/를, 목적으로 (　나　)을/를 중시하였다.

	(가)	(나)
①	격물(格物)	위인지학(爲人之學)
②	입신(立身)	천인합일(天人合一)
③	거경(居敬)	위기지학(爲己之學)
④	박학(博學)	효제충신(孝悌忠信)

201 다음 밑줄 친 부분에 들어갈 알맞은 말은? (09 국 7)

조선의 대유학자이자 교육가인 퇴계 이황은 유교교육의 일반적 목적과 같이 인(仁)을 체득한 사람인 성현이 되는 것에 교육목적을 두었으며, 부단히 기질을 변화시키는 것을 중요시하였다. 보다 구체적으로는 ＿＿＿을(를) 중시하고 있는데, ＿＿＿이란(란) 지적 행위와 실천 행위를 보다 넓고 깊게 철저화한 개념으로서 일신의 주재인 심(心)을 다시금 주재하는 것이다.

① 각(覺)　　　　② 경(敬)
③ 성(誠)　　　　④ 지(志)

092 율곡(栗谷) 이이(李珥:1536~1584)

1) 율곡의 사상
① 이이는 성리학의 핵심 주제인 이(理)와 기(氣)의 문제에 대해 이기일원적이원론(理氣一元的二元論)을 주장하였다. 율곡의 이기론(理氣論)은 기발이승설(氣理說)이었다. 이(理)와 기(氣)는 분리되거나 합하는 것이 없는 것이다. 이(理)는 당연의 법칙으로 우주의 체(體)요, 기(氣)는 체를 구체화하는 활동이므로 우주의 용(用)이 된다. 이와 기는 둘이면서 하나요, 하나이면서 둘인 것이다.
② 이이의 교육목적은 성인(聖人)이 되는 것이다. 즉, 이이는 교육을 통해 일상생활에서 오륜(五倫)과 오상(五常: 仁·義·禮·智信)의 도를 실천하는 사람을 기르고자 하였다.
③ 교육목적에 도달할 수 있는 교육방법으로는 입지(立志)를 강조하였다. 입지란 뜻을 세우는 것으로 성인이 되고자 마음의 방향을 결정하고, 그 뜻대로 행하는 것을 의미한다.
④ 입지의 방법은 성(誠), 즉 참되고 성실한 것이다.

2) 교수기법
① 하학상달의 방법, 즉 단순에서 복잡으로 구체적인 것에서 추상적인 것으로 올라가는 방법을 강조하였다.
② 『학교모범』에 의하면 먼저 소학(小學)을 읽고 난 다음 대학(大學)과 근사록(近思錄)을, 다음으로 논어, 맹자, 중용, 오경을 읽어야 한다. 그런 후 사기와 선현의 성리학의 책을 읽어서 의지와 취향을 넓히고 식견을 정밀히 해야 한다는 것이다.

3) 율곡의 저서
① 성학집요(聖學輯要) : 1575년(선조 8) 제왕의 학문 내용을 정리해 선조에게 바친 책.
② 격몽요결(擊蒙要訣) : 1577년(선조 10) 학문을 시작하는 이들을 가르치기 위해 편찬한 책.
③ 학교모범(學校模範) : 1582년(선조 15) 왕명에 의하여 지은 교육 훈규, 16조로 되어 있는데 당시 청소년의 교육을 쇄신하기 위한 것으로서, 학령(學令)의 미비한 점을 보충하였다. 학교생활뿐만 아니라 가정 및 사회 생활의 준칙까지 제시되어 있다.

---

keyword

202 다음 내용이 포함된 율곡 이이의 책은? (20 국 7)

> 그 독서하는 순서는 먼저 『소학』으로 근본을 배양하고, 다음으로는 『대학』과 『근사록』으로 그 큰 틀을 정하고, 다음으로 『논어』와 『맹자』, 『중용』, <오경>을 읽고, 그 사이사이에 역사서와 선현들의 성리서를 읽어 의취를 넓히고 식견을 정밀하게 한다.

① 만언봉사 ② 성학십도
③ 성학집요 ④ 학교모범

203 다음 율곡 이이의 저술 내용 중 (가)에 공통적으로 들어갈 용어는? (12 초등)

> • 배우는 이는 먼저 마땅히 (가) 하여 도(道)로써 자신의 임무를 삼아야 한다. 도(道)는 높고 먼 것이 아닌데도 사람이 스스로 행하지 않는다.
> — 이이, 학교모범
>
> • 처음으로 배우는 이는 먼저 마땅히 (가) 해야 한다. 반드시 성인(聖人)이 되는 것을 자기의 목표로 삼고서, 털끝만큼이라도 스스로 작게 여기고 물러서고 미루려는 생각을 가져서는 안 된다. 대개 보통 사람도 성인과 그 본성은 동일하다. ……(중략)…… 그러므로 맹자는 성(性)이 선(善)하다고 말하시며 늘 요순(堯舜)을 언급해 그것을 실증하면서 "사람은 다 요순이 될 수 있다."고 하였다. 어찌 우리를 속이셨으랴!
> — 이이, 『격몽요결』

① 격물(格物) ② 치지(致知)
③ 수의(守義) ④ 입지(立志)
⑤ 거경(居敬)

093 자찬 교재의 등장과 활용 : 입학도설

1) 자찬(自撰) 교재
① 우리나라 학자들이 만든 우리식 교재의 등장은 조선시대 교육사의 중요한 특징 중 하나이다.
② 이전까지는 중국에서 수입한 교재들 위주로 교육이 이루어지다가 조선시대에 들어오면 우리나라 학자들이 직접 편찬한 교재들이 등장하여 교육에 활용된 것이다.
③ 조선 전기의 대표적인 자찬 교재로는 우선 유학 입문용 교재에 입학도설과 동몽선습이 있다.
④ 천자문을 대신하는 독자적 한자 학습 교재로는 『유합』과 『훈몽자회』가 있다.
⑤ 충・효・열의 덕목을 가르치기 위한 윤리교육용 교재로 『삼강행실도』가 편찬되었으며, 여성교육용 교재로 『내훈』이 간행되었다.

2) 입학도설(入學圖說) : 1425년(세종 7), 저자 권근(1352~1409)
① 성리학의 기본 원리를 도식화하여 쉽게 설명한 목판본 성리학 입문서
② 『입학도설』은 책의 제목 그대로 성리학에 처음 입문하는 초학자들을 위하여 사서오경의 핵심 내용을 도표로 그리고 설명을 덧붙인 책이다.
③ 이 책은 권근이 고려 말 공양왕 2년(1390)에 전라도 금마군(지금의 익산)에서 귀양살이할 때 그곳의 젊은이들을 대상으로 『대학』과 『중용』 등을 가르친 경험을 토대로 지은 것이다.
④ 『입학도설』은 말이나 글만으로는 이해시키기 어려운 사서오경의 핵심개념과 내용을 그림으로 그려 제시함으로써 초학자들도 쉽게 이해할 수 있게 한 책으로서, 『삼강행실도(三綱行實圖, 1434)』나 『성학십도(聖學十圖, 1568)』(1568년)와 같은 조선시대의 여러 도설류(圖說類) 교재의 효시가 되었다.
⑤ 이 책은 신유학의 도입과 함께 오경중심에서 사서오경 체제로 바뀐 새로운 유학 교육과정의 개요를 요약하여 제시하였다는 의미도 갖고 있다.
⑥ 또한 책의 말미에는 오늘날의 'FAQ'와 같이 초학자들이 평소에 자주 하던 질문과 그에 대한 저자의 견해를 덧붙여 놓았다.

3) 권근(1352~1409)의 학령(學令)
① 성균관 유생들이 생활하며 공부할 때 지켜야 할 수칙으로 학령(學令)을 제정하였다.
② 성균관 학칙인 「학령(學令)」과 「권학사목」, 「향학사목」 등을 제정해 학제(學制)의 내용을 정비하였다.

Keyword

204 양촌 권근의 『입학도설』에 대한 설명으로 옳지 않은 것은? (20 국)
① 조선시대 도설류(圖說類) 교재의 효시가 되었다.
② 『소학』의 형식을 본 따 편찬한 아동용 교재이다.
③ 학생들이 평소 자주 하는 질문과 그에 대한 저자의 답을 싣고 있다.
④ <4서 5경>의 핵심 내용을 그림으로 그려 초학자(初學者)들의 이해를 돕고자 하였다.

205 조선 초 권근(權近)이 제정한 성균관 학칙으로, 학생의 성적, 벌칙, 일과, 자치활동 등을 포함하고 있는 것은? (14 지)
① 학교모범(學校模範)   ② 학령(學令)
③ 학제조건(學制條件)   ④ 구재학규(九齋學規)

094 자찬 교재의 등장과 활용 : 동몽선습, 유합

1) 동몽선습(童蒙先習) : 조선 중종 때 학자 박세무(朴世茂)가 저술
① 조선 중종 때의 학자인 박세무(1487~1554)가 저술한 동몽선습은 동몽들이 무엇보다 먼저 익혀야 할 내용을 경(經)과 사(史)로 나누어 제시한 책이다.
② 경(經) : 오륜, 즉 부자유친·군신유의·부부유별·장유유서·붕우유신에 대하여 논하고 있다.
③ 사(史) : 삼황·오제에서부터 명나라에 이르는 중국 역대의 사실(史實)과 함께 단군(檀君)에서 조선에 이르는 우리나라의 역사를 기술하였다.
④ 이 책은 우리나라의 역사를 내용으로 포함하고 있는 최초의 교재라는 중요한 의미를 갖고 있다.
⑤ 『동몽선습』은 국가적 인정을 받으며 조선 후기까지 널리 활용된 동몽 교재이다.
⑥ 노수신(1515~1590)의 추천에 의하여 선조(1568~1607) 초에 왕세자의 서연(書筵) 교재로 쓰였으며, 18세기에는 영조(1724~1776)의 어제(御製) 서문과 함께 간행되기도 하였다.
⑦ 일제 강점기에는 우리의 역사를 내용으로 담고 있는 책이라는 이유로 서당의 교재로 쓰지 못하게 하는 탄압을 받기도 하였다.

2) 『유합(類合)』
① 유합(類合)은 중국에서 들어온 천자문의 문제점을 비판하며 등장한 자찬 한자 학습 교재
② 유합은 누가 언제 지었는지 분명히 알 수 없으나, 조선시대의 자찬 한자 학습 교재들의 구성과 관련하여 매우 중요한 원칙 하나를 제시하였다.
③ 그것은 바로 책의 제목과 같은 '유합'의 원칙이다.
④ 유합의 원칙이란 한자를 같은 종류끼리 묶어 제시한다는 것
⑤ 예를 들면 '일·이·삼·사'와 같이 숫자를 나타내는 한자는 그런 글자끼리 묶고, '東(동)·西(서)·南(남)·北(북)'과 같이 방위를 가리키는 한자는 그런 것끼리 묶어서 같이 제시하는 식으로 교재를 구성하는 것이다.
⑥ 이렇게 같은 종류의 글자끼리 묶어서 가르치면 한자를 쉽게 배울 수 있을 뿐만 아니라 그 한자들이 가리키는 대상(숫자, 방위 등)에 대한 지식도 습득할 수 있는 장점이 있다.
⑦ 유합이 제시한 이 원칙은 훈몽자회를 비롯한 조선시대의 여러 자찬 한자 학습 교재에 그대로 계승되었다.

Keyword

206 다음 설명에 해당하는 조선시대 교재는? (20국)

- 소학(小學) 등 유학 입문용 교재이다.
- 중종 때 박세무가 저술하였다.
- 학습내용을 경(經)과 사(史)로 나누어 제시하였다.
- 일제 강점기에는 우리 역사를 다룬다는 이유로 서당의 교재로 쓰지 못하게 하였다.

① 동몽선습　　② 유합
③ 입학도설　　④ 훈몽자회

207 다음은 조선시대에 편찬된 어느 초학(初學) 교재의 서문 중 일부이다. 이 초학 교재는? (09 중등)

무릇 이 책은 우리나라 학자가 지은 것이다. 앞에는 오륜(五倫)을 총론으로 놓고, 다시 부자·군신·부부·장유·붕우를 열거하였다. 그리고 태극(太極)이 처음 열린 때로부터 삼황(三皇)·오제(五帝)·하(夏)·은(殷)·주(周)·한(漢)·당(唐)·송(宋)을 거쳐 황조(皇朝)에 이르기까지 역대의 세계(世系)를 모두 자세히 기록하고, 우리나라에 대해서는 단군(檀君)을 시작으로 삼국(三國)을 거쳐 우리 왕조에 이르기까지 모두 실었다. 글은 비록 간략하지만 기록한 내용은 넓고, 책은 비록 작으나 포괄한 것은 크다. 더구나 요순(堯舜)의 도는 효제(孝悌)일뿐임에랴. 순임금이 설(契)에게 명하시며 오품(五品)을 중시하였으니, 이 책에서 오륜을 맨 앞에 놓은 것은 그 뜻이 굉장하다.

① 동몽선습(童蒙先習)　　② 동사강목(東史綱目)
③ 격몽요결(擊蒙要訣)　　④ 해동소학(海東小學)
⑤ 오륜행실도(五倫行實圖)

자찬 교재의 등장과 활용 : 훈몽자회, 아학편

1) 훈몽자회(訓蒙字會) : 중종 22년(1527)에 최세진(1473~1542)
① 최세진은 그 당시 한자학습에 사용된 『천자문』과 『유합(類合)』의 내용이 경험세계와 직결되어 있지 않음을 비판하고, 새·짐승·풀·나무의 이름과 같은 실자(實字)를 위주로 교육할 것을 주장하여 이 책을 편찬하였다
② 상·중·하 3권으로 나누어 33개 항목에 걸쳐 총 3,360자의 한자를 담고 있다.
③ 훈몽자회에서는 유합의 원칙에 따라 천문(天文)·지리(地理)·화품(花品)·초훼(草)·수목(樹木)·과실(果實)·화곡(禾穀)·채소(菜)·금조(鳥)·수축(獸) 등의 목록으로 나누어 각각 거기에 해당하는 한자들을 네 글자씩 묶어서 제시하고 있다.
④ 이렇게 여러 한자를 종류별로 나누어 묶어서 제시한 것은, 그가 책의 서문에서 쓴 바와 같이 『천자문』을 비롯한 기존의 한자 학습서들이 '자여물이(字與物二)', 즉 글자와 사물을 둘로 만들어 버리는 문제점을 갖고 있다고 보았기 때문이다.
⑤ 글자는 암기하여 익힌다 하더라도 그 글자가 가리키는 실제에 대해서는 아무런 지식도 얻을 수 없는 기존의 한자 학습서를 대신할 목적으로 만들어진 것이 바로 최세진의 『훈몽자회』이다.
⑥ 훈몽자회는 한글의 교육적 활용과 관련해서도 매우 중요한 의의를 갖고 있다. 훈몽자회는 현전하는 한자 학습서 중 처음으로 한글을 이용해 각 한자의 소리와 뜻을 표기한 책이다.
⑦ 한글로 소리와 뜻을 적어 놓으면 스승이 없더라도 혼자서 한자를 익힐 수 있는 장점이 있다.

2) 아학편(兒學編) : 정약용(丁若鏞, 1762~1836)
① 『천자문』이 체계적인 글자의 배열과 초학자를 배려한 학습의 단계성이나 난이도를 전적으로 무시하고 있음을 지적하고, 이러한 내용 및 체계상의 결점을 극복하고자 저술
② 상하 각각 1,000자를 수록하여 2,000자로 구성이 되었다.
③ 상권에는 구체적인 명사나 자연현상 등 실제적인 현상들의 개념을 담았고,
④ 하권에는 추상명사, 대명사, 형용사 등의 개념을 담고 있다.
⑤ 이러한 분류법은 암기 위주의 학습을 유도하는 천자문의 한계를 극복했다라는 측면에서 교육사적인 의의가 크다고 하겠다.

Keyword

208 다음 설명에 해당하는 저서는? (17 국)

- 체계적 한자 학습을 위하여 엮은 교육용 교재로서 천자문의 결점을 극복하기 위하여 만들어졌다.
- 상하 각각 1,000자를 수록하여 2,000자로 구성이 되었다.
- 상권에는 유형적 개념에 해당하는 한자를 담았고, 하권에는 계절, 기구, 방위 등의 무형적 개념에 해당하는 한자를 담았다.

① 아학편(兒學編) ② 성학집요(聖學輯要)
③ 격몽요결(擊蒙要訣) ④ 학교모범(學校模範)

096 조선후기 실학사상과 교육

1) 실학의 등장 배경

① 성리학에 대한 회의와 전쟁 : 성리학은 관념적이고 사변적이며 주관적이어서 현실과 거리가 먼 공리공담의 허구적인 학문으로 급기야는 당쟁에 휘말리는 결과를 초래하게 되었다. 또한 조선은 임진왜란과 병자호란을 치르면서 민생의 삶은 힘들어졌으나 관리들은 입신출세에만 관심을 두게 되어 사회는 더욱 더 혼란에 빠지게 되었다.

② 중국으로부터 들어온 서양 학문의 영향 : 실학자들은 자연과학이나 천주교에 관심을 가지고 이것을 학문으로 연구함으로써 조선 사회의 구조적인 모순을 타파하려 하였다.

2) 실학의 학풍

① 경세치용(經世致用)학파 : 경세치용학파들은 조선의 현실을 개혁하기 위한 방법으로 토지 개혁을 강조하였다. 성호 이익(李翼)과 반계 유형원(柳馨遠) 등 – 성호학파

② 이용후생(利用厚生)학파 : 발달된 청나라의 문물 및 기술을 수입하여 활용할 것을 강조하였다. 박지원(朴趾源), 박제가(朴齊家), 홍대용(洪大容) 등은 상업 및 공업을 장려하고 생산기술을 발전시킴으로써 부국강병을 이룰 수 있다고 주장 – 북학파

③ 실사구시(實事求是)학파 : 사실적인 것에서 진리를 탐구하려는 학풍이 강한 학파로서 강경서, 금석, 전고 등의 고증에 관심, 추사(秋史) 김정희(金正喜)

3) 실학과 교육

① 신분을 초월한 교육의 기회균등과 개인차를 고려한 교육을 주장하였다.
② 과거제도의 관리·운영상의 불공정, 시험위주의 교육이 갖는 역기능과 그로 인하여 파생되는 사회적 문제들을 비판하고 대안을 제시하였다.
③ 한글을 보급하고 발전하는데 기여하였다.
④ 중국고전 중심의 교육을 비판하고 우리 역사와 지리를 가르쳐야할 것을 주장하였다.
⑤ 체계적인 학제를 제안하였다.
⑥ 정약용은 『천자문(千字文)』, 『사략(史略)』, 『통감절요(通鑑節要)』를 가르쳐서는 안 된다는 불가독설(不可讀設)을 주장하였다.
⑦ 『천자문』은 문자가 체계적으로 배열되어 있지 않기 때문에 문자를 학습하는 데 비효과적이라고 지적했다. 『사략』은 중국의 역사책을 요약한 것인데 대부분이 허구(虛構)라고 보고 조선 교육의 발전을 위하여 『사략』을 없애야 함을 주장하였다. 『통감절요』는 중국에서도 인정받지 못하는 책인데 조선에서 읽히고 있음을 개탄하였다.

Keyword

209 조선 후기 실학자들의 교육에 대한 주장으로 볼 수 없는 것은? (19 7급)
① 실용을 위한 공부와 교육을 해야 한다.
② 우리나라의 역사와 문화를 가르쳐야 한다.
③ 신분의 구별 없이 교육의 기회를 제공해야 한다.
④ 『천자문』, 『사략』, 『통감절요』 등의 교재로 아동교육을 내실화해야 한다.

097 관립신식학교

1) 동문학(同文學) : 1883년 통변학교
① 1883년 8월에 설립된 관립 외국어 교육기관이다.
② 근본 목적은 영어 통역관을 양성하는 일이다.
③ 1886년 우리나라 최초의 근대식 학교인 육영공원(育英公院)이 세워지자 동문학(同文學)은 문을 닫았다. 겨우 3년간 지속되었지만, 최초의 관립 외국어 교육기관으로서 초기 서양 어학 교육에 기여하였다.

2) 육영공원(育英公院) : 1886년 최초의 근대식 관립 교육기관
① 조선 후기 한국 최초의 근대식 공립교육기관으로 근대적 신교육으로 발전하는 교량적 역할
② 영어교육을 지나치게 강조하고 고급 양반 자제만을 대상으로 삼는 등 국민 대중 교육에는 한계가 있었다.
③ 영어는 물론 농·공·상·의학 등의 다양한 서양 학문 포함

3) 연무공원(鍊武公院) : 1888년
① 연무공원은 글자 그대로 무예 수련을 위한 관립 학교로서, 신식 무관을 양성하기 위한 목적을 갖고 있었다.
② 연무공원은 1894년의 갑오개혁 때에 사관학교로 발전하였고, 이듬해에 다시 무관학교로 개편되어 대한제국 시기의 신식 무관 양성 기관으로 자리 잡는다.

Keyword

210 개화기에 설립된 우리나라 관립 신식학교에 해당하는 것만을 모두 고르면? (21 지)

| ㄱ. 동문학 | ㄴ. 육영공원 | ㄷ. 연무공원 |

① ㄱ, ㄴ   ② ㄱ, ㄷ
③ ㄴ, ㄷ   ④ ㄱ, ㄴ, ㄷ

211 개화기 교육에 대한 설명 중 틀린 것은? (02 중등)
① 국가와 민간에 의해 다수의 근대학교가 설립되었다.
② 고종의 교육입국조서에 의해 육영공원이 설립되었다.
③ 을사보호조약을 계기로 교육구국운동이 활발하게 전개되었다.
④ 교사양성의 중요성이 대두되어 한성사범학교관제가 공포되었다.

098 사립신식학교

1) 배론신학당(1855): 1855년(철종 6) 충청북도 제천에 설립되었던 신학교.
① 천주교 프랑스인 신부들이 설립한 우리나라 최초의 신학교(神學校)이다.
② 한편 신부 다블뤼(Daveluy)를 보좌주교로 선정하여 예비자 교육용 서적을 출판하였으며, 일반 신도 교육의 요람 구실을 하기도 하였다.
③ 신학생 교육장만이 아니라, 간접적으로는 민중 교화에까지 공헌하였으며, 당시 우리나라에서는 유일하게 초·중·고등 교육을 함께 실시한 근대 학교

2) 원산학사(1883): 우리나라 최초의 민간인에 의해 설립
① 원산학사는 강화도 조약 이후 개항하게 된 원산에서 그 곳 주민들이 외국의 도전과 새로운 정세에 대응하기 위해 교육의 필요성을 인식하게 되면서 설립되었다.
② 원산학사의 역사적 의의는 지방민이 힘과 기금을 모아 자발적으로 설립하였다는 점,
③ 외국의 학교를 모방한 것이 아니라 서당을 개량하여 설립하여 이것을 근대학교로 계승하였다는 점, 관민이 힘을 모아 설립하였다는 점이다.

3) 배재학당(1885): 미국 북감리교 선교사인 H.G.아펜젤러
① 오늘날의 배재중학교·배재고등학교·배재대학교의 전신이다.
② 아펜젤러는 "통역관을 양성하거나 우리 학교의 일꾼을 가르치려는 것이 아니라, 자유의 교육을 받은 사람을 내보내려는 것이다"라고 설립목적을 밝혔고,
③ 당시 인쇄부는 한국의 현대식 인쇄 시설의 효시이다. 고종이 '배재학당(培材學堂)'이라 이름지어 간판을 써 줌.

4) 이화학당(1886): 한국 최초의 사립여성교육기관
① 제1대 당장인 스크랜튼의 교육이념은 기독교 교육을 통하여 한국여성들을 '더 나은 한국인으로 양성하는 것', 즉 한국인의 긍지와 존엄성을 회복하고 진정한 한국인을 육성하는 것.
② 1887년 2월 고종황제가 외아문을 통해 '이화학당(梨花學堂)'이라는 교명과 현판을 하사.

5) 도산 안창호
① 점진학교(1899)는 독립협회 해산 후 도산이 고향으로 돌아와 평안남도 강서군 동진면 암화리에 세운 학교로 우리나라 사람의 손으로 세운 최초의 남녀공학 사립학교이다.
② 대성학교(1908)는 도산이 평양에 설립, '주인정신'을 교훈으로 삼아 독립정신 및 책임정신과 주체적 정신을 강조하고, 무실역행(務實力行)과 성실한 생활을 인격 양성의 기본철학으로 제시하였다.

> Keyword

212 우리나라 개화기 교육에 대한 설명으로 옳지 않은 것은? (20 지)
① 동문학은 통역관 양성을 위한 목적으로 출발하였다.
② 배재학당은 우리나라 최초로 설립된 민간 신식교육기관이다.
③ 육영공원은 엘리트 양성을 위한 목적으로 설립된 관립 신식교육기관이다.
④ 안창호는 대성학교를 설립하여 무실역행을 강조하였다.

213 개화기 사학에 대해 바르게 설명한 것은? (05 초등)
① 최초의 사학은 점진학교이다.
② 을사조약 이후에는 모두 강제 폐지되었다.
③ 최초로 남녀 공학을 실시한 학교는 배재학당이다.
④ 원산학사는 지역 주민의 자발적 성금에 의해 설립되었다.

갑오·광무개혁과 근대교육의 제도화

1) 개요
① 1880년대 등장한 여러 신식학교에 의해 바탕이 형성된 한국 근대교육은 1894년 갑오개혁과 함께 추진된 일련의 교육개혁을 통해 조선 사회에 제도적으로 정착하기 시작하였다.
② 갑오개혁의 미진한 부분은 1899년 이후 이루어진 광무개혁에 의해 상당 부분 보완되었으며, 이렇게 하여 근대적 학제가 틀을 갖추게 되었다.

2) 갑오개혁 : 1894년(고종 31) 7월부터 1896년 2월까지 추진되었던 일련의 개혁운동
① 갑오개혁은 1894년 봄에 일어난 동학농민운동을 진압한 뒤 일본의 지원을 받아 수립된 신정권이 개혁 추진 기구로 설치한 군국기무처의 주도로 진행되었다.
② 군국기무처는 정치제도의 개편을 추진하여 종래의 육조를 폐지하고 그 기능을 내무·외부·탁지·군무·법무·학무·공무·농상 등 8아문에 분속시켰다.
③ 이전까지 예조가 관장하던 학교·과거에 관한 사무는 새로 설치된 학무아문이 담당하게 되었다.
④ 과거 제도를 폐지하고 문벌과 반상(班常) 제도의 혁파, 문존무비(文尊武卑)의 차별 폐지, 공사 노비법의 혁파 등을 단행하였다.

3) 고종의 교육입국조서(敎育立國詔書) : 갑오개혁 이후 1895년(국가 부강은 교육 + 실용성)
① 갑오개혁에 의해 근대적 교육제도들이 마련되었고, 이어서 교육입국조서가 반포되었다.
② 교육입국조서는 '국가의 부강은 지식의 개명에 달려 있으니, 교육은 실로 국가를 보존하는 근본이라'는 내용으로, 교육입국정신에 따라 정부는 소학교, 중학교, 사범학교, 외국어학교 등 각종 관립학교를 세웠다.
③ 교육의 3대 강령으로 덕양(德養), 체양(體養), 지양(智養)을 제시하였다.
④ 과거의 허명(虛名)교육을 버리고 실용(實用)교육을 중시할 것임을 밝혔다.
⑤ 교원양성을 위해 1895년 한성사범학교 설치

4) 광무개혁 1899년(광무 3)
① 대한제국 선포 후 그간의 교육개혁 성과가 미진한 점을 우려하던 고종은 1899년(광무 3)에 다음과 같은 내용의 조서를 발표하고 교육개혁에 다시 박차를 가한다.
② 신설한 학교는 겨우 형식에 그칠 뿐이고 교육의 방법에는 전혀 어두워서 5~6년 이래로 조금도 진보한 보람이 없으며, 상공학교에 이르러서는 더욱 급선무가 되므로 지난해에 일찍이 칙명을 내림이 있었으나 아직까지 개설을 논의한 것이 없으니, 이처럼 미루면 무슨 일을 할 수 있겠는가?
③ 대한제국 시기의 광무개혁을 통해 갑오개혁 이후 추진되어 온 근대적 교육제도 수립의 성과가 어느 정도 윤곽을 드러내게 되었다.

Keyword

214 새로운 교육의 방향을 제시하기 위해 고종이 갑오개혁 시기에 반포한 교육입국조서의 내용으로 옳은 것만을 모두 고른 것은? (18 국)

> ㄱ. 초등단계의 의무교육을 시행할 것임을 선언하였다.
> ㄴ. 유교식 교육기관인 성균관을 근대식 대학으로 전환할 것을 천명하였다.
> ㄷ. 교육의 3대 강령으로 덕양(德養), 체양(體養), 지양(智養)을 제시하였다.
> ㄹ. 과거의 허명(虛名)교육을 버리고 실용(實用)교육을 중시할 것임을 밝혔다.

① ㄱ, ㄴ ② ㄱ, ㄹ
③ ㄴ, ㄷ ④ ㄷ, ㄹ

215 갑오·광무 교육개혁 시기에 이루어진 한국 근대교육의 성과에 해당하는 것은? (19 7급)
① 사립학교의 제정·공포
② 한성사범학교 관제의 공포·시행
③ 최초의 여성교육기관인 이화학당의 설립
④ 외국어와 신학문 교육을 위한 육영공원의 설립

216 구한말 고종이 선포한 '교육입국조서'의 내용으로 옳지 않은 것은? (07 국)
① 체·덕·지순으로 그 중요성을 강조하였다.
② 교육을 통한 국가건설을 주창하였다.
③ 허명(虛名)을 버리고 실질을 숭상할 것을 역설하였다.
④ 학교를 널리 세워 인재를 양성할 것을 제창하였다.

100 일제 강점기 교육

1) 조선교육령(朝鮮敎育令)
① 일제강점기의 한국인에 대한 일제의 교육방침과 교육에 관한 법령
② 교육방침은 우리 민족에게 이성이 발달할 수 있는 교육기회를 주지 않는 데 있었다.
③ 일본신민화(日本臣民化)의 토대가 되는 일본어의 보급, 이른바 충량(忠良)한 제국 신민과 그들의 부림을 잘 받는 실용적인 근로인 · 하급관리 · 사무원 양성을 목적으로 하였다.

2) 제1차 「조선교육령(1911~1922)」 : 일본어 보급 목적 + 한국인 우민화(愚民化)
① 우리 민족을 이른바 일본에 '충량한 국민'으로 만들고자 노력
② 노동력을 착취하기 위하여 한국인에게 저급한 실업교육을 장려

3) 제2차 「조선교육령(1922~1938)」 : 1919년 3 · 1운동 이후 개정, 반일감정에 대한 회유책
① '문화정치'를 표방하여, 형식상으로는 일본 학제와 동일하게 융화정책을 사용하였다.
② 그러나 이면에 숨겨진 교육정책은 동일한 교육제도와 교육기간을 확충함으로써 일본식 교육을 강화하여 우리 민족의 사상을 일본화 또는 말살하려는 데 있었다.
③ 대학 설립에 관한 조항을 두었다.
④ 종래 4년이던 보통학교의 수업연한을 6년으로 연장하고, 각급 학교의 교과목 중 종래에는 폐지되었던 국어를 필수 과목으로 하였다.
⑤ 제2차 「조선교육령」 시기에 조선인의 보통학교 재학생 수는 증가하였다.

4) 제3차 「조선교육령(1938~1943)」 : 전시준비교육
① 교명을 일본인 학교와 동일하게 개칭하여 교육제도상으로 보아서 한국인과 일본인 간에 차별대우가 철폐되었다고 하였으나, 그 실상은 일본인이 사립학교의 교장이나 교무주임의 자리를 차지하도록 하는 방침이었다.
② 교육목적을 뒷받침하는 교육내용으로 일본어 · 일본사 · 수신 · 체육 등의 교과를 강화하였다.

5) 제4차 「조선교육령(1943~1945)」 : 전시총동원 체제
일제는 식민지 시기 동안 황국신민화교육을 통해 우리민족의 민족성을 말살하는 데만 그친 것이 아니라 그들의 침략 전쟁에도 동원하여 육체, 지식, 기능 등을 이용하여 군사체계화를 자행하였다.

Keyword

217 다음 내용을 포함하고 있는 일제강점기의 조선교육령은? (21 국)

- 보통학교의 수업연한은 6년으로 한다. 단, 지역의 상황에 따라 5년 또는 4년으로 할 수 있다.
- 전문교육은 전문학교령에, 대학교육 및 그 예비교육은 대학령에 의한다.

① 제1차 조선교육령 ② 제2차 조선교육령
③ 제3차 조선교육령 ④ 제4차 조선교육령

218 일제 강점기의 제2차 조선교육령에 대한 설명으로 옳지 않은 것은? (15 국)

① 조선어를 필수과목으로 정했다.
② 고등보통학교의 수업 연한을 3년으로 정했다.
③ 대학 설립에 관한 조항을 두었다.
④ 3 · 1 운동으로 표출된 반일감정을 무마하기 위한 회유책이었다.

219 일제강점기 교육에 대한 설명으로 옳은 것은? (17 7급)

① 1920년대에 소학교를 국민학교로 개칭한 후 일본인과 조선인을 함께 교육하였다.
② 제3차 「조선교육령」 시기에 조선인들의 고등교육에 대한 요구를 충족시키기 위하여 경성제국대학을 설립하였다.
③ 일제의 우민화 정책에도 불구하고 제2차 「조선교육령」 시기에 조선인의 보통학교 재학생 수는 증가하였다.
④ 전쟁인력을 확보하고자 제1차 「조선교육령」 시기에 학교에서 전시준비교육을 실시하였다.

도산(島山) 안창호(安昌浩, 1879~1938)의 교육활동과 교육사상

1) 학교를 통한 교육
① 점진학교는 독립협회 해산 후 도산이 고향으로 돌아와 1899년 평안남도 강서군 동진면 암화리에 세운 학교로 우리나라 사람의 손으로 세운 최초의 남녀공학 사립학교이다.
② 대성학교는 도산이 1908년 9월에 평양에 설립하여 가장 정성을 쏟은 사업 중의 하나다.

2) 사회단체를 통한 교육
① 신민회 : 1906년 미국 리버사이드 공립협회에서 도산은 이강, 임준기 등 회원들에게 대한신민회 창립을 발의하고 이후 신민회의 목적은 국권을 회복하여 공화정 체제의 자유 독립국을 세우는 것임을 분명히 했다.
② 청년학우회 : 청년학우회는 1909년 8월 15일 경 도산의 창안으로 시작한 우리나라 최초의 현대적 청년운동단체이다. 청년학우회의 목적은 무실역행 중의 용감의 4대정신으로 인격을 수양하고 단체생활의 훈련에 힘쓰며, 한 가지 이상의 전문 학술이나 기예를 반드시 학습하여 직업인으로서의 자격을 구비하여, 매일 규제 지육에 관한 수련활동을 한 가지씩 실천하여 인격수련에 힘쓴다는 것이다.
③ 흥사단 : 흥사단은 신민회와 청년학우회의 정신을 계승한 조직이다. 흥사단의 목적은 "무실역행으로 생명을 삼는 충의 남녀를 단합하여 정의(意)를 돈수(敦修)하고 덕·체·지 삼육을 동맹수련하여 건전한 인격을 작성하고 신성한 단결을 조성하여 우리 민족 전도 대업의 기초를 준비함"(흥사단 약법 제2조)에 있다.

3) 언론·출판을 통한 교육
도산은 운동의 방법으로 언론과 출판을 매우 중요시 했다. 그래서 조직이 결성되면 곧이어 신문이나 잡지를 발행한다. 그것이 안 되면 간단한 「공함(News Letter)」를 발간한다.

4) 공동체를 통한 생활교육
파차파 거리(Pachappa Avenue)에 '파차파 캠프(Pachappa Carmp)'를 설립했다. 동포 노동자들에게 직접 귤 따는 시범을 보여주며, "미국 농장에서 귤 하나를 정성껏 귤을 따는 것이 곧 나라 일이라고 가르쳤다.(미국 리버사이드 안창호 동상, 11월 9일 안창호의 날)

> 실패에는 실패한 원인이 있고, 성공에는 그에 상응하는 원인이 있다. 도산은 인과의 법칙을 굳게 믿었다. 문제의 원인을 철저하게 분석하고 그 원인을 제거함으로써 문제를 해결할 수 있다는 합리적인 태도가 곧 점진주의의 원리다. 노력 없이 좋은 결과를 바라는 것은 요행을 기대하는 것이고, 요행을 바라는 것은 거짓이다. 중요한 것은 당장 실행할 수 없는 것을 백번 떠드는 것보다 당장 할 수 있는 것부터 착수하라는 것이다. 총 들고 싸우는 것만이 독립전쟁이 아니고, 뒤에서 무기를 만들고 군량을 장만하는 일도 전쟁이다. 도산은 공부하는 것, 장사하는 것, 농사짓는 것도 다 독립운동이라고 했다. 이것이 도산이 의미하는 점진주의의 참 뜻이다.

Keyword

220 도산 안창호의 교육활동에 해당하는 것은? (11 중등)
① 초등교육기관인 강명의숙(講明義塾)을 설립하였다.
② 점진학교(漸進學校)를 설립하여 남녀공학으로 운영하였다.
③ 교육구국을 위해 서우사범학교(西友師範學校)를 설립하였다.
④ 모곡학교(牟谷學校)를 설립하고 토론과 변론술을 연마시켰다.
⑤ 독립운동에 필요한 인재를 양성하기 위하여 오산학교(五山學校)를 설립하였다.

교육학 백신 심화 해설

빠른 정답

번호	정답	번호	정답	번호	정답	번호	정답	번호	정답	번호	정답	번호	정답	번호	정답
001	4	029	2	057	1	085	4	113	1	141	3	169	1	197	4
002	3	030	3	058	1	086	3	114	1	142	1	170	3	198	1
003	2	031	4	059	2	087	4	115	2	143	4	171	4	199	4
004	1	032	3	060	1	088	3	116	2	144	1	172	2	200	3
005	4	033	2	061	4	089	4	117	3	145	3	173	2	201	2
006	4	034	3	062	3	090	2	118	1	146	1	174	4	202	4
007	2	035	1	063	4	091	4	119	2	147	2	175	5	203	4
008	3	036	4	064	1	092	3	120	5	148	2	176	3	204	2
009	1	037	4	065	3	093	4	121	4	149	4	177	5	205	2
010	1	038	4	066	3	094	2	122	4	150	4	178	2	206	1
011	1	039	3	067	3	095	1	123	5	151	4	179	2	207	1
012	1	040	3	068	3	096	3	124	3	152	1	180	4	208	1
013	2	041	2	069	1	097	5	125	2	153	1	181	4	209	4
014	4	042	4	070	4	098	2	126	1	154	2	182	3	210	4
015	2	043	3	071	2	099	3	127	1	155	3	183	5	211	2
016	2	044	4	072	2	100	1	128	2	156	3	184	5	212	2
017	3	045	5	073	4	101	1	129	4	157	3	185	4	213	4
018	3	046	3	074	3	102	3	130	4	158	1	186	3	214	4
019	3	047	5	075	2	103	1	131	3	159	3	187	2	215	2
020	1	048	4	076	4	104	4	132	3	160	1	188	4	216	1
021	2	049	5	077	1	105	3	133	1	161	2	189	3	217	2
022	2	050	2	078	2	106	2	134	4	162	3	190	4	218	2
023	4	051	5	079	3	107	4	135	3	163	2	191	3	219	3
024	4	052	4	080	3	108	1	136	1	164	1	192	2	220	2
025	1	053	3	081	3	109	3	137	1	165	1	193	2		
026	1	054	2	082	2	110	3	138	4	166	3	194	5		
027	2	055	1	083	4	111	4	139	1	167	1	195	3		
028	3	056	2	084	4	112	1	140	3	168	2	196	3		

심화 해설

001 정답 ④
기능론은 교육을 긍정적인 시각으로 보며 학교는 사회생활에 필요한 보편적 가치를 어린 세대에게 가르친다고 본다. ①, ②, ③ 선지는 갈등론 입장이다.

002 정답 ③
③ '학교는 지배집단 문화를 전수하는 기관으로 사회 안정화를 도모한다'

003 정답 ②
뒤르켐(Durkheim)은 사회화를 보편적 사회화와 특수 사회화로 구분하였으며, 사회의 동질성을 유지하기 위해 한 사회의 공통적인 감성과 신념, 집단의식을 새로운 세대에 내면화시키는 보편적 사회화가 필요하다고 주장하였다.

004 정답 ①
ㄴ. 교사의 권위를 세우기 위해서 체벌은 불가피하다.
ㄹ. 시대가 바뀌더라도 도덕교육의 내용은 변하지 않는다.
뒤르켐(Durkheim)은 체벌을 반대하였으며 시대에 따라 도덕교육이 변할 수 있다고 보았다.

005 정답 ④
① 사회구조가 변화하더라도 교육해야 할 도덕이념은 동일하다. : 도덕이념은 달라진다.
② 세대가 바뀌어도 집합의식이 유지될 수 있도록 기성세대의 영향을 최소화해야 한다. : 기성세대의 영향력이 필요하다.
③ 산업사회에서 분업화가 진행될수록 보편사회화보다는 특수사회화가 더 중요해진다. : 보편사회화가 더 중요하다.

006 정답 ④
①, ②, ③ 학자는 기능론 입장이다.

007 정답 ②
드리븐(R. Dreeben) : 규범적 사회화
① 독립성 : 스스로 모든 일을 처리하고 책임을 수행하려는 태도이다.(과제, 시험부정)
② 보편성 : 다른 학생들과 모든 것을 공유하는 태도이다. 동일연령의 학생들이 같은 학습내용과 과제를 공유하게 함으로써 형성된다.(공동)
③ 특정성 : 자신의 흥미와 적성을 고려하는 태도 등을 말한다.(예외)
④ 성취성 : 최선을 다하여 자신에게 부여되는 과제를 수행하려는 태도이다.(성과)

008 정답 ③
① 독립성 : 스스로 모든 일을 처리하고 책임을 수행하려는 태도이다.(과제, 시험부정)
② 보편성 : 다른 학생들과 모든 것을 공유하는 태도이다. 동일연령의 학생들이 같은 학습내용과 과제를 공유하게 함으로써 형성된다.(공동)
③ 특정성 : 자신의 흥미와 적성을 고려하는 태도 등을 말한다.(예외)
④ 성취성 : 최선을 다하여 자신에게 부여되는 과제를 수행하려는 태도이다.(성과)

009 정답 ①
슐츠(T. Schultz)의 인간자본론(human capital theory)에서 교육에 투자함으로써 생산성을 증가 시킬 수 있다고 보았다.

010 정답 ①
지배문화와 지배문화의 가치관을 주입하는 가장 효과적인 도구로 시험이 이용되고 있다고 보는 것은 갈등주의 입장이며 교육과정과 교수방법 개선은 갈등주의 입장이 아니다.

011 정답 ①
다. 학교는 사회가 필요로 하는 인재를 선발하여 적재적소에 배치하는 역할을 수행한다.
라. 학교는 보편적인 사회규범을 내면화하고, 전문성을 신장시켜 사회발전에 이바지한다.
다와 라는 기능주의자들이 주장하는 내용이다.

012 정답 ①
② 재생산이론, ③ 종속이론, ④ 저항이론은 갈등주의 이론이다.

013 정답 ②
보기의 주장을 한 학자는 보울스와 진티스(Bowles & Gintis)이다.

014 정답 ④
보울스(S. Bowles)와 긴티스(H. Gintis)의 대응이론(correspondence theory)에서 지식의 단편화와 분업을 통해서 학생과 노동자의 임무가 효율적으로 확장된다고 보지 않는다.

015 정답 ②
보울스와 긴티스(S. Bowles & H. Gintis)의 경제적 재생산론에 나타난 학교교육관으로 학교교육은 능력주의(meritocracy) 이념을 통해 계급적 모순을 은폐하고 있다고 본다.

016 정답 ②
보기의 사례는 부르디외(P. Bourdieu)의 문화자본론이다.

017 정답 ③
부르디외(P. Bourdieu)의 문화적 재생산론(Cultural Reproduction Theory)은 상징적 폭력을 통해 학교교육이 사회적으로 정당화된다고 본다.

018 정답 ③
부르디외(P. Bourdieu)의 문화재생산론에 부합하는 것은
다. 학업 성취는 가정에서 습득한 문화의 영향을 받는다.
라. 졸업장·학위·자격증 등은 제도화된 문화 자본에 속한다. 이다.

심화 해설

019 정답 ③

알뛰세(L. Althusser)는 학교가 이데올로기적 국가기구로서 사회적 기능을 수행한다고 보았다. 이데올로기적 국가기구로서 학교가 억압적 국가기구와는 달리 가족이나 언론 매체와 유사한 기능을 수행하는 것은, 강제력 보다는 동의를 통해 그 구성원들에게 영향력을 행사한다는 것을 의미한다.

020 정답 ①

(가)는 대응원리, (나)는 이데올로기적 국가기구이다.

021 정답 ②

보기와 관련이 있는 학자는 프레이리(P. Freire)이다.

022 정답 ②

보기와 관련이 있는 학자는 프레이리(P. Freire)이다.

023 정답 ④

④ 경쟁을 통해 사회적응력을 키우는 교육에 대해 비판하였다.

024 정답 ④

일리치(Illich)의 탈학교론은 학습이 학교에 의해서만 이루어지는 것은 아니며, 학교가 반드시 학습의 증진을 가져다 주는 것도 아니라고 강조한다.

025 정답 ①

보기의 내용은 일리치의 학습망에 관련된 내용이다.

026 정답 ①

김 교사 : 신자유주의, 정 교사 : 신마르크스주의, 최 교사 : 탈학교론

027 정답 ②

- 일리치(I. Illich)의 『탈학교사회』
- 라이머(E. Reimer)의 『학교는 죽었다』
- 프레이리(P. Freire)의 『피압박자의 교육』
- 실버맨(C. Silberman)의 『교실의 위기』

는 학교교육의 한계와 비판을 하고 있다.

028 정답 ③

기술기능이론은 학력상승의 원인으로 사회에서 요구되는 직업전문성 수준이 계속 향상되기 때문이라고 본다.

029 정답 ②

기술기능이론은 사회가 지식기반사회로 진입함에 따라 고급인력에 대한 수요가 증가한다고 본다.

030 정답 ③

학력 간 임금격차는 치열한 대학입시 경쟁을 더욱 심화시킨다고 보는 것은 지위경쟁이론이다.

031 정답 ④

ㄱ. 학벌주의는 학력을 중요한 요소로 생각한다.

032 정답 ③

지위경쟁론 관점에서 일제강점기 초등교육 팽창의 사회적 동인(動因)은 신분제 폐지로 인한 학력(學歷)에 대한 수요 증가로 본다.

033 정답 ②

학습욕구이론은 오늘날의 학교가 지적, 인격적 성장을 위한 학습 욕구를 제대로 충족시켜 주는 기관이라는 사실을 입증하지 못하고 있다.

034 정답 ③

강 교사: 기술기능이론, 정 교사 : 지위경쟁이론

035 정답 ①

육체노동직에 종사하는 아버지처럼 사나이답게 살고 싶다고 생각하는 것은 저항이론이다.

036 정답 ④

윌리스(P. Willis)의 저항이론에서 노동자계급의 아이들이 남성우월주의적인 육체노동문화를 자신의 이상적 가치관으로 받아들이기 때문이라고 본다.

037 정답 ④

노동계급 학생들은 노동 계급의 처지를 벗어나기 위하여 스스로 포부 수준을 높게 설정하지 않는다.

038 정답 ④

신교육사회학적 관점에서는 교과과정의 효율성과 학교교육의 외적 과정에 관심을 갖지 않는다.

039 정답 ③

	구교육사회학(전통적)	신교육사회학(해석적)
관점	거시적, 결정론적	미시적, 이해론적
연구관심	사회구조	일상적 생활세계, 구성원의 행위, 구성원이 행위에 부여하는 의미, 구성원들 사이의 상호작용
인간의 본질	수동성, 사회화의 산물, 자유의지와 주체성 결여	주체성, 능동성, 상징성, 자유의지 강조
사회과학의 목적	인간의 행위와 사회현상을 설명할 수 있는 과학적 법칙 탐구	사회적 행위의 해석적 이해를 통해서 행위자가 행위에 부여하는 의미 규명
연구방법	실증주의적 연구방법, 과학적 조사연구	해석적 이해, 관찰과 행위자와의 대화를 통한 질적 연구

심화 해설

040 정답 ③

신교육사회학 교육 이론적 특징
① 거시적 수준에서 벗어나 미시적 수준의 학교 내부에 숨어 있는 사회적 역학 관계를 밝히기 위한 것이다.
② 교과내용의 지식 구성과 교사와 학생의 상호작용 관계에 주목하고 있다.
③ 미시적 수준의 사회적 관계를 이해하기 위해, 연구 방법론을 주로 해석적 패러다임에 의존하였다.
④ 해석적 패러다임은 인간의 상호작용 속에 일어나는 해석과 의미 부여에 관심을 두고 있으며, 연역적 설명보다 귀납적 설명, 즉 일상생활의 세계를 구체적으로 이해할 수 있는 해석적 과정에 초점을 두고 있다.

041 정답 ②

나. 교육과정은 보편타당한 객관적인 내용으로 구성되어 있다.
라. 교사는 주어진 교육과정을 학생들에게 충실히 전달하면 된다.
에 대한 비판적 관점에서 교육과정사회학의 연구가 진행되었다.

042 정답 ④

인류의 문화유산이 교육적으로 보편적인 가치가 있음을 담보하지 못한다.

043 정답 ③

보기의 내용은 번스타인의 언어 유형이다. : 정교화된 코드와 제한된 코드

044 정답 ④

구조화(framing)는 과목 또는 학과 내의 조직의 문제로 가르칠 내용과 가르치지 않을 내용의 구분이 뚜렷한 정도, 계열성의 엄격성, 시간배정의 엄격성 등을 포함하는 개념이다. 즉, 교육내용의 선정, 조직, 진도에 대하여 교사와 학생이 소유하고 있는 통제력의 정도를 의미한다.

045 정답 ⑤

애플(M. Apple)이 교육사회학 이론에 활용한 그람시(A. Gramsci)의 개념은 헤게모니(hegemony)이다.

046 정답 ③

비판적 교육과정 이론가로서 문화적 헤게모니(hegemony)를 주장한 학자는 애플(M. Apple)

047 정답 ⑤

○○고등학교에서는 A, B, C 과목의 경계가 뚜렷하게 구분되지 않아서 : 약한 분류(classification)
학생들의 흥미나 수업상황에 따라 융통성 있게 조정한다. : 약한 구조(frame)

048 정답 ④

교사들이나 다른 학교 구성원이 학생들로부터 받는 각각의 의미에 따라 그들의 행동이 달라진다는 것으로 상징적 상호작용론이다.

049 정답 ⑤

교사들이나 다른 학교 구성원이 학생들로부터 받는 각각의 의미에 따라 그들의 행동이 달라진다는 것으로 상징적 상호작용론이다.

050 정답 ②

교사와 학생의 상호작용은 인과 법칙에 따르지 않는다.

051 정답 ⑤

'빈칸 채우기' 형태의 연습문제를 풀게 하거나 주제의 개요만을 말해 주는 방식은 방어적 단순화(defensive simplification)이다.

052 정답 ④

맥닐(J. McNeil)의 방어적 수업과 가장 관계가 먼 것은 토론식 수업이다.

053 정답 ③

교사는 자신이 기대하는 바에 따라 아동 집단을 구분하여 각각 다르게 대한 것은 자성 예언(self-fulfilling prophecy) 또는 자기충족예언(self-fulfiling prophecy) : 머튼(Merton)

054 정답 ②

낙인에 따른 교사의 차별적인 기대는 학생의 자기지각에 영향을 준다. : 낙인 이론

055 정답 ①

낙인은 추측 - 정교화 - 고정화 순서로 이루어진다.

056 정답 ②

교육기회의 보장적 평등 : 무상교육, 무상지원
교육평등을 실현하기 위해서는 취학을 가로막는 경제적, 지리적, 사회적 제반 장애를 제거해주어야 한다.

057 정답 ①

교육기회의 허용적 평등관 : 모든 사람에게 동등한 기회가 주어져야 한다.

058 정답 ①

누구나 원하면 자신의 능력에 따라 교육받을 수 있도록 해야 한다. : 허용적 평등관

059 정답 ②

우리나라의 고교평준화 정책은 중등교육의 보편화, 평등화라는 이념에 부합된다.

060 정답 ①

소규모 학교의 통폐합 교육기회의 허용적 평등을 저해할 수 있다.

061 정답 ④

미국의 'Head Start Program'이나 영국의 '교육우선지역(EPA:Educational Priority Area)' 사업이 추구하는 평등의 유형 : 결과의 평등

심화 해설

062 정답 ③
오랫동안 쇠사슬에 묶였던 사람들에 대한 보상이 필요하다. : 농어촌 자녀 특별전형제도 확대

063 정답 ④
보상적(補償的) 평등관 : 사회경제적 지위가 낮은 집단의 교육적 결손을 해소하려는 평등관이다.

064 정답 ①

유형	정책	비고
보장적 평등 (기회의 평등)	무상교육, 장학금	
보상적 평등 (결과의 평등)	학습부진아 방과 후 보충지도 학습클리닉	학생 간 격차 해소
	교육복지우선지원 사업	계층 간 격차 해소
	농어촌학생특별전형제	지역 간 격차 해소

065 정답 ③
③ 효과적인 학교에 평등하게 취학 기회가 부여되어야 한다는 의미로 교육결과의 평등을 주장하였다는 콜맨(J. S. Coleman)연구 이후의 연구 관심사이다.

066 정답 ③
교육평등의 관점을 과정의 평등에서 결과의 평등으로 한 차원 높였다.

067 정답 ③
부모님의 학력은 중졸이고 수입은 넉넉하지 않지만 : 인적자본은 약하지만
화목한 가족 관계는 이웃의 모범이 될 정도 : 사회자본은 강하다.

068 정답 ③
보기의 내용은 롤스(Rawls)의 차등의 원리이다.

069 정답 ①
다문화교육(multicultural education)은 특정 인종이나 민족 또는 소외받은 자만을 대상으로 교육하는 것이 아니라고 뱅크스(J. A. Banks)는 주장한다.

070 정답 ④
결핍 모형을 취하는 이론으로 지능이론(知能理論: intelligence theory)과 문화실조론(文化失調論: cultural deprivation theory)을 들 수 있다.

071 정답 ②
학생의 지능은 학생 개인의 요인이다.

072 정답 ②
② 문화적 상대주의 관점이며, 학생 간의 교육격차가 문화적 결핍 보다는 문화적 차이 때문이라고 본다. : 문화실조를 비판하는 관점

073 정답 ④
지방의회가 만드는 법을 조례라 하며, 자치단체장이 만드는 법을 규칙이라 한다. 교육감이 만드는 법을 교육규칙이라 한다.

074 정답 ③
특별법 우선의 원칙이다.(노동조합법<교원노조법)

075 정답 ②
모든 국민은 그 보호하는 자녀에게 적어도 초등교육과 법률이 정하는 교육을 받게 할 의무를 진다. 의무교육은 무상으로 한다.

076 정답 ④
「헌법」제31조
① 모든 국민은 능력에 따라 균등하게 교육을 받을 권리를 가진다.
② 모든 국민은 그 보호하는 자녀에게 적어도 초등교육과 법률이 정하는 교육을 받게 할 의무를 진다.
③ 의무교육은 무상으로 한다.
④ 교육의 자주성·전문성·정치적 중립성 및 대학의 자율성은 법률이 정하는 바에 의하여 보장된다.
⑤ 국가는 평생교육을 진흥하여야 한다.
⑥ 학교교육 및 평생교육을 포함한 교육제도와 그 운영, 교육재정 및 교원의 지위에 관한 기본적인 사항은 법률로 정한다.

077 정답 ①
자주성의 원리 : 자주성의 원리는 교육이 그 본질을 추구하기 위하여 일반행정에서 분리 독립되고 정치와 종교로부터 중립성을 유지해야 한다는 것이다.

078 정답 ②
민주성의 원리 : 교육행정이 민주성의 원리에 따라야 한다는 것은 국민의 의사를 행정에 반영하고 국민을 위한 행정을 해야 한다는 것을 의미한다. 예 다양한 구성원들의 의사를 반영하기 위해 위원회, 협의회 등을 둔다.

079 정답 ③
교육감은 시·도의 교육·학예에 관한 사무의 집행기관이다.
의결기관으로는 시·도 의회(교육위원회)가 있다.
교육감의 임기는 4년으로 하며, 교육감의 계속 재임은 3기에 한한다.

080 정답 ③
의결기관으로는 시·도 의회(교육위원회)가 있다.

081 정답 ③
교육감의 임기는 4년으로 하며, 교육감의 계속 재임은 3기에 한한다.

심화 해설

082   정답 ②

교원 연수	기관중심(법정)	자격연수	자격취득연수: 1급 정교사, 교감·교장 자격
		직무연수	수시연수: 직무수행에 필요한 능력 배양
		특별연수	부정공 연수: 학위취득, 해외 유학 및 연수
	단위학교(비법정)		연구수업, 동학년 협의회
	개인중심(비법정)		학위취득, 개인별 연구, 학회

083   정답 ④
④ 중학교 교사가 특성화 고등학교 교사가 되었다. : 전보

084   정답 ④
전보는 동일한 직렬의 계급 또는 직급으로 수평적(근무지) 이동
전직은 다른 직렬의 계급 또는 직급으로 수평적 이동

085   정답 ④
제4조(교원의 불체포특권)
교원은 현행범인 경우 외에는 소속 학교의 장의 동의 없이 학원 안에서 체포되지 아니한다.

086   정답 ③
제14조(교원)
① 학교교육에서 교원(敎員)의 전문성은 존중되며, 교원의 경제적·사회적 지위는 우대되고 그 신분은 보장된다.

087   정답 ④

교육직원	국공립계통 교육직원	교육공무원 특정직	교원	교장, 교감, 교사, 수석교사
			조교	
			교육전문직원	장학관, 장학사, 교육연구관
		일반직 공무원	사무계	일반행정, 교육행정, 사서
			기술, 보건, 정보통신계	
		기타(별정직)	비서관	비서, 고용직
	사립계통 교육직원		교원	교장, 교감, 교사
			조교	
			교육행정직원	

088   정답 ③
① 학교폭력 가해 중학생의 경우 퇴학처분이 가능하다. : 불가능
② 학교의 장은 학교폭력과 관련한 개인정보 등을 경찰청장, 지방경찰청장, 관할 경찰서장 및 관계 기관의 장에게 요청할 수 없다. : 있다.
④ 교육감은 학교폭력대책자치위원회가 처리한 학교의 학교폭력빈도를 학교의 장에 대한 업무수행 평가에 부정적 자료로 사용할 수 있다. : 없다.

089   정답 ④
퇴학처분은 의무교육과정에 있는 가해학생에 대하여는 적용하지 아니한다.

090   정답 ②
② 지방자치단체로부터 의무교육대상자의 교육을 위탁받은 사립학교의 설립자·경영자는 의무교육을 받는 사람으로부터 수업료와 학교운영지원비를 받을 수 있다. : 없다.

091   정답 ④
기간제교원
① 고등학교 이하 각급학교 교원의 임용권자는 다음 각 호의 어느 하나에 해당하는 경우에는 예산의 범위에서 기간을 정하여 교원 자격증을 가진 사람을 교원으로 임용할 수 있다.
1. 교원이 제44조제1항 각 호의 어느 하나의 사유로 휴직하게 되어 후임자의 보충이 불가피한 경우
2. 교원이 파견·연수·정직·직위해제 등 대통령령으로 정하는 사유로 직무를 이탈하게 되어 후임자의 보충이 불가피한 경우
3. 특정 교과를 한시적으로 담당하도록 할 필요가 있는 경우
4. 교육공무원이었던 사람의 지식이나 경험을 활용할 필요가 있는 경우
5. 유치원 방과후 과정을 담당하도록 할 필요가 있는 경우
② 정규 교원 임용에서 우선권을 인정할 수 없다.

092   정답 ③
영재교육기관에서 학교교육과정의 범위와 수준을 벗어난 내용으로 영재교육을 실시하는 행위는 가능하다.

093   정답 ④
'훈련'은 주로 특정한 직종에서의 업무능력 개발을 의미한다. 예) 군대에서 사격훈련

094   정답 ②
① 내재적 목적(內在的) : 교육활동 자체를 통해 고유한 가치와 이상을 추구하는 것
 예 지식 습득을 통한 즐거움, 인격 성장, 자아실현, 전인교육 등
② 외재적 목적(外在的) : 교육을 수단이나 도구로 여기고 교육 활동 밖에 있는 가치를 성취하고자 하는 것
 예 시험 합격, 좋은 성적

095   정답 ①
1) 교육의 준거
① 규범적 준거 : 교육은 가치 있는 것을 전달함으로써 그것에 헌신하는 사람을 만들어야 한다.
② 인지적 준거 : 교육은 지식과 이해, 그리고 폭넓은 지적 안목을 길러주어야 하며, 이런것들은 무기력한 것이어서는 안 된다.
③ 과정적 준거 : 교육은 교육받는 사람의 의식과 자발성을 전제로 해야 한다.

심화 해설

096 정답 ③
성년식(成年式)으로서의 교육 : 교육받은 사람이란 모종의 정신 상태를 성취한 사람이요, 그 정신 상태란 바로 전달된 가치있는 것을 통달하고 그것을 소중히 여기는 상태이며, 또한 그것을 폭넓은 안목으로 볼 수 있는 상태를 말한다.

097 정답 ⑤
지식에 대한 실재론적(實在論的) 관점 : 개별 사물은 일단은 우리의 감각 기관에 포착되지만, 그것을 알려면 여러 개별 사물들이 서로 공유하고 있는 일반적 형식을 추론할 수 있어야 한다. 그리고 이 일은 바로 우리 마음의 가장 핵심적 능력인 이성이 담당하는 기능이다. 인간의 마음은 이성을 올바르게 사용함으로써 사물의 본질적 성격을 알 수 있고, 무엇이 궁극적으로 참된 것이며 변하지 않는 것인지를 파악할 수 있다.

098 정답 ②
전기 허스트가 교육의 핵심을 지식의 형식들을 가르치고 배움으로써 마음을 개발하는 데서 찾았다면,
후기 허스트는 학생들을 구체적이고도 실질적인 활동의 복합체로 입문케 함으로써 그들이 건강한 삶 또는 좋은 삶을 살도록 하는데서 교육의 핵심을 찾았다.

099 정답 ③
후기 허스트는 학생들을 구체적이고도 실질적인 활동의 복합체로 입문케 함으로써 그들이 건강한 삶 또는 좋은 삶을 살도록 하는데서 교육의 핵심을 찾았다.

100 정답 ①
분석철학의 특징
① 철학 고유의 기능을 언어와 그 언어에 의해 표현되는 개념의 분석을 통해 사물을 이해하는 데 두고 있다.
② 여러 학파가 있지만, 공통적인 방법은 언어의 구조가 실재의 구조를 반영하는 것으로 보고, 이 언어의 명료화에 두고 있다.

101 정답 ①
분석철학 : 언어의 구조가 실재의 구조를 반영하는 것으로 보고, 이 언어의 명료화에 두고 있다.

102 정답 ③
비판적 교육철학 또는 비판교육학(critical pedagogy)에 대한 특징
① 교과지식의 획득보다는 사회의 구조적 문제해결에 더 관심을 둔다.
② 교육문제에 대해 좀 더 실제적이고 정치사회적인 관점을 취한다.

103 정답 ①
비판이론은 1923년 독일 프랑크푸르트대학의 사회 연구소를 중심으로 자본주의 사회의 문화와 이데올로기를 연구의 대상으로 삼고, 인간의 사고와 대상이 사회적으로 제약되는 현상을 파헤치며, 인간이 해방되는 새로운 사회의 가능성을 모색한다.

104 정답 ④
비판적 교육철학 또는 비판교육학(critical pedagogy)에 대한 특징
① 교과지식의 획득보다는 사회의 구조적 문제해결에 더 관심을 둔다.
② 교육문제에 대해 좀 더 실제적이고 정치사회적인 관점을 취한다.

105 정답 ③
비판적 교육철학 또는 비판교육학(critical pedagogy)에 대한 특징
① 교과지식의 획득보다는 사회의 구조적 문제해결에 더 관심을 둔다.
② 교육문제에 대해 좀 더 실제적이고 정치사회적인 관점을 취한다.

106 정답 ②
비판적 교육철학 또는 비판교육학(critical pedagogy)에 대한 특징
① 교과지식의 획득보다는 사회의 구조적 문제해결에 더 관심을 둔다.
② 교육문제에 대해 좀 더 실제적이고 정치사회적인 관점을 취한다.
③ 교육이 처해 있는 사회 구조나 제도에 대해 의문을 제기한다.

107 정답 ④
실존주의
① 교육의 목적은 자유롭고 주체적이며 창조적인 인간형성에 있다.
② 교육은 자기결정적인 자아의 형성을 위한 것이다.

108 정답 ①
실존주의
① 교육의 목적은 자유롭고 주체적이며 창조적인 인간형성에 있다.
② 교육은 자기결정적인 자아의 형성을 위한 것이다.
③ 교육에서는 인간적인 만남이 중요하다.

109 정답 ③
실존주의
① 교육의 목적은 자유롭고 주체적이며 창조적인 인간형성에 있다.
② 교육은 자기결정적인 자아의 형성을 위한 것이다.
③ 교육에서는 인간적인 만남이 중요하다.

110 정답 ③
포스트모더니즘 특징
① 포스트모더니즘은 거대서사(grand narratives)를 거부한다.
② 포스트모더니즘은 반정초주의(anti-foundationalism)를 표방한다.
③ 포스트모더니즘은 다원주의를 표방한다.
④ 포스트모더니즘은 형이상학에 비판적이다.

111 정답 ④
포스트모던 교육철학은 가치 지향적이다.

112 정답 ①
프래그머티즘(Pragmatism)은 상대주의적 입장이며 소크라테스나 합리론은 반대의 입장이다.

심화 해설

113 정답 ①
'실용주의'라는 어색한 번역어를 통해서 다루어지거나 아니면 프래그머티즘 그 자체로서보다는 듀이(John Dewey)라는 철학자의 교육사상으로 소개되어 왔다.

114 정답 ①
소크라테스의 반문법과 산파술

115 정답 ②
고대 그리스의 소크라테스 교육단계
① '너 자신을 알라' : 지식이나 진리를 터득하는 데 첫걸음은 타인을 비판하거나 외부 사물을 분석하는 것이 아니라 자기 자신을 검토하는 것이다.
② 반어법(反語法, irony) : 학생들이 현재 알고 있는 지적인 상태를 흔들어서 혼란에 빠트리기 위해 교사가 논리적으로 반대적인 질문을 던지는 것을 말한다. 학생은 교사의 집요한 반어적 질문에 금세 당황하면서 스스로 아직 정확히 모르고 있음을 자각하게 된다.
③ 에로스(eros) : 학생은 참된 지식을 구하고 싶어 스승에 의존한다. 이러한 지적 갈구 상태.
④ 산파법 : 교사가 이미 알고 있는 정답을 미리 알려주지 않고 학생 스스로 그 답을 찾도록 안내하는 대화 기법.

116 정답 ②
산파법 : 교사가 이미 알고 있는 정답을 미리 알려주지 않고 학생 스스로 그 답을 찾도록 안내하는 대화 기법.

117 정답 ③
③ 최상의 행복은 이성을 계발함으로써 사물의 본질을 관조하는 데서 찾을 수 있다고 보았다.
: 아리스토텔레스

118 정답 ①
대부분의 소피스트들은 연속적이고 체계적인 교육을 제공하지 않았다.

119 정답 ②
플라톤은『국가론』을 통해 국가는 능력에 따라 구분된 계급에 적합한 교육을 시켜야한다.
는 내용을 언급하였다.

120 정답 ⑤
플라톤의 대화편의 주요 내용은 정의(justice)이다.

121 정답 ④
아리스토텔레스 : 니코마코스 윤리학, 정치학, 행복 : 좋은 삶
① 교육의 최종적인 목적은 행복한 삶을 영위할 수 있는 인간을 기르는 것이다.
② 교육은 참된 윤리적 생활을 가능하게 하는 것으로 정치적 문제와 관련되어 있다.
③ 본성, 습관, 이성이 함께 해야 교육이 가능하다.
④ 모든 인간은 장차 실현될 모습을 스스로 지니고 있다는 목적론적 세계관을 지향한다.
⑤ 자유교육은 직업을 준비하거나 실용적인 목적을 위해 행해지는 것이 아니라 지식 자체의 목적에 맞추어져 있다.

122 정답 ④
④ 반어법(反語法)과 산파술(産婆術)은 학습자의 무지를 일깨우기 위한 교수법이다. :소크라테스

123 정답 ⑤
개인의 이기적인 욕심이 끼어들거나 천부적으로 약한 의지를 지니고 있어서 실천을 가로막는 경우가 많다. 이러한 방해요인을 아크라시아(akrasia)라고 불렀다. 이 단어는 중용이나 절제와 반대되는 뜻으로 무절제와 탐욕을 가리키며 아리스토텔레스(Aristoteles)가 언급하였다.

124 정답 ③
십자군 원정 이후 외부 지역으로부터 실용학문 유입 : 조합학교(guild school)

125 정답 ②
시민계급들은 자신들의 실생활에 필요한 지식과 기술을 가르쳐 경제적 이익을 추구하기 위한 방안으로 도제교육을 도입하였다.

126 정답 ①
사회의 분화 발전에 따라 전문 인력에 대한 수요가 증가하였고 그에 따른 인력 양성이 요구되었다.

127 정답 ①
인문주의 교육은 모든 고전으로부터 인간본성을 주제로 삼고자 하였으며 고대 그리스·로마의 자유교육의 이상을 계승하였다.

128 정답 ②
인문주의 교육에 대한 비판으로 감각적 실학주의가 등장하였다.

129 정답 ④
ㄱ. 과학혁명의 성과가 반영되어 과학이 가장 중요한 교과가 되었다. : 산업혁명
ㄹ. 자국 문화와 언어에 대한 관심이 높아지면서 라틴어가 퇴조하고 모국어가 교육의 주된 언어로 자리 잡았다. : 종교개혁

130 정답 ④
종교개혁기의 교육특징
① 종교개혁 과정에서 국가의 대중교육에 대한 책무가 강조되었다.
② 종교개혁은 성서주의에 그 바탕을 두고 있다.
③ 성서 읽기를 위한 기본 문해교육이 강조되었다.
④ 라틴어 대신에 모국어가 성경과 교육의 언어로 사용되면서 교육의 보편화에 기여하였다.

심화 해설

131 정답 ③
종교개혁기의 교육특징
① 종교개혁 과정에서 국가의 대중교육에 대한 책무가 강조되었다.
② 종교개혁은 성서주의에 그 바탕을 두고 있다.
③ 성서 읽기를 위한 기본 문해교육이 강조되었다.
④ 라틴어 대신에 모국어가 성경과 교육의 언어로 사용되면서 교육의 보편화에 기여하였다.

132 정답 ③
사회적 리얼리즘의 교육방법은 단순한 기억보다는 이해와 판단을 중요시하고 행동을 통한 실습과 실제에의 지식 적용을 강조한다.

133 정답 ①
실학주의(Realism) : 인문주의의 폐단을 정확히 인지하고 참다운 자유교육의 이상을 실현하고자 하였으며 언어주의자들에게 보이는 고전의 형식, 즉 어법, 문장의 구조, 문체보다는 고전에 포함되어 있는 실제 생활에 필요한 내용들, 이를테면 과학적, 역사적, 사회적 지식을 되살리고자 하였다.

134 정답 ④
서양의 감각적 실학주의(Sensual Realism) : 교육형식은 감각적 리얼리즘에 전형적인 실물 관찰주의와 실험주의를 강조하고 대중적인 교육 형식을 취한다.
⑨ 교육내용은 원칙적으로 다양하다. 모국어, 자연과학, 사회과학 등 거의 모든 지식을 활용한다는 점에서 백과사전적인 접근을 한다.

135 정답 ③
17세기 감각적 실학주의는 감각을 통한 지각, 관찰학습, 실물학습을 중시하였다.

136 정답 ①
17세기 서양의 실학주의(realism) 교육사조
ㄴ. 구체적 사물에 대한 직접적 경험을 강조하였다.
ㄷ. 현실 생활에 대한 이해와 교육의 현실적 적합성을 중시하였다.

137 정답 ①
감각적 실학주의 : 코메니우스
① 17세기 과학의 시대의 이념을 가장 잘 반영하고 있는 실학주의가 감각적 실학주의이다.
② 시대적으로 약간 앞선 인문적·사회적 실학주의의 한계를 극복하고 그 장점을 절충
③ 자연이나 실재하는 사물을 매개로 하는 실물교육을 도입하였다.
④ 감각을 통한 지각, 관찰학습, 실물학습을 중시하였다.
⑤ 교육방법의 원리를 자연에서 찾으며 사물의 언어보다 사물 자체에 관심을 갖게 한다.

138 정답 ④
코메니우스의 『대교수학』 : 교육의 4단계 : 유아기, 아동기, 소년기, 청년기, 4단계에 상응하는 네 가지 교육기관 : 가정마다 어머니 (무릎) 학교, 마을마다 모국어 학교, 도시마다 라틴어 학교, 왕국 또는 주마다 대학을 두도록 한다.

139 정답 ①
계몽주의(17~18세기) : 인간의 이성 신뢰
① 자연주의 : 루소, 전통적인 관습과 권위에 도전
② 범애주의 : 바제도우, 교육을 통한 무지의 타파와 교육운동
③ 합리주의 : 볼테르, 칸트, 인간의 이성적 능력을 신뢰

140 정답 ③
③ 인문 예술 교과를 통한 감성 교육을 강조하였다. : 낭만주의(신인문주의)

141 정답 ③

계몽주의	신인문주의
기계적 원자론적 세계관	유기적 통합적 세계관
합리적 공리적 가치판단	정의적(情意) – 비(非)공리적 가치판단
전통과 역사를 초월하는 보편주의	역사와 전통에 입각한 특수주의

142 정답 ①
루소(J. Rousseau)의 '자연에 따르는 교육'의 특징
① 교육의 목적은 자연질서의 한 부분인 자연과 인간본성에 의존해야 한다.
② 자연은 감각기관을 통해 이해할 수 있다. 즉 감각은 실재에 대한 지식의 근본이 된다.
③ 자연의 과정은 느리고 점진적이며 진화적으로 발전하기에, 교육 또한 서두르지 말아야 한다.

143 정답 ④
루소(J. Rousseau)의 '자연에 따르는 교육'의 특징
① 교육의 목적은 자연질서의 한 부분인 자연과 인간본성에 의존해야 한다.
② 자연은 감각기관을 통해 이해할 수 있다. 즉 감각은 실재에 대한 지식의 근본이 된다.
③ 자연의 과정은 느리고 점진적이며 진화적으로 발전하기에, 교육 또한 서두르지 말아야 한다.

144 정답 ①
교육방법 : 소극교육론, 발달단계론, 고상한 야인, 남녀별학
① 소극교육론 : 어린이 밖에서 어린이에게 적극적인 영향을 주어 어린이를 강제적으로 통제하려는 적극교육론의 반대개념이다.
② 발달단계론 : 식물이 하늘이 준 소질을 생명의 리듬과 법칙에 따라 연속적으로 키워가듯이 인간교육도 인간 안에 깃든 인간적인 여러 소질의 씨앗들이 몇 단계를 거치며 피어나는 과정
③ 아동중심 교육 : 루소는 어린이를 발견한 최초의 사람이라고도 평가받는데, 그것은 어린이에게는 어린이의 세계, 즉 그들의 발달단계에 알맞은 존재의 양식이 있다는 말이다.

145 정답 ③

16세기 인문주의	19세기 신인문주의
로마화된 그리스로의 접근	자국·민족적 관점에서 그리스로의 접근
언어적 형식적 측면에 관심	고전 속에 깃든 인간 정신의 본질에 관심
모방적 – 이상적 특징	비관적–현실적 특성

심화 해설

146 정답 ①
페스탈로치 교육사상
① 페스탈로치 교육사상은 계몽주의적 요소도 있지만 기본적으로 신인문주의 성격을 더 강하게 갖고 있다.
② 그는 루소의 자연주의와 직관주의에 영향을 받았지만, 종교적 심성의 도야와 모성에 의한 유아기의 교육을 중시한 신인문주의의 주정적(主情的)인 요소도 보여준다.
③ 페스탈로치의 인간관을 가장 분명하게 보여주는 것은 인간성의 삼단층론(三斷層論)이라고 불리는 이론이다. 이 이론에 따르면 인간은 자연의 상태에서 사회적 상태로, 사회적 상태에서 도덕적·종교적 상태로 층을 이루면서 질적인 도약을 거듭해야 하는 존재이다.
④ 교육의 목적을 '머리와 마음과 손, 3H(Heart, Head, Hand)'의 조화로운 발달에 두고 노동을 통한 교육과 실물(實物)과 직관의 교육을 스스로 실천하였다.
⑤ 교육방법의 원리 : 노작교육의 원리, 직관의 원리, 합자연의 원리, 자발성의 원리

147 정답 ②
페스탈로치(Pestalozzi)는 스위스 전역에 만연한 부랑아들, 고아, 그리고 빈곤한 농민들의 자녀를 위한 교육 사업을 하였다.

148 정답 ②
헤르바르트(J. F. Herbart, 1776~1841) : 교육학의 정립, 다면적 흥미

149 정답 ④
④ 어머니무릎학교 – 모국어학교 – 라틴어학교(김나지움) – 대학으로 구성된 4단계의 학교제도를 제안하였다. : 코메니우스

150 정답 ④
4단계 교수론
제시문의 '표상들이 완전한 통합'과 관련된 것은 체계이다.

151 정답 ④
4단계 교수론
① 명료(정적인 심화)의 단계 : 학습자로서는 오늘 배울 내용이 무엇인지 아는 단계요, 교사에게는 가르칠 주제를 쉬우면서 분명하게 제시하는 단계이다.
② 연합(동적인 심화) 단계 : 학습자는 이미 파악된 요소들 모두를 배열해 일치성과 상이성이 분명히 드러나게 한다. 이전에 배운 주제와 새로 배울 내용을 결합시킨다.
③ 체계(정적인 숙고) 단계 : 학습내용이 일종의 질서가 잡힌 구조임을 가리킨다. 따라서 이 단계는 새로 배운 주제를 기존의 지식 체계 내에 위치시키는 단계이다.
④ 방법(동적인 숙고) 단계 : 이미 획득된 체계를 바탕으로 유사한 다른 사례에 적용하는 것을 목적으로 한다. 오늘날 우리가 사용하는 용어로 적용 및 응용에 해당된다. 방법의 단계는 새로 배운 주제를 응용하는 과정이다.

152 정답 ①
① 사회적 가치보다는 아동의 흥미를 더 중시하는 아동 중심적 교육관이다. : 둘 다 중시

153 정답 ①
① 듀이는 반성적 사고를 통한 문제해결을 중시하였으며 문제해결과정은 반성적 사고를 요구한다.
② 문제를 해결하면서 기존의 지식과 경험, 맥락 등을 통합적으로 사용하는 문제해결과정
③ 반성적 사고를 통해 변화를 추구하며 과학적 탐구과정의 수단으로 활용될 수 있다.

154 정답 ②
존 듀이 (John Dewey, 1859~1952) : 아동, 흥미, 반성적 사고

155 정답 ③
① 진보주의란 넓은 의미로는 전통주의나 보수주의에 대비되는 혁신주의를 총칭하는 개념이다. 이런 뜻에서는 계몽주의도 여기에 포함된다 할 것이다.
② 그러나 좁은 의미로, 즉 교육철학 고유의 의미로 '진보주의(progressivism)'라 할 때 그것은 프래그머티즘에 근거한 교육개혁운동을 지칭하는 것이며, 전통적인 형식주의 교육에 반기를 들고 민주주의적인 교육의 이념, 아동의 창의적 활동, 생활 안의 교육의 소재, 그리고 학교와 사회와의 밀접한 관련의 구축 등을 강조한 혁신적 교육이념을 말한다.

156 정답 ③
진보주의의 교육이론 : 프로젝트 학습과 협동학습 강조
첫째, 교육은 현재의 생활 그 자체이지 미래의 생활을 위한 준비가 아니다.
둘째, 학습은 직접적으로 아동의 흥미와 관련되어야 한다.
셋째, 교육내용의 이수보다 더 중요한 것은 문제해결의 방법을 배우는 것이다.
넷째, 교사는 아동을 지휘하는 입장이 아니라 도와주는 입장에 서야 한다.
다섯째, 학교는 경쟁을 시키는 곳이 되지 말고 협동을 장려하는 곳이 되어야 한다.
여섯째, 민주주의만이 진정한 성장에 필요한 사상의 교류와 인격의 상호작용을 허용한다.

157 정답 ③
③ 진보주의 – 학습은 직접적으로 아동의 흥미와 관련되어야 한다.

158 정답 ①
② 항존주의 – 위대한 고전을 이용한 이성의 계발
③ 재건주의 – 사회변화에 주된 관심을 가졌다.
④ 허친스(R. M. Hutchins)이다: 항존주의.

159 정답 ③
허친스(R. M. Hutchins)이다: 항존주의.

심화 해설

160 정답 ①
① 항존주의는 진보주의를 비판하면서 태동하였다.

161 정답 ②
허친스(R. M. Hutchins)이다: 항존주의.

162 정답 ③
본질주의의 기초가 되는 철학은 이상주의와 실재주의이다.

163 정답 ②
진보주의와 항존주의가 변화와 전통, 상대성과 절대성으로 대조되는 교육철학이라면, 본질주의는 진보주의와 항존주의의 문제점을 배격하고 긍정적인 측면을 수용하는 교육운동이었다. 즉 본질주의 교육철학의 기본적인 입장은 진보주의의 실험정신과 현재의 삶에 대한 강조.

164 정답 ①
본질주의는 교육에서 문자 그대로 '본질적인 것'을 가르쳐야 한다고 주장한다. 인류의 전통과 문화유산을 소중히 여기며 교육을 통해 문화의 주요 요소들을 다음 세대에 전달할 것을 강조한다.

165 정답 ①
재건주의자들은 아동의 개성을 강조했던 진보주의 교육가들과는 달리 사회변화에 주된 관심을 가졌다.

166 정답 ③
백제는 박사 제도의 기록만 남아 있고, 고구려의 경당은 경전을 독서하고 활쏘기를 연습한 곳이었다. 고려의 12공도 중 가장 유명한 것은 최충의 문헌공도이며, 향교는 고려·조선 시대에 지방에 세운 유학 교육기관이다.

167 정답 ①
경당은 고구려의 교육기관이다.

168 정답 ②
신라의 화랑도는 진흥왕 때 국가적인 조직으로 정비되었으며, 원광의 세속오계를 행동 규범으로 삼았던 단체이다.

169 정답 ①
② 육예는 예(禮)·악(樂)·사(射)·어(御)·서(書)·수(數) 등 6종류의 기술이다. 예는 예용(禮容), 악은 음악, 사는 궁술(弓術), 어(御)는 마술(馬術), 서는 서도(書道), 수는 수학(數學)이다.
③ 원화는 화랑도의 전신이며 여자 2명을 임명했다.
④ 국학은 신문왕 때 설립되었으므로 진흥왕 때는 없었던 교육기관이다.

170 정답 ③
① 국학에서는 박사와 조교가 교육하였다.
② 국학에는 대사 이하의 경위(京位)를 가지고 있거나, 또는 관등을 가지고 있지 못하더라도 장차 가질 수 있는 사람이 입학하였다.
④ 국학은 15세부터 30세까지 학업을 수행할 수 있었으며, 9년을 기한으로 했는데 우둔해서 교화되지 않는 자는 그만두게 하고, 재기(才器)가 이루어질 수 있으나 익숙하지 못한 자는 비록 9년이 넘더라도 재학을 허락하였다.

171 정답 ④
국학에서 실제 교수를 담당한 관직은 박사와 조교였다. 15세부터 30세까지 학업을 수행할 수 있었으며, 9년을 기한으로 했는데 우둔해서 교화되지 않는 자는 그만두게 하고, 재기(才器)가 이루어질 수 있으나 익숙하지 못한 자는 비록 9년이 넘더라도 재학을 허락하였다.

172 정답 ②
국학과정
① 입학자격 : 대사(大舍) 이하의 위품으로부터 직위가 없는 자에 이르기까지 15~30세
② 수학기간 : 9년 한도, 재간과 도량에 따라 조절
③ 교관 : 박사와 조교
④ 필수 과목 : 『논어』와 『효경』

173 정답 ②
* 백제의 박사는 크게 오경박사(五經博士)와 전업박사(專業博士)로 나누어진다.
* 오경박사는 한·당 시기의 유학 교육에서 주된 교재로 쓰였던 오경(시·서·역·예·춘추)을 전공한 박사를 말하고,
* 전업박사는 천문과 지리, 의학, 율학 등 유학 이외의 여러 전문 기술 분야를 전공한 박사를 가리킨다.
* 독서삼품과는 독서한 정도를 평가하여 국학생들에게 벼슬을 주는 제도이다.
* 경당은 언제 설립하였는지 분명하지 않으나, 일반 서민들을 대상으로 한 사설 교육기관이다.(문·무 겸전)
* 발해 교육기관 : 주자감에 왕족 여성 교육을 위한 여사(女師) 제도를 두었다.

174 정답 ④
ㄴ. 첫 번째 즐거움은 나의 의지를 통해 천명(天命)을 극복할 때에 얻어질 수 있다. : 극복의 대상이 아니다.

175 정답 ⑤
최치원은 신라 6두품 출신으로 빈공과에 합격한 인물이다. 귀국하여 진성여왕에게 시무책 10여 조를 올렸으나 개혁안은 실현되지 못 했고, 이후 해인사에 머무른 것으로 알려져 있다.

176 정답 ③
ㄷ. 신라 화랑도의 전신인 원화는 여자 2명이 임명되었는데, 이는 종교적 의례에서 여성이 차지했던 지위를 반영하는 것이다. 따라서 진흥왕 대에 개편된 화랑도에도 여전히 종교적 역할의 수행이 요청되었음을 알 수 있다.

177 정답 ⑤
강예재는 고려 예종 4년에 설치되었다가 인종 11년에 폐지되었다.

178 정답 ②
필수과목 : 효경(孝經)과 논어(論語)

심화 해설

179 정답 ②
학당과 향교와 다른 점은 문묘의 재가 없이 학생들에게 강학만 하는 교육기관이라는 점이다.

180 정답 ④
사학 12도는 고려 때 개경에 있었던 12개의 사립교육기관이다. 고려 문종 때 최충(崔沖)이 9재(九齋)를 설립해 성황을 이루자, 이에 자극을 받은 유신들이 앞을 다투며 사숙(私塾)을 열어 개경에만 11개의 도(徒)가 설립되었다.

181 정답 ④
유학계 3학 : 국자학, 태학, 사문학(성종 때 유학부만 시작)

182 정답 ③
이색은 성리학을 사상적 근원으로 하여 유학을 장려한 것과 마찬가지로 불교도 중시, 과거제에 무과를 둘 것을 강조하여 문무겸비인(文武兼備人)을 교육적 인간상으로 제시

183 정답 ⑤
교육과정 : 사서(四書) 공부 이후 삼경으로 나아간다.

184 정답 ⑤
경세지학(經世之學) : 민생의 안정과 사회의 발전 등 현실적인 문제의 해결을 도모

185 정답 ④
정원이 미달될 때는 연령 15세 이상의 학당의 학생, 나라에 공로가 있는 공신과 3품 이상
관리의 적자, 한시나 향시에 합격한 자, 관리 중 입학을 원하는 자, 경당의 유학(幼學) 우수자를 입학시켰다.

186 정답 ③
교육내용은 사서삼경 및 제사(史)의 강독(講讀), 제술(製述), 서법(書法)을 익히되, 노자와 장자 및 불교서적과 제자백가와 잡학에 관한 책은 읽지 못하게 했다.

187 정답 ②
원점법(圓點法)은 성균관과 사학(四學) 등에 거재(居齋)하는 유생(儒生)들의 출석・결석을 점검하기 위하여 아침・저녁으로 식당에 들어갈 때마다 도기(到記)에 원점을 찍게 하던 규정.

188 정답 ④
교육내용은 사서삼경 및 제사(諸史)의 강독(講讀), 제술(製述), 서법(書法)을 익히되, 노자와 장자 및 불교서적과 제자백가와 잡학에 관한 책은 읽지 못하게 했다.

189 정답 ③
학제와 교육방침은 성균관과 비슷하였으나, 위패를 모신 문묘를 따로 두지 않았다는 점은 향교와의 차이점이다.

190 정답 ④
향교 유생들은 성균관 유생들을 대상으로 거행하는 알성시나 황감제, 도기과 등의 시험에 함께 응시할 수 없었다

191 정답 ③
각 도의 관찰사가 매년 6월에 도내의 교생을 대상으로 도회(都會)를 개최하는 제도가 있었다.(사학의 유월도회)

192 정답 ②
퇴계 이황은 서원의 교육목적을 위기지학(爲人之學)에 두었다.
* 위기지학(爲己之學) : 자기 자신의 본질을 밝히기 위한 학문이라는 뜻의 유학 용어.
『논어』 헌문편의 "옛날에는 자기 자신을 위해 배웠지만, 오늘날은 남을 위해 한다(古之學者爲己, 今之學者爲人)"에서 비롯되었다.

193 정답 ②
명종 4년(1519)에 풍기 군수 이황(李滉, 1501~1570)의 건의에 따라 '소수서원(書院)'으로 사액(賜額)됨으로써 국가의 인정과 지원을 받게 되었다.
향교가 제 역할을 다하지 못하여 서원이 발달함.

194 정답 ⑤
향교의 재정은 국가에서 지급한 학전(學田)과 지방의 재정으로 충당했으며, 조선 중엽까지 융성하였으나 임진왜란으로 황폐화 된 곳이 많았으며, 그 후 서원이 발달하면서 점차 교육기관으로서의 기능은 쇠퇴하여 문묘에 제사 지내는 기능만 남게 되었다.
서원은 민간이 각 지방에 선현에 대한 사묘(祠廟)를 설치하여 제향(祭享)을 행하고, 유학을 가르치는 중등교육기관이다.

195 정답 ③
조선 중종 때의 학자인 박세무(1487~1554)가 저술한 동몽선습은 동몽들이 무엇보다 먼저 익혀야 할 내용을 경(經)과 사(史)로 나누어 제시한 책이다.

196 정답 ③
잡과 : 전문 기술관을 선발
① 잡과는 단일 시험으로 초시와 복시로 나누어 행했다.
② 시험시기도 식년시 이외 증광시가 있었다.

심화 해설

197 정답 ④
과거의 종류 : 문과(생원·진사시 포함), 무과, 잡과
① 조선시대의 과거 제도는 크게 문과(생원진사시 포함), 무과, 잡과로 나누어진다.
② 식년시(式年試) : 조선시대에 3년마다 정기적으로 시행된 과거시험.
③ 부정기 과거 시험: 증광시, 별시, 알성시, 정시, 춘당대시 등
④ 식년시와 증광시는 생원진사시와 문과, 무과, 잡과가 모두 열렸으나,
⑤ 별시·알성시·정시·춘당대시는 문과와 무과만으로 치러졌다.

198 정답 ①
유월도회 : 매년 6월에 네 곳의 학당에서 각각 20명씩의 유생을 선발하여 남학에 모아놓고, 경서를 강론하게 하거나 문장을 제술하게 하여, 거기에서 우수한 성적을 거둔 10명을 곧바로 생원이나 진사의 복시에 응시하게 하는 제도

199 정답 ④
퇴계 이황(李滉, 1501~1570) 『성학십도(聖學十圖)』를 저술
율곡 이이(李珥, 1536~1584) 『성학집요(聖學輯要)』

200 정답 ③
경(敬) : 퇴계에 의하면, 경은 모든 사물에 대하여 그 이치와 까닭, 존재 이유를 깊이 밝히고, 온전하게 이해하여 몸에 베게 하며, 세월이 오래되어 공력이 깊어지면 하루아침에 녹아들어 확 뚫리게 하여 삶을 건전하게 이끌어가는 바탕이다. 경은 "한 몸을 주재하는 모든 일의 근본"이라고 했다.

201 정답 ②
경(敬) : 퇴계에 의하면, 경은 모든 사물에 대하여 그 이치와 까닭, 존재 이유를 깊이 밝히고, 온전하게 이해하여 몸에 베게 하며, 세월이 오래되어 공력이 깊어지면 하루아침에 녹아들어 확 뚫리게 하여 삶을 건전하게 이끌어가는 바탕이다. 경은 "한 몸을 주재하는 모든 일의 근본"이라고 했다.

202 정답 ④
학교모범(學校模範) : 1582년(선조 15) 왕명에 의하여 지은 교육 훈규. 16조로 되어 있는데 당시 청소년의 교육을 쇄신하기 위한 것으로서, 학령(學令)의 미비한 점을 보충하였다. 학교생활뿐만 아니라 가정 및 사회 생활의 준칙까지 제시되어 있다.

203 정답 ④
교육목적에 도달할 수 있는 교육방법으로는 입지(立志)를 강조하였다. 입지란 뜻을 세우는 것으로 성인이 되고자 마음의 방향을 결정하고, 그 뜻대로 행하는 것을 의미한다.

204 정답 ②
입학도설(入學圖說) : 1425년(세종 7), 저자 권근(1352~1409)
① 성리학의 기본 원리를 도식화하여 쉽게 설명한 목판본 성리학 입문서
② 『입학도설』은 책의 제목 그대로 성리학에 처음 입문하는 초학자들을 위하여 사서오경의 핵심 내용을 도표로 그리고 설명을 덧붙인 책이다.

205 정답 ②
권근(1352~1409)의 학령(學令)
① 성균관 유생들이 생활하며 공부할 때 지켜야 할 수칙으로 학령(學令)을 제정하였다.
② 성균관 학칙인 「학령(學令)」과 「권학사목(勸學事目)」, 「향학사목(鄕學事目)」 등을 제정해 학제(學制)의 내용을 정비하였다.

206 정답 ①
동몽선습(童蒙先習) : 조선 중종 때 학자 박세무(朴世茂)가 저술
① 조선 중종 때의 학자인 박세무(1487~1554)가 저술한 동몽선습은 동몽들이 무엇보다 먼저 익혀야 할 내용을 경(經)과 사(史)로 나누어 제시한 책이다.
② 경(經) : 오륜, 즉 부자유친·군신유의·부부유별·장유유서·붕우유신에 대하여 논하고 있다.
③ 사(史) : 삼황·오제에서부터 명나라에 이르는 중국 역대의 사실(史實)과 함께 단군(檀君)에서 조선에 이르는 우리나라의 역사를 기술하였다.

207 정답 ①
동몽선습(童蒙先習) : 조선 중종 때 학자 박세무(朴世茂)가 저술
① 조선 중종 때의 학자인 박세무(1487~1554)가 저술한 동몽선습은 동몽들이 무엇보다 먼저 익혀야 할 내용을 경(經)과 사(史)로 나누어 제시한 책이다.
② 경(經) : 오륜, 즉 부자유친·군신유의·부부유별·장유유서·붕우유신에 대하여 논하고 있다.
③ 사(史) : 삼황·오제에서부터 명나라에 이르는 중국 역대의 사실(史實)과 함께 단군(檀君)에서 조선에 이르는 우리나라의 역사를 기술하였다.

208 정답 ①
아학편(兒學編) : 정약용(丁若鏞, 1762~1836)
① 『천자문』이 체계적인 글자의 배열과 초학자를 배려한 학습의 단계성이나 난이도를 전적으로 무시하고 있음을 지적하고, 이러한 내용 및 체계상의 결점을 극복하고자 저술
② 상하 각각 1,000자를 수록하여 2,000자로 구성이 되었다.
③ 상권에는 구체적인 명사나 자연현상 등을 실제적인 현상들의 개념을 담았고,
④ 하권에는 추상명사, 대명사, 형용사 등의 개념을 담고 있다.
⑤ 이러한 분류법은 암기 위주의 학습을 유도하는 천자문의 한계를 극복했다는 측면에서 교육사적인 의의가 크다고 하겠다.

209 정답 ④
정약용은 『천자문(千字文)』, 『사략(史略)』, 『통감절요(通鑑節要)』를 가르쳐서는 안 된다는 불가독설(不可讀說)을 주장하였다.
『천자문』은 문자가 체계적으로 배열되어 있지 않기 때문에 문자를 학습하는 데 비효과적이라고 지적했다. 『사략』은 중국의 역사책을 요약한 것인데 대부분 이 허구(虛構)라고 보고 조선 교육의 발전을 위하여 『사략』을 없애야 한다고 주장하였다. 『통감절요』는 중국에서도 인정받지 못하는 책인데 조선에서 읽히고 있음을 개탄하였다.

심화 해설

210   정답 ④
관립신식학교
1) 동문학(同文學) : 1883년 통변학교
2) 육영공원(育英公院) : 1886년 최초의 근대식 관립 교육기관
3) 연무공원(鍊武公院) : 1888년

211   정답 ②
육영공원 1886년, 교육입국조서 1895년

212   정답 ②
원산학사(1883): 우리나라 최초의 민간인에 의해 설립

213   정답 ④
① 최초의 사학은 원산학사이다.
② 을사조약 이후에는 모두 강제 폐지되지 않았다.
③ 최초로 남녀 공학을 실시한 학교는 점진학교이다.

214   정답 ④
고종의 교육입국조서(敎育立國詔書) : 갑오개혁 이후 1895년(국가 부강은 교육+실용성)
① 갑오개혁에 의해 근대적 교육제도들이 마련되었고, 이어서 교육입국조서가 반포되었다.
② 교육입국조서는 '국가의 부강은 지식의 개명에 달려 있으니, 교육은 실로 국가를 보존하는 근본이라는 내용으로, 교육입국정신에 따라 정부는 소학교, 중학교, 사범학교, 외국어학교 등 각종 관립학교를 세웠다.
③ 교육의 3대 강령으로 덕양(德養), 체양(體養), 지양(智養)을 제시하였다.
④ 과거의 허명(虛名)교육을 버리고 실용(實用)교육을 중시할 것임을 밝혔다.

215   정답 ②
① 사립학교의 제정ㆍ공포 : 조선통감부 1908년
② 한성사범학교 관제의 공포ㆍ시행 : 갑오개혁 1894년~ 광무개혁 1896년
③ 최초의 여성교육기관인 이화학당의 설립 : 개화기 1886년
④ 외국어와 신학문 교육을 위한 육영공원의 설립 : 개화기 1886년

216   정답 ①
덕-체-지 순서

217   정답 ②
제2차 「조선교육령(1922~1938)」 : 1919년 3·1운동 이후 개정, 반일감정에 대한 회유책
① '문화정치'를 표방하여, 형식상으로는 일본 학제와 동일하게 융화정책을 사용하였다.
② 그러나 이면에 숨겨진 교육정책은 동일한 교육제도와 교육기간을 확충함으로써 일본식 교육을 강화하여 우리 민족의 사상을 일본화 또는 말살하려는 데 있었다.
③ 대학 설립에 관한 조항을 두었다.
④ 종래 4년이던 보통학교의 수업연한을 6년으로 연장하고, 각급 학교의 교과목 중 종래에는 폐지되었던 국어를 필수 과목으로 하였다.
⑤ 제2차 「조선교육령」 시기에 조선인의 보통학교 재학생 수는 증가하였다.

218   정답 ②
종래 4년이던 보통학교의 수업연한을 6년으로 연장하고, 각급 학교의 교과목 중 종래에는 폐지되었던 국어를 필수 과목으로 하였다.

219   정답 ③
일제의 우민화 정색에도 불구하고 제2차 「조선교육령」 시기에 조선인의 보통학교 재학생 수는 증가하였다.

220   정답 ②
① 초등교육기관인 강명의숙(講明義塾)을 설립하였다. : 이승훈
③ 교육구국을 위해 서우사범학교(西友師範學校)를 설립하였다. : 박은식
④ 모곡학교(牟谷學校)를 설립하고 토론과 변론술을 연마시켰다. : 남궁억
⑤ 독립운동에 필요한 인재를 양성하기 위하여 오산학교(五山學校)를 설립하였다. : 이승훈

MEMO